Palabras Mayores

El libro

199 recetas infalibles para expresarse bien

ALBERTO GÓMEZ FONT

XOSÉ CASTRO ROIG

ANTONIO MARTÍN FERNÁNDEZ

JORGE DE BUEN UNNA

Dirección editorial
Jordi Induráin Pons y Tomás García Cerezo

Coordinación de la obra
Sofía Acebo García y Jorge Ramírez Chávez

Redacción
Jorge de Buen Unna, Xosé Castro Roig,
Alberto Gómez Font y Antonio Martín Fernández

Redacción del prólogo
José Antonio Millán

Corrección
Beatriz Benítez

Diseño de interiores
Jorge de Buen

Dibujos, diseño de cubierta,
maquetación y preimpresión
Víctor Gomollón

Adaptación de cubierta para Latinoamérica
Mónica Godínez

Primera edición para España: 2015
Primera edición para Latinoamérica: Primera reimpresión

Mallorca, 45, 2.ª planta
08029 Barcelona, España
Telf.: 00 34 93 241 35 05

Renacimiento 180, Colonia San Juan Tlihuaca
Delegación Azcapotzalco, C.P. 02400, Ciudad de México
www.larousse.com.mx

ISBN: 978-607-21-1322-0

Prólogo, breve y telepático

Afirma el gran Stephen King en su libro *Mientras escribo* que el oficio de escritor se parece a la telepatía. Y hace el siguiente experimento: «Imaginemos —escribe— una jaula pequeña, y en ella un conejo. Sobre su dorso está escrito con tinta el número ocho». El lector, por supuesto, lo *ve*: «Yo no he abierto la boca, tú no has abierto la tuya. No estamos en el mismo *año*, ni siquiera en la misma habitación. Pero *estamos* juntos».

Por supuesto, no todas las personas que empuñan un bolígrafo o se inclinan sobre el teclado quieren desplegar un universo de ficción, pero todos pretenden ejercer idéntica maravilla: la transmisión de pensamiento.

El camino entre el propósito, que está en la mente del autor, y el concepto que se debe formar el lector está erizado de trampas. Las ideas de partida deben ser claras; la sintaxis de las frases tiene que exponer apropiadamente las relaciones entre los elementos, pero además debe evitar el retorcimiento y la sobrecarga. El léxico escogido tiene que ser adecuado al nivel del texto y del lector, con el problema añadido de que el español está repartido por una geografía extensa en la que compiten formas alternativas, incluso en el registro culto. Por supuesto, se debe respetar la ortografía más normal. Los códigos de puntuación deben utilizarse con habilidad y discreción, tanto más cuanto que su aplicación tiene mucho de arte, y que su mal uso puede realmente comprometer la comprensión del texto.

¿Acaban aquí las dificultades? No del todo: quedan dos elementos que pertenecen más bien al campo de los profesionales de la edición. Pero en estos tiempos es muy posible que un autor escriba en un programa demasiado versátil algo que nadie revisará antes de que se haga público. El saber tipográfico orientará desde la elección del tipo de letra hasta las decisiones sobre la concatenación de signos. Y la corrección, la auténtica *mirada del otro*, se adelantará a los posibles problemas del lector, para resolverlos antes de la difusión del texto.

Los libros que tratan sobre el estilo son un género específico que oscila entre la literatura de autoayuda y la obra de consulta. Su cometido es auxiliar en sus inseguridades a quienes, a falta de telepatía, deben comunicarse por escrito, haciéndoles a veces reflexionar sobre el proceso, dándoles útiles recetas —como es el caso de este libro—, o listando dudas y problemas donde buscar lo que causa inquietud. Su proliferación (no pasa un año sin que aparezcan, solo en España, cinco o seis) habla de una cierta orfandad de quienes escriben, porque no recibieron los rudimentos de esta arte ni en la enseñanza secundaria ni, a veces, en la universitaria. Bienvenida sea, pues, esta nueva obra.

Como dice Borges, en un libro se «entra por el lado del prólogo, que por ser el más conversado y menos escrito es el lado fácil». Y debe «arrepentir cualquier deserción». Cierro así esta conversación con ustedes, lectores liminares; no deserten, que hay mucho que aprender y que disfrutar...

José Antonio Millán

Palabras anteriores

En muchas ocasiones nuestros actos acarrean consecuencias imprevistas y este libro es una de ellas, pues, cuando nos dio por crear el grupo PalabrasMayores.org, a ninguno de nosotros cuatro se nos pasó por la imaginación que años más tarde estaríamos escribiendo el prefacio de un libro; de nuestro libro.

Todo empezó allá por el 2006, en una ciudad de los Estados Unidos de América en la que aún está permitido fumar en los bares, los restaurantes y, cómo no, los casinos. Sí, fue en Las Vegas, donde tres de los componentes de este grupo coincidimos en un congreso de traducción y, sin previo contubernio, aparecimos vestidos de la misma guisa. En aquel momento saltó la primera chispa, que dos años más tarde, en el 2008, se avivó en el municipio gaditano de San Roque, en el que coincidimos los cuatro autores de este libro en un curso de verano de la Universidad de Cádiz.

Pero hay que ir más atrás en el tiempo, hasta el verano de 1996, cuando el Departamento de Español Urgente de la Agencia Efe creó la lista de correo Apuntes, en la que tres de los abajo firmantes participamos muy activamente (y otro menos activamente) desde su nacimiento. Ese mismo año nacía un novedoso proyecto: una empresa dedicada a la corrección de textos, que casi de inmediato se convirtió en un centro de formación de correctores, y su creador y otros dos de nosotros nos «desvirtualizamos» (como le dicen ahora a esto de encontrarse en persona) en el 2004, en Toledo, en la asamblea de una asociación de traductores y correctores de la que somos miembros. De hecho, tomamos afición a desvirtualizarnos reiteradamente para coincidir en Buenos Aires, México o Madrid.

Así, con muchas idas y venidas, entre congresos, cursos y asambleas, cuando nos reunimos por primera vez los cuatro amigos, en aquel verano sanroqueño, surgió la idea de formar un equipo que nos permitiera combinar nuestros conocimientos y facilitara el volver a estar juntos con cierta regularidad, en España y en América, y la mejor excusa era organizar cursos y talleres al alimón sobre lo nuestro: el uso correcto del español.

Y como los cuatro somos dados a visitar los bares, y uno de nosotros es barman ocasional, nuestro primer nombre fue Bárfilos; pero más adelante buscamos otro que explicara algo más nuestras inquietudes lingüísticas y así surgió Palabras Mayores, sin abandonar, eso sí, la idea primera de seguir juntándonos en los bares e, incluso, de celebrar —cuando sea posible— el final de nuestros cursos invitando a los asistentes a tomarse un cóctel con nosotros y seguir compartiendo y aprendiendo en un contexto distendido.

Una de las mejores definiciones que se han hecho de nosotros cuatro es la de «titiriteros de la lengua»; eso somos, y nos lo pasamos muy bien cada vez que tenemos la suerte de reunirnos para impartir uno de nuestros cursos, ya que los cuatro compartimos un denominador común: nos gusta divertirnos, entretener y ayudar; huir de purismos y de posturas extremas; y compartir este amor por la lengua; y nunca abandonar ese espíritu lúdico. Quizá por eso nos gusta considerar la Risa «sujeta elíptica» de estos cuatro predicados y quinta integrante de Palabras Mayores.

Así como hay divulgadores de la ciencia, nosotros somos sus pares en el idioma: desmitificamos y compartimos nuestra devoción por el lenguaje para pasearlo entre los asistentes a nuestros cursos.

Y como nos gusta estar juntos, queremos aprovechar al máximo las oportunidades en las que lo logramos, hasta el punto de que durante el curso estamos presentes los cuatro en todas las sesiones, es decir, uno da su clase y los otros tres lo acompañan y, si es necesario, lo apoyan, lo corrigen o se meten con él. Y después del trabajo, en los almuerzos, las cenas y las sobremesas, los asuntos relacionados con la lengua y con los libros forman parte de nuestras conversaciones, si bien, cómo no, también hablamos de cosas frívolas, como la política, por ejemplo. Además, para no aburrirnos, tenemos el acuerdo tácito de ir renovando y cambiando los contenidos de nuestras intervenciones, de tal forma que puede que en nuestro próximo curso —quizá en Houston, o en Miami— contemos cosas que no están en este libro y no contemos algunas que sí están.

Lo bueno del mundo de la lengua es que está cambiando constantemente y la bibliografía aumenta día a día; ello hace que estos cuatro titiriteros estemos siempre aprendiendo y refrescando nuestros conocimientos, y, lo mejor de todo, nos lo pasemos la mar de bien.

Esperamos que disfruten de este libro y que sean indulgentes con los errores que se nos puedan haber colado.

LOS AUTORES

Sumario

REFLEXIONES SOBRE EL ESPAÑOL

por **ALBERTO GÓMEZ FONT**

A la busca del español correcto

Ante la pregunta de quién dicta la norma del español correcto la mayoría de los hispanohablantes optan por una respuesta casi automática, desprovista de reflexión, y dicen de inmediato: «La Real Academia Española». Mas esa contestación no se da únicamente en España, donde podría ser más o menos disculpable —por lo de «Española»—, sino que ocurre también si lo preguntamos en Hispanoamérica o en los Estados Unidos, y allí la cosa ya es mucho más discutible, pues ¿qué autoridad puede tener para un hablante panameño una academia de la lengua que está en España?

¿Y qué pasaría si ante esa pregunta alguien responde que la encargada de dictar la norma es la Academia Hondureña de la Lengua Española? ¿O la Academia Argentina de Letras? ¿Se sentirían incluidos ahí los hispanohablantes de Colombia o de España? ¿Puede una academia mandar más que las otras?

Otros, más conocedores del mundo académico, pueden decirnos que quien se encarga de dictar la norma es la Asociación de Academias de la Lengua Española (ASALE), formada por las veintidós academias: una en Filipinas, otra en los Estados Unidos, otras diecinueve en Hispanoamérica y la de España. (Actualmente está en proceso de fundación una nueva: la de Guinea Ecuatorial).

¿Pero quién o quiénes les otorgan a esas academias la autoridad y el poder para dictar las normas del español? ¿Dónde está escrito que lo que diga la ASALE es de obligado cumplimiento para todos los hispanohablantes? Por más que busquemos y rebusquemos no lograremos dar con ningún documento que así lo acredite y ello se debe a que no hay ningún organismo o institución que, oficialmente, desempeñe esa labor, pues las decisiones en el uso de la lengua las toman sus propietarios: los hablantes.

Somos nosotros, todos, los casi 500 millones de usuarios del español, los que dictamos la norma, los que decidimos que un verbo intransitivo se convierta en transitivo, los que tomamos palabras de otras lenguas (mal llamadas *préstamos*, pues nunca se las devolvemos), los que creamos nuevos términos y añadimos o quitamos significados a los ya existentes.

Todas las palabras existen

Y ya que hablamos de términos *existentes*, no está de más acabar con otra creencia popular, muy extendida entre los hablantes de nuestra lengua, que es la de que si buscamos una palabra en el diccionario y no la encontramos es porque no existe. Sí, hay gente, mucha gente, demasiada gente, que hace esa afirmación y se queda tan ancha. Vamos a ver, señores; si buscamos un término en el diccionario es porque lo hemos oído o lo hemos leído en alguna parte, luego su existencia es innegable y la única conclusión a la que podemos llegar si no lo encontramos es que no está en el diccionario, pero nada más, pues existir, existe.

Desde el instante en que alguien pronuncia una palabra esta existe, y si a ese alguien le da por escribirla, existe más aún, y si convence a unos cuantos amigos de que la utilicen, la nueva palabra no solo existe, sino que emprende el camino —a veces más corto de lo que podríamos sospechar— para llegar a los diccionarios.

El español no tiene un número cerrado de palabras

En la última edición (23.ª) del *Diccionario de la Lengua Española* hay 93 111 palabras, pero eso no significa que nuestra lengua tenga solamente ese número de voces, ya que hay que sumar todas las recogidas en los diccionarios especializados (jurídico, marítimo, agropecuario, aeroespacial, económico...) y las que aún no están en ellos porque acaban de llegar: los neologismos.

Quizá con un buen presupuesto y con un equipo de trabajo desplegado por todos los países donde se habla español podría hacerse el cómputo y saber con cuántas palabras cuenta, mas el resultado sería efímero, pues momentos después de cerrar la investigación habría dejado de usarse alguna de las palabras registradas y se comenzaría a usar alguna de nueva creación.

Una lengua tiene las palabras que necesitan sus hablantes para comunicarse, más algunas que pueden no ser tan necesarias, pero que tienen (o tuvieron) un uso extendido.

No hay ningún lugar donde se hable mejor que en otro

Hay dos respuestas que ganan por goleada: si la pregunta se plantea en España, ante un auditorio formado solo por españoles, de inmediato surgirá la afirmación «en Valladolid», mientras que si lo preguntamos en Hispanoamérica o en los Estados Unidos, ante un grupo de hablantes de países diversos, alguien dirá, sin dudarlo, que donde mejor se habla es en Colombia...

No son tan raudos, ni los unos ni los otros, cuando les preguntamos por la razón de su afirmación. «Porque Valladolid está en Castilla», «porque allí nació el español», «porque el acento de Valladolid es neutro», «porque los de Colombia no tienen acento», «porque los colombianos cuidan más la lengua».

Ninguna respuesta científica desde el punto de vista de la lingüística, aunque lo de Valladolid bien podría achacarse a una perfecta y exitosa campaña de mercadotecnia o bien a que por allí pasa el río Pisuerga y produce densas nieblas por las mañanas, que son las causantes de una mutación genética que favorece que los allí nacidos conozcan bien la gramática y el léxico. Pero eso nos limita solo a la ciudad, o sea que los hablantes de otras poblaciones de esa provincia no tienen la suerte de hablar bien; y mucho menos los de otras zonas de España o de Hispanoamérica.

En cuanto a lo de Colombia —quienes hacen esa afirmación nunca se detienen a precisar si donde se habla bien es en Barranquilla, en Manizales, en Bogotá, en Pasto o en Bucaramanga—, puede deberse a que durante una época (entre los siglos XIX y XX), hubo unos cuantos políticos gramáticos que dieron mucha importancia a la retórica y al dominio del lenguaje, algunos de los cuales incluso fueron presidentes de la república, como Miguel Antonio Caro o Marco Fidel Suárez, lo que dejó cierta impronta entre la intelectualidad colombiana, y aún hoy en las clases más cultivadas se sigue prestando atención al buen uso del español; pero, ¿y el pueblo llano?, ¿son conscientes todos los colombianos de lo que pasó entonces?

Todos los acentos son respetables

«Es que la gente de allí habla mal». Cuando alguien *expele* esa frase es porque no tiene ni la más remota idea de lo que está diciendo; su único mensaje es que prefiere su acento al del sitio donde afirma que hablan mal, y lo malo de este asunto es que hay hablantes que llegan a afirmar que en su pueblo o en su región no hablan bien, pues siempre les han mostrado como ejemplar el acento de otra zona del español, que casi siempre coincide con el de la capital del país.

Se trata solo de una cuestión de gustos, es decir, lo que hay son acentos más feos o más bonitos según la percepción de cada uno de los hablantes; pero no mejores o peores.

1 Español y castellano

Son dos nombres para un mismo idioma, si bien el nombre internacional, en otros idiomas, es siempre el equivalente a español: *Spanish*, *espagnol*, *spagnolo*, *spanska*, *spanja*, *isbaniya*, *spaans*, etc.

A mí me gustaría opinar sobre esto, pero creo que voy a implementar una procrastinación.
O algo.

En Hispanoamérica y en los Estados Unidos hay partidarios de llamarlo *castellano* y partidarios de llamarlo *español*, y en ambas posturas hay siempre cuestiones políticas e históricas. Y en España sucede lo mismo, si bien en la Constitución se le da el nombre de *castellano*, y en los documentos oficiales, cuando se menciona alguna de las otras tres lenguas del Estado —catalán, gallego y vasco—, también se prefiere ese nombre.

En el *Diccionario panhispánico de dudas* podemos ver esta explicación:

> **ESPAÑOL.** Para designar la lengua común de España y de muchas naciones de América, y que también se habla como propia en otras partes del mundo, son válidos los términos *castellano* y *español*. La polémica sobre cuál de estas denominaciones resulta más apropiada está hoy superada. El término *español* resulta más recomendable por carecer de ambigüedad, ya que se refiere de modo unívoco a la lengua que hablan hoy cerca de cuatrocientos millones de personas. Asimismo, es la denominación que se utiliza internacionalmente *(Spanish, espagnol, Spanisch, spagnolo, etc.)*. Aun siendo también sinónimo de *español*, resulta preferible reservar el término *castellano* para referirse al dialecto románico nacido en el Reino de Castilla durante la Edad Media, o al dialecto del español que se habla actualmente en esta región. En España, se usa asimismo el nombre *castellano* cuando se alude a la lengua común del Estado en relación con las otras lenguas cooficiales en sus respectivos territorios autónomos, como el catalán, el gallego o el vasco.

Solo para los dialectólogos se trata de dos realidades distintas: el *español* es la lengua general, mientras que el *castellano* es el dialecto hablado en Castilla, como el *murciano* es el hablado en la región de Murcia o el *rioplatense* es el hablado en la zona del Río de la Plata.

2 Los extranjerismos no nos amenazan

No, no está amenazada, es más, no podría vivir sin ellos. Hoy nos llegan —la mayor parte— del inglés, mientras que hace cien años nos llegaban del francés, y también, tiempo antes, los recibimos del italiano y, cómo no, del árabe, por citar solo a los principales orígenes, pues también tenemos palabras llegadas de otras lenguas, sobre todo de las americanas: náhuatl, maya, quechua, caribe... Los extranjerismos nos enriquecen, si bien en ocasiones resulta más elegante y recomendable utilizar las palabras equivalentes en español, cuando las tengamos, claro está.

En ocasiones se trata de incorporaciones necesarias, pues no tenemos equivalentes en español, y en otros casos se trata solamente de una cuestión de prestigio del hablante, que al escribir o al pronunciar una palabra en inglés o en francés en lugar de decirla en su lengua cree elevar su nivel intelectual ante los demás; se trata de una pose, pero puede ocurrir que los demás lo copiemos y la voz foránea se asiente y desplace a la autóctona. Mas esto último tampoco es una amenaza, pues ocurre en todas las lenguas vivas.

3 ¿Adónde o a quién hay que acudir en caso de dudas?

No, no es a Google, no. Lo primero que hay que hacer cuando nos surge una duda lingüística es preguntarle a la persona que tengamos más cerca y de cuyo nivel de conocimientos no tengamos dudas. Si no hay suerte y quien está a nuestro lado sabe poco de eso, la siguiente opción es agarrar el teléfono y llamar a alguno de los amigos que sí saben del uso del español.

Además, si tenemos el suficiente margen de tiempo, hay dos buenos consultorios en internet; uno de respuesta casi inmediata por medio de Twitter, de Facebook y del correo electrónico (también tienen teléfono de consultas): *La Fundación del Español Urgente* (www.fundeu.es). El otro, de respuesta algo más lenta, el *Español al día*, de la Real Academia Española, que además del servicio que podemos encontrar en la página de internet (www.rae.es) también atiende en Twitter. Asimismo, son muy fiables los servicios de consultas de la *Página del Idioma Español* (elcastellano.org) y de *Lavadora de Textos* (lavadoradetextos.com). Consulte el apéndice en las páginas 275-284.

4 Extranjerismos ocultos: el aceite y el jamón

Cuando hablamos de los extranjerismos casi siempre nos referimos a los llegados del inglés o del francés, sobre todo a los recién llegados, durante el último tercio del siglo XX y lo que llevamos del XXI; pero en muy raras ocasiones pensamos en las palabras que tomamos de otras lenguas en épocas pretéritas. Así, hoy, a ningún hispanohablante le parecen ajenas a su lengua las voces *aceite* y *jamón*, pues parece que han estado siempre con nosotros, mas no es así.

Hubo un tiempo en el que los habitantes de Al Ándalus (las actuales España y Portugal) se comunicaban con distintas lenguas: la dominante —el árabe—, el romance y el hebreo, y los hablantes de romance utilizaban la palabra *óleo/olio* (deformación del latín *oleum*) para llamar al producto de moler las olivas; pero un día uno de estos hablantes, en Córdoba, al que su esposa había mandado a la tienda de la esquina a comprar *óleo*, oyó como el comprador que lo precedía en la fila —mejor vestido que él y con olor a limpio— le pidió al tendero que le diera *az-zait*, y al comprobar que lo que le servían a ese señor era nada más ni nada menos que lo que él y su gente conocían como *óleo*, tomó la decisión de copiar el nombre en la lengua extranjera, dominante en ese momento. Y llegó a casa y se lo contó a su mujer, y esta a sus vecinas, y la cosa cosechó tal éxito que aún hoy seguimos diciendo *aceite* (del árabe *az-zait*).

No muy diferente fue lo que ocurrió con la pierna de cerdo curada al aire con sal, que en las lenguas habladas en la Península era conocida como *pernil* (sigue llamándose así en catalán y en algunas zonas del español). Esta vez la historia ocurrió en tierras del Norte, en el conocido como *camino francés*, por donde llegaban los peregrinos del país vecino camino de Santiago de Compostela, bien provistos de viandas para el largo y lento recorrido. Allí, en alguna de esas reuniones improvisadas al borde del camino, junto al fuego, conversaban animadamente mezclando sus idiomas un grupo de franceses y otro de españoles, y uno de los primeros les ofreció a los lugareños un poco de su *jambon*; estos, al escuchar esa novedosa forma de llamar a su *pernil*, decidieron que les gustaba más así, difundieron la nueva, y cuajó, de modo que hoy seguimos diciendo *jamón* (del francés *jambon*).

Mi barbarismo favorito:
tapa de jamón con
aceite y tomate.

5 Tres verbos asesinos

Son tres, solo tres y nada más que tres, pero bastan para hacer tanto daño como si fueran un grupo más numeroso, pues con su presencia, especialmente en los documentos jurídicos y administrativos, eliminan decenas de verbos que tienen tanto derecho a la vida como ellos tres, los tres asesinos, también conocidos como *verbos comodines*. Conozcámoslos, desenmascarémoslos:

realizar. Es corriente y ya casi normal en las noticias, que se *realicen* reuniones, conferencias, ruedas de prensa, concursos, elecciones, almuerzos de trabajo, mesas redondas y otros actos que en buen castellano no se *realizan* sino que se *celebran*.

Se desplaza así al sencillo verbo *hacer* al hablar de que «fulano *realiza* un viaje de tres días», «el Rey *realiza* una visita de cuatro días a París», «el presidente *realizó* unas declaraciones», frases todas que habrían quedado mejor con menos *realizar* y más *hacer*, e incluso aún mejor si se utilizaran los verbos *viajar* o *visitar* en lugar de las construcciones *realizar una visita* o *realizar un viaje*.

Otros verbos que pueden servir para evitar la profusión de *realizar* son: *ejecutar, llevar a cabo, efectuar, plasmar, desarrollar, fabricar, elaborar, componer, confeccionar, construir, producirse, darse, crear,* etc.

iniciar. Toda repetición abruma y más cuando se trata de un verbo que no usamos normalmente en el lenguaje hablado, como ocurre con *iniciar*.

Así, es corriente leer frases como «se *iniciará* el curso» o «el *inicio* del curso», en las que todo sería más normal si dijéramos «*se abrirá* (o *empezará*) el curso» y «la *apertura* del curso». Vemos también que «se ha *iniciado* un expediente», cuando en castellano lo fácil sería «se ha *abierto* (o *incoado*) un expediente». Y como parece que el verbo *abrir* no está de moda, los noticiarios dicen que «se *inició* un turno de preguntas» o que «se *inició* la sesión», cuando todos esperábamos que ambos se *abrieran*. También «se *inician* conversaciones» en lugar de *entablarlas*.

El consejo es fácil: siempre que tengamos la tentación de utilizar el verbo *iniciar*, repasemos antes la lista de posibles sustitutos: *comenzar, empezar, principiar, inaugurar, abrir, incoar, entablar, emprender, aparecer, surgir, arrancar, salir, desatarse, desencadenarse, nacer...*

Y de la mano del omnipresente y ubicuo *iniciar* llega el correspondiente sustantivo: *inicio*, que también inunda los textos periodísticos y administrativos, hasta llegar a situaciones redundantes como «Decidieron retrasar el inicio del comienzo de las obras».

finalizar. ¿Por qué el verbo *finalizar* ha desplazado a otros como *acabar*, *terminar*, *rematar* o *concluir*? Porque se trata de un verbo comodín como *iniciar* y *realizar*.

Es habitual que nos encontremos con oraciones como «El congreso finalizará el viernes» o «La finalización del congreso tendrá lugar el viernes», que habrían estado mejor escritas si dijéramos «El congreso se clausurará el viernes» y «La clausura del congreso tendrá lugar el viernes». También apreciamos en la prensa que las reuniones *finalizan*, en lugar de *terminarse* o *acabarse*; que los plazos *finalizan*, en lugar de *cumplirse*, *expirar*, *vencer*, *concluir* o *prescribir*, que *finaliza el tiempo límite* para hacer algo, en lugar de *agotarse*...

La lista de sustitutos de este verbo es amplia y fácilmente se pueden encontrar otros más adecuados como los siguientes: *terminar*, *acabar*, *concluir*, *consumar*, *rematar*, *extinguir*, *finiquitar*, *ultimar*, *prescribir*, *liquidar*, *cerrar*, *sobreseer*, *sellar*, *levantar*, *vencer*...

También en este caso conviene estar ojo avizor para que no se nos cuele el sustantivo *finalización* en lugar del más corto y sencillo *final*.

6 Palabras castigadas

cocreta. Un dato sorprendente para abrir boca: la palabra *almóndiga* está en el diccionario académico desde 1876 y ahí se ha mantenido durante todas las ediciones posteriores. Así que quienes se llevan las manos a la cabeza mientras exclaman que los académicos han metido a las *almóndigas* en el diccionario están algo mal informados, pues no son los actuales miembros de esa corporación los culpables, sino sus predecesores de hace unas cuantas generaciones. Y no solo está *almóndiga*, como sinónimo de *albóndiga*, sino también sus hermanas *almondiguilla* y *almondeguilla*, si bien de estas dos se afirma: «voces corrompidas de *albondiguilla*, que es como debe decirse».

En vez de meter las *almóndigas* y las *cocretas* en diccionarios, los académicos deberían meterlas en tóperes.

Ante esa realidad, algunos hablantes, usuarios de los diccionarios, nos planteamos por qué no está también registrada la palabra *cocreta* como variante popular de *croqueta*. ¿Qué derecho tiene la *almóndiga* que no tenga la *cocreta*? Es más: si nos ponemos a revisar los carteles y la pizarras de los bares y cafeterías, encontraremos mucha más documentación escrita de *cocreta* que de *almóndiga*, y sin embargo, a pesar de su asentamiento en el español, los lexicógrafos han decidido castigarla.

preveer. ¿Y acaso no hay mucha, muchísima, gente que utiliza el verbo *preveer*? De él tenemos enormes cantidades de documentación escrita y oral; es un verbo vivo, muy usado en español, por hablantes no analfabetos, y sin embargo está castigado a permanecer fuera del diccionario y a ser considerado como vulgar y erróneo.

Del latín *videre* surgió la forma —ya casi desparecida— *veer*, que sí tiene su lugar en los diccionarios de español, si bien calificado como «desusado», con el mismo significado que *ver*; también está el sustantivo *veedor*, claramente relacionado con *ver*.

No hay ninguna explicación convincente para justificar la discriminación que sufre *preveer*, cuando un hermano suyo —*proveer*— sí está considerado como válido, y de él se dice que viene del latín *providere*. Bueno, pues resulta que en latín también existía el verbo *praevidere*, del cual surgieron, de forma natural, el castigado *preveer* y el mimado —por los lexicógrafos— *prever*.

7 Latinismos evitables

Hay hablantes, supuestamente cultos, a los que les da por demostrar su sapiencia usando palabras y expresiones latinas, y es bastante habitual que las utilicen mal y acabe resultando evidente que no son tan sabios. Veamos algunos ejemplos evitables:

> ***de motu proprio.** La expresión latina es *motu proprio* y debe usarse sin la preposición *de*. Si lo decimos bien, puede ocurrir que nuestro interlocutor (no tan ducho en latinajos) al oír eso de *proprio* sospeche que tenemos un defecto en el frenillo. Evitemos, pues, esos líos y digámoslo en español: *voluntariamente, por* (*mi, tu, su...*) *propia voluntad*, etc.
> ***a groso modo.** Así es como lo dicen y lo escriben muchísimos hablantes de español que desconocen que la forma correcta de

esa expresión latina es *grosso modo* y que no va precedida por la preposición *a*. Para evitar ese error lo más recomendable es optar por no usar el cultismo latino y echar mano de nuestra propia lengua, en la que tenemos las fórmulas *a grandes rasgos, a bulto, aproximadamente, más o menos*, etc.

***de córpore insepulto.** Otra más de lo mismo: se emplea una expresión del latín para demostrar que se maneja el registro culto y se falla al usarla mal, con una preposición delante que no debe estar ahí —ni en ningún otro sitio—, pues la forma correcta es *corpore insepulto*, casi siempre acompañando a la palabra *misa*: «misa *corpore insepulto*». Pero podemos evitar esa equivocación usando la expresión española *de cuerpo presente*.

***de ipso facto.** La preposición *de* sigue empeñada en meterse donde no la llaman y aparece de nuevo precediendo a una expresión latina —*ipso facto*— que debe usarse así, sin más, y cuyo significado es 'en el acto' o 'inmediatamente'. Como con las anteriores, puede evitarse el error optando por los equivalentes en español.

También evitaremos así algunas malas pronunciaciones que llegan a deformar a la expresión latina y la trasforman en **insofacto* o **isofacto*.

***estatus quo.** Mucho más sencillo, aunque menos llamativo, claro está, es usar las expresiones *orden establecido, estado de las cosas, orden de las cosas, estado del momento, situación*, etc. Así se nos entenderá mejor y nos evitaremos la mala imagen que da decir cosas en latín y hacerlo mal, pues lo correcto en este caso es *statu quo*.

currículums, referéndums, memorándums No es que esos plurales sean incorrectos, pero sí son harto difíciles de pronunciar para los hispanohablantes, por ello es preferible que dejemos de lado las formas latinas de esas palabras en singular y utilicemos las correspondientes en español: *currículo, referendo* y *memorando*, cuyas formas de plural son mucho más cómodas (*currículos, referendos* y *memorandos*).

¡Y mucho cuidado! No caigamos en la supercursilería de optar por los plurales latinos *currícula, referenda* y *memoranda*.

corpus. Tampoco en este caso es recomendable pasarnos de cultos o de sabios sapientísimos y usar el plural latino *corpora.* Es mucho mejor no llamar la atención y dejar tranquila a la palabrita usándola igual en singular y en plural: el *corpus*, los *corpus.*

ex aequo. Se escribe así y no **exaequo* ni *ex-aequo*, y además, si queremos quedar bien, nos toca aprender cómo se pronuncia: algo así como /eksekuo/. O sea que, como en todos los casos anteriores, lo más aconsejable es olvidarnos del latinajo y usar en su lugar las formas españolas: *igualmente, por igual, a la par*, o *con el mismo mérito.*

8 Extranjerismos superfluos

Los hablantes de cualquier idioma toman palabras de otras lenguas; siempre lo han hecho y es un fenómeno natural. En el caso del español, a lo largo de su historia, las principales fuentes de donde ha ido bebiendo son el árabe, el italiano, el francés y el inglés. Y hoy, cómo no, es el inglés la lengua de la que más términos llegan a la nuestra.

Los extranjerismos no son malos por sí mismos, sino que muchas veces enriquecen nuestro caudal léxico, mas conviene examinarlos y usarlos con tiento, y evitarlos siempre que tengamos un equivalente en español.

extranjerismo	recomendación
affaire	asunto, escándalo, cuestión
amateur	aficionado
backstage	bambalinas
benchmarking	prueba comparativa
bonus	bono, variable
boycott	sabotaje, boicoteo
brainstorming	lluvia de ideas
cash	en efectivo
cash flow	liquidez
consulting	consultoría
container	contenedor
controller	director administrativo
copyright	derechos de autor

Rótulos asesinos y redundantes en el Metro de Madrid: «El tren efectuará su entrada en la estación».

dossier	expediente, informe, carpeta
email	correo, mensaje
feedback	retroalimentación, respuesta
feeling	opinión, sensación
full time	tiempo completo, dedicación exclusiva
gym	gimnasio
holding	consorcio
input	entrada, insumo
link	enlace, liga
joint venture	inversión conjunta, negocio participado
knowhow	experiencia
mail	correo
mailing	directorio
marketing	mercadotecnia, mercadeo
merchandising	comercialización
mobbing	acoso moral
newsletter	boletín de noticias
outplacement	recolocación
outsourcing	externalización, subcontratación
première	estreno
pool	grupo, conjunto
ranking	clasificación, rango
selfie	autofoto
sirop	jarabe
sponsor	patrocinador
staff	personal, plantilla
target	objetivo
timing	calendario, plazos
training	adiestramiento, entrenamiento
workshop	reunión de trabajo, taller

9 *Regular* ya no siempre equivale a «ni fu ni fa»

Los Ángeles (California), un domingo por la mañana en el pequeño mercadillo de frutas y verduras de Larchmont Village, en el que los agricultores venden su género sin intermediarios. En uno de los puestos vendían unas frutillas de color amarillo, de poco más de dos centímetros, con forma de pera y la piel muy brillante, y cuando le preguntaron al vendedor qué eran esos frutos respondió que eran tomates; segundos después, viendo la cara de extrañeza de su interlocutor, añadió, casi de inmediato: «También tengo tomates regulares, señor».

Extraña confesión para un hispanohablante de España o de la mayor parte de Hispanoamérica, pues para cualquiera de ellos, teniendo en cuenta el uso que en sus países hacen del adjetivo *regular*, lo que dijo el vendedor era que tenía tomates de calidad media, tirando a baja, es decir, tomates no muy buenos. El vendedor, hispanohablante estadounidense, usaba el adjetivo *regular* con el mismo significado que tiene el inglés *regular*, que equivale a lo que en el español de los demás países es *normal*; se trataba, pues, de *tomates normales*.

También en Los Ángeles, en los alrededores de la calle Broadway, muy cerca del mercado, en la carta de un restaurante llamado *El Pollo Loco* anunciaban *pollo regular* y *pollo picante*. ¿El regular tendría la gripe aviaria, conocida *como gripe del pollo*? No, lo que ocurría en esa carta es que diferenciaban el pollo normal (sin aderezos picantes) del que estaba cocinado con salsa picante.

En Nueva York, también en la calle Broadway, dos obreros que arreglaban una zanja en la acera entraron en un pequeño comercio de comestibles y bebidas y le pidieron al empleado del mostrador un café descafeinado y un café *regular*. Y no es que el que pidió el café regular quisiera uno no muy bueno, más bien defectuoso, sino que quería un café normal, sin descafeinar.

En un vuelo de Iberia de Miami a Madrid, al llegar el carrito con el almuerzo, un joven salvadoreño, cuando la azafata le preguntó qué quería tomar con la comida respondió: «Una Coca Cola *regular*». Ella no dudó ni un instante y le dio una lata de Coca Cola. Y eso, el hecho de que aquella azafata española no dudara ante ese uso del adjetivo *regular*, demuestra que ese uso está ya muy extendido también en este lado del Atlántico.

En Madrid, en una pequeña pizzería, cuando un camarero preguntó a los comensales qué querían, la muchacha respondió que quería una Coca Cola, ante lo que el joven, que hablaba con acento cubano miamense, volvió a preguntar: «¿La quiere *regular*?». Ella no entendió qué quería decir el camarero y tuvo que aclarar que lo que había pedido era una Coca Cola normal.

También en Madrid, en la reunión quincenal del Consejo Asesor de Estilo de la Fundación del Español Urgente. Uno de los asuntos que se trataron en esa sesión fue la norma, recién aparecida en la última edición de la *Ortografía de la Lengua Española* (2010), de no ponerle tilde a la palabra *solo*. Los asistentes discutían sobre la necesidad o no de poner esa tilde, y Leonardo Gómez Torrego, gramático del Consejo Superior de Investigaciones Científicas defendía que ese acento gráfico era útil en los casos de ambigüedad, a lo que Humberto López Morales —cubano, secretario general de la Asociación de Academias de la Lengua Española— respondió: «Eso [la ambigüedad] en la lengua *regular* no pasa nunca». Lo importante fue que ninguno de los allí reunidos, todos españoles menos Humberto, se extrañó de ese uso de *regular* con el significado de 'normal'.

Alguien, en Miami, en Los Ángeles, en Nueva York y en otros lugares de los EE.UU. y de Hispanoamérica, está organizando los viajes de las palabras hacia Madrid: aterrizan en el aeropuerto de Barajas, toman un taxi —las más poderosas— o el metro —las más humildes— y llegan al centro de la ciudad. Se instalan en un gran hotel o en una modesta pensión y desde allí comienzan a pasearse por las calles. Y lo mismo sucede en sentido inverso: palabras que cruzan el charco desde España hacia las Américas. Y normalmente viajan en vuelos *regulares*, no porque el avión no sea bueno, sino porque se trata de aerolíneas *regulares* —como Iberia—, que no es que sea mediocre, sino que no es *chárter*.

Y ese uso de *regular* con el significado de 'normal' no es un uso equivocado, pues en nuestra lengua lo *irregular* es lo que no ocurre con normalidad. Y si miramos en el diccionario veremos que *regular* es, entre otras cosas, 'ajustado y conforme a regla'.

secretaría,
s afro de
a campaña
. Desde la
la distri-
l plan de
en zonas
ciones ra-
istemas de
es en ries-
de Bogotá
ora de Et-
chos solo
os de esta
e año se
n del plan
pulse una
cismo que
es. Contó
taladas 12
donde hay

NOTA DE COLOR

—¡Quihubo, compadr'Emeterio!, ¿qué tal la familia?

—Pos bien.

—¿La mamá?

—Bien.

—¿Los guámbitos?

—Bien.

—¿Y la mujerrr?

—Pos regular.

—¿Y eso es que ha'stao enferma u qué?

—¡Nooo, es qu'hay mejores!

Un viejo chiste de Emeterio y Felipe, Los Tolimenses, un dúo de cantantes cómicos colombianos de la década de los sesenta del siglo pasado.

10 Botánicos y químicos

La moda del *gin&tonic* ha conllevado la aparición de muchas, muchísimas, nuevas marcas de ginebra y con ellas ha aterrizado en el español un nuevo uso —incorrecto— de la palabra *botánico*. Es muy corriente oír en boca de los *bármanes*[1] o leer en las revistas especializadas y en las secciones de gastronomía de los suplementos semanales de los periódicos que la última marca presentada en sociedad contiene más de veinte *botánicos*, o que la ginebra fabricada en Vilanova i la Geltrú se basa en *botánicos* propios del Mediterráneo.

Lo primero que se nos viene a la mente —a los hablantes de español no versados en ese mundo— es que en esas ginebras hay un montón de señoras y señores con bata blanca, agazapados y encogidos dentro de las botellas, pues en nuestra lengua el sustantivo *botánico* se usa para denominar a un especialista en la ciencia de la botánica.

Pedir un *gin&tonic* con botánicos viene a ser como pedir la cuenta con una buena dosis de «matemáticas».

Se trata de una traducción directa —pero incorrecta— del inglés *botanical*, que significa 'hierba, raíz o semilla' y 'producto botánico'. Así que, al hablar de las nuevas ginebras, lo recomendable es usar denominaciones españolas como *hierbas aromáticas*, *especias* o *productos botánicos*.

Tres cuartos de lo mismo sucede con los químicos que aparecen en las noticias relacionadas con la lucha contra el narcotráfico. Es muy habitual leer u oír que el ejército colombiano desmanteló un almacén donde encontró *químicos* para procesar cocaína, o que les incautaron 500 kilos de *químicos* a los narcotraficantes.

[1] El plural de *barman* en inglés es *barmen*, y si usamos esa palabra en español y la adaptamos y adoptamos como una más, es decir, escribiéndola sin comillas ni cursivas, nos encontramos con un sustantivo terminado en *-n*, cuyo plural normal y natural en nuestra lengua se forma añadiéndole la terminación *-es*, así, pues, para nosotros el único plural correcto de barman es *bármanes*. No es adecuado, por lo tanto, el plural *barmans*, tan ajeno al inglés como al español.

Conviene contar aquí también que en algunos países de América, Cuba entre ellos, no llegó a cuajar el anglicismo *barman*, y en su lugar se usa la voz española *cantinero*, que el *Diccionario* de la Real Academia Española define así: «(Cuba y México). En los bares, tabernas y cantinas, hombre encargado de preparar y servir las bebidas».

Y resulta que tampoco en este caso se trata de mujeres o de hombres especialistas en química que en conjunto llegan a los 500 kilos de peso, sino de otra mala traducción del inglés, esta vez de *chemicals*, que en nuestra lengua equivale a productos o sustancias químicos.

11 Bufés y bufetes

Los primeros son comestibles y los segundos no, pues las abogadas y los abogados —si no están muy bien guisados— pueden resultar indigestos para el estómago humano.

Mucha gente confunde estas dos palabras e incluso crean otra nueva —*bufet*— que en ocasiones aparece escrita como *buffet* o *bufett*... El lío viene de que en francés la voz *buffet* es la que se emplea para las comidas en las que los comensales se sirven las viandas, y de ella surgió la hispanización *bufé*. Y como *buffet* se parece mucho a *bufete* los hablantes se enredan y usan a veces esta última con el significado de la primera, sin tener en cuenta que en español *bufete* (que también nos llegó del francés *buffet*) es un despacho de abogados.

12 Stop, alto y pare

—Oiga, digo,
¿usted domina
el inglés?
—Si no es alto...

Ya va siendo hora de que las autoridades responsables de las señales para dirigir el tránsito de vehículos y viandantes se planteen —en España— que no estaría de más hacer lo mismo que la mayor parte de países con los que compartimos la lengua: traducir la voz inglesa *stop*.

Hay países en los que esa señal octogonal luce la palabra *pare* y hay otros en los que ponen *alto*, dos opciones válidas para evitar lo surrealista que queda que en un territorio donde se habla en español haya señales en inglés.

13 Asequible y accesible

Cada vez es más habitual la confusión entre los términos *accesible* y *asequible*. Y no solo porque ambos se utilicen erróneamente como sinónimos, sino porque, además, *asequible* está desplazando a *accesible* hasta casi hacerlo desaparecer. Y vemos frases como: «...el nuevo gobernador es un hombre muy *asequible*...».

Que un representante de la Administración sea *asequible* no quiere decir que sea una persona encantadora y educada. Al contrario, esos profesionales pueden sentirse incómodos y molestos si alguien dice de ellos que son *asequibles*. Antes de afirmar que alguien es una persona muy *asequible* hay que asegurarse de ello, pues a nadie le agrada que lo califiquen de corrupto y fácil de comprar.

Es mejor no meterse en líos y usar el adjetivo adecuado: *accesible*, que significa 'de fácil acceso o trato' cuando se habla de personas.

14 Intratable

Las personas que no son *tratables* ni *manejables* son *intratables*, y también lo son los *insociables* o de genio áspero. De ahí que a muchos hispanohablantes nos cueste entender a los locutores de la vuelta ciclista a Francia, el Tour, cuando afirman que ese día Alberto Contador está *intratable*.

Mi martini lo quiero *imbatible*, no *intratable*.

Tampoco cabe en nuestra cabeza que en determinados partidos las tenistas norteamericanas Venus y Serena Williams se mostraran *intratables* para sus contrincantes.

¿Y qué decir del simpático y sonriente motociclista español Marc Márquez, de quien también se dijo muchas veces, cuando iba en cabeza de una carrera, que estaba *intratable*?

Porque si algo eran y son esos deportistas de élite no es precisamente insociables, de genio áspero, o de difícil trato, sino *corteses*, *accesibles*, *amables*, *sonrientes* y de fácil trato. ¿No será que los locutores querían decir *imbatibles*?

15 Polisílabos

Debe quedar claro que no por ser más larga una palabra es más importante y que no por tener muchas sílabas una palabra es más culta. Pero, lamentablemente, para muchos hispanohablantes parece regir esa falsa norma de que cuanto más larga mejor, y nos encontramos con cosas como estas:

anteriormente: antes
aperturización: apertura
capacitado: capaz
clarificar: aclarar
climatología: clima, tiempo
colisionar: chocar
compartimentalizar: compartimentar
complementar: completar
con anterioridad: antes
con posterioridad: después
concretizar: concretar
conflictividad: conflicto
conformar: formar
confusionismo: confusión
conmocionar: conmover
contabilizar: contar
continuado: continuo
contrastación: contraste
criminalidad: crimen
criminalizar: incriminar
culpabilizar: culpar
deficiencia: defecto
desvalorizar: devaluar
diferenciado: diferente
disponibilidad: disposición
documentación: documentos
durabilidad: duración
ejemplarizante: ejemplar
ejemplificación: ejemplo
ejercitar: ejercer
emotividad: emoción
equipamiento: equipo
finalidad: fin
finalización: final
fundamentar: fundar
gratificante: grato
honorabilidad: honor
impetuosidad: ímpetu
imposibilitar: impedir
institucionalizar: instituir
instrumentalizar: manejar
intencionalidad: intención
legalidad vigente: ley
listado: lista
llamamiento: llamada
marginalización: marginación
marginalizar: marginar
metodología: método
modalidad: modo, tipo
motivaciones: motivos
multiplicidad: muchos
numeración: número, cifra
obligatoriedad: obligación
operativo: activo
peligrosidad: peligro
personalizado: personal
planificar: planear
posicionarse: situarse, colocarse
posteriormente: después
potencialidad: potencia
presuposición: presupuesto
problemática: problema
proporcionalidad: proporción
ralentizar: frenar
recepcionar: recibir
reglamentación: regla
rigurosidad: rigor
secretismo: secreto
seguimiento: control
señalización: señal
significatividad: significado
sintomatología: síntomas
sobredimensionamiento: exceso
tecnologías: técnicas
territorialidad: territorio
tipología: tipo
totalidad: todos
tramitación: trámite
utilización: uso

16 Sándwiches y lexicógrafos

Los buenos diccionarios de español deben tener una clara vocación internacional, trasatlántica, puesto que nuestra lengua se habla a ambos lados del océano. Es la lengua oficial de diecinueve países y la de un estado asociado de los Estados Unidos: Puerto Rico. Son, pues, veinte los países en los que el español es la lengua principal de comunicación y en los diccionarios de esa lengua deberían tenerse en cuenta los distintos usos que tiene en cada lugar.

Hay casos en los que encontramos esa vocación trasnacional: el *Diccionario de la Real Academia Española* (DRAE), redactado y editado por esta institución por encargo (y con la colaboración) de todas las academias de la lengua española de los países hispanos. El *Diccionario Clave* (de uso del español actual), donde podemos encontrar muchos usos americanos del español. Y el *Diccionario General Vox* (DGVOX) [anteriormente titulado *Diccionario de uso del español de América y España*].

Pero, en ninguno de los tres casos, los lexicógrafos tuvieron la suficiente información como para definir la voz *sándwich* ateniéndose a su uso por más de 460 millones de hablantes. Veamos cómo nos explican el significado de esa palabra.

> *DRAE:* Emparedado hecho con dos rebanadas de pan de molde entre las que se coloca jamón, queso, embutido, vegetales u otros alimentos.
>
> *Clave:* Bocadillo elaborado con dos rebanadas de pan de molde; emparedado. (En zonas del español meridional, *bocadillo*).
>
> *DGVOX:* Especie de bocadillo hecho con dos o más rebanadas de pan de molde entre las que se pone algún tipo de alimento; se puede tomar frío o caliente.

En los tres casos caen en el error de definir esa palabra teniendo en cuenta únicamente su significado en español de España y de México, países donde, en efecto, el *sándwich* es un emparedado hecho con pan de molde (también llamado pan de caja, pan inglés...), y donde si el emparedado se hace con otro tipo de pan recibe el nombre de *bocadillo* (en España) o *torta* (en México). Y también es grave error incluir en la definición la palabra *bocadillo* (aparece en el *Clave* y en el DGVOX) sin tener en cuenta que esa voz solo tiene ese significado en el español de

España, de tal forma que quien consulte el diccionario, si no es español, tendrá que buscar también *bocadillo*.

Hay que buscar el *sándwich* en un diccionario redactado en América, en este caso en México, para encontrar una definición en la que no aparezca el dichoso pan de molde: en el *Diccionario Enriquezca su Vocabulario*, editado por Reader's Digest, dice que se trata de un bocadillo hecho generalmente con jamón y queso, y algún aderezo, entre dos rebanadas de pan; emparedado.

«Yo he visto sángüichs que vosotros no creeríais: pollo a la brasa más allá del chilindrón. He visto quesos C brillar en la oscuridad cerca de la Puerta de Tannhäuser. Todos esos bocadillos se perderán en el tiempo como lascas de tocino. Es hora de comer».

No aparece el pan de molde, pero nuestra alegría por esa desaparición se esfuma cuando nos indican que los *sándwiches* son generalmente de jamón y queso, y cuando vemos aparecer otra vez la palabra *bocadillo* en la definición. ¿Qué pasó? pues que ese diccionario, cuya edición original es mexicana, sufrió (nunca mejor dicho) una revisión para adaptarlo al español de España... De ahí el jamón y el queso y el bocadillo.

¿Qué es lo que falla? Pues que desde la Argentina hasta Guatemala, pasando por las Antillas y los Estados Unidos, los *sándwiches* no son necesariamente con pan de molde, sino que se pueden hacer con cualquier tipo de pan, es decir, lo que en España se llama *bocadillo* en el resto de los países hispanohablantes se llama *sándwich*, sea con el pan que sea. Y esos sándwiches no tienen por qué ser generalmente de jamón y queso, y en su definición no tiene por qué usarse la palabra *bocadillo*; basta con emplear la voz *emparedado*.

También deberían recoger los diccionarios (el *Clave* lo hace en parte) las diferentes formas que la palabra inglesa sandwich ha adoptado en algunos países hispanos: *sánguche*, *sánduche*, *sángüiche*, *sángüich*...

Pero a veces quienes usamos los diccionarios podemos llevarnos pequeñas alegrías, y eso ocurre si consultamos en *El Pequeño Larousse Ilustrado*, donde la definición de *sándwich* es esta:

> **SÁNDWICH** o **SANDWICH** s.m. (ingl. *sandwich*). Panecillo o trozo de pan cortado a lo largo relleno de alimento. SIN.: *emparedado*. **2.** Esp. Bocadillo de pan inglés o de molde.

17 Porros y lexicógrafos

Al leer entre líneas un diccionario es fácil deducir la tendencia política de sus autores, así como sus preferencias religiosas, su relación con los diferentes grupos sociales, con las personas de razas distintas a la suya, en fin... su postura ante la sociedad en la que les tocó vivir. Es harto difícil que el encargado de definir las palabras logre sustraerse de todo su bagaje cultural y se limite a explicar qué significa cada término sin ningún atisbo de sexismo, partidismo, igualitarismo, racismo, puritanismo, liberalismo, etc.

Por poner un ejemplo, veamos cómo han sido tratadas en diferentes diccionarios este conjunto de palabras: *cáñamo índico*, *grifa*, *kif*, *quif*, *hachís*, *marihuana* y *mariguana*.

La penúltima edición (22.ª, del 2001) del *Diccionario de la lengua española* de la Real Academia Española (DRAE) añade a *hachís* unas «sustancias azucaradas o aromáticas» que son extrañas para quien conozca esa droga. Además, identifica plenamente *hachís* con *quif*. Y, por último, señala que las hojas de la *mariguana* «fumadas como tabaco, producen trastornos físicos y mentales». Menos mal que parecen haberse dado cuenta —alguien les habrá llamado la atención— y cambiaron estas definiciones para adecuarse a un conocimiento más cercano a la realidad.

No solo el diccionario académico incurre en definiciones incorrectas, también lo hace el *Clave. Diccionario de uso del español actual* de la editorial SM, en que se dan como sinónimas las voces *hachís* y *marihuana*, dice que el *quif* es lo mismo que el *hachís*, siguiendo el mal ejemplo del DRAE (2001), y se empeña en incluir «otros productos» en la elaboración del *hachís*. Sin embargo, sí está muy acertado, en cambio, al explicar que *grifa* es la marihuana marroquí.

Por su parte, el muy reputado *Diccionario de uso del español* de María Moliner, del que usamos la última edición aparecida en el 2007, falla con el *kif* y el *quif* al equipararlo con el *hachís*, drogas, ambas, de origen marroquí[2], pero muy distintas en su elaboración y en la forma de fumarlas.

Otro buen diccionario, el más recomendable (junto con el DRAE y el *Clave*), es el *Diccionario General de la lengua española Vox* (an-

[2] Si bien el origen del hachís no es marroquí, sino oriental, hoy en día el que se consume en España es de Marruecos.

teriormente titulado *Diccionario de uso del español de América y de España Vox*). Tampoco acierta, al cien por cien, en cuestiones de drogas derivadas del cannabis porque falla estrepitosamente en la consideración de que *cáñamo índico*, *hachís* y *marihuana* son sinónimos, dando la misma definición para *hachís* y *marihuana*, en la que además incluye esas misteriosas «sustancias aromáticas y azucaradas» que ya habíamos visto antes en otros diccionarios y que nos quedaremos con las ganas de saber de dónde salieron.[3] Pero lo más alucinante es afirmar que la marihuana tiene propiedades alucinógenas...

Y, por último, vemos que el tratamiento que da *El Pequeño Larousse Ilustrado* (edición del 2015) a esta lista de voces es tan correcto como el *Diccionario* de María Moliner. ¡Lástima que al definir *grifa* dijeran que es equivalente a *hachís*, y lástima también que al hablar del *hachís* dijeran que esa droga puede consumirse mascada!

18 Topónimos y gentilicios

En español podemos distinguir tres clases de topónimos a efectos de su escritura y pronunciación:

- Los nombres de uso tradicional y muy arraigado en español, que corresponden, en general, a países o lugares normalmente españoles, europeos o americanos y deben conservar su forma castellana.

- Los nombres que, teniendo correspondencia en español, se reproducen en la prensa internacional y en los libros y revistas de turismo con las formas del país de origen, en ocasiones reclamadas por los respectivos gobiernos como rechazo de épocas coloniales.

[3] A no ser que algún lexicógrafo tuvise noticia de que a mediados del siglo XIX existió el Club des Haschischiens, cuyos miembros (Baudelaire, Boissard de Boisdenier, Delacroix, Gautier, Nerval, Moreau, Victor Hugo, Dumas y Balzac, entre otros) experimentaban con los efectos del *dawamesk*, una mermelada hecha de hachís, almizcle, canela, pistacho y azúcar, del mismo tipo que otra droga, frecuente en Marruecos, conocida como *maayún*.

- Los nombres que no tienen tradición en español, es decir, sin correspondencia castellana, y que no hay más remedio que transcribir hispanizando las grafías.

Además nos encontramos con topónimos de escritura dudosa, bien sea por cuestiones de acentuación gráfica o por grafías viciadas procedentes de la transcripción a otras lenguas.

Los problemas relacionados con la traducción de topónimos se nos presentan sobre todo en el segundo grupo y son en su mayor parte producidos por el olvido, la falta de información o la tendencia al extrañamiento, al uso de voces extranjeras.

En cuanto a los problemas de transcripción o transliteración, se dan en el tercer grupo en los nombres de ciudades o países cuyas lenguas no usan el alfabeto latino o son lenguas ágrafas.

Los problemas y dudas en cuanto a traducción y transcripción de topónimos también se presentan en los gentilicios aunque no siempre sucede así.

La ONU publica periódicamente una lista de los países pertenecientes a la organización. En esa lista aparecen los nombres de los países en las seis lenguas oficiales de la ONU: inglés, francés, español, chino, ruso y árabe, y es la lista «oficial», pero en ella no se respetan algunos topónimos tradicionales en español. La Oficina de Publicaciones de la Unión Europea incluye una lista de «Estados, territorios y monedas» en su *Libro de estilo interinstitucional*; en ella sí se tiene en cuenta la forma tradicional en español de los nombres de los países del mundo.

Y qué decir de la cantidad de nuevos gentilicios espurios que han nacido al amparo de topónimos que no eran tradicionales en español, como *ourensano*, que no es ni el español (orensano) ni gallego (ourensán). Un *fifty-fifty*, vamos.

Además, en la última edición de la *Ortografía de la lengua española* de la Real Academia Española y la Asociación de Academias de la Lengua Española (diciembre del 2010) hay una lista de topónimos y gentilicios en la que se proponen algunas simplificaciones que conviene tener en cuenta.

Surgieron una gran cantidad de dudas toponímicas y de gentilicios con la desmembración de la Unión Soviética y de Yugoslavia. De pronto comenzaron a ser noticia pequeñas repúblicas hasta entonces desconocidas para nosotros, y los nombres de sus capitales y de sus habitantes.

Con la Guerra del Golfo hubo que revisar también la toponimia y revisar los nombres de los países implicados y de las ciudades que sufrieron sus consecuencias. La gran cantidad de noticias relativas a esa guerra hizo necesario llegar a un acuerdo sobre las normas de transcripción del árabe, topónimos, gentilicios y nombres de persona de esa zona del mundo, con el fin de evitar la diversificación en las grafías, y buscar una transcripción fácil y adaptada a la fonética española.

Al estallar la guerra en Yugoslavia surgió el caso de Kosovo: no sabemos si ese nombre debe escribirse con tilde —Kósovo— o sin ella —Kosovo—, y lo mismo nos pasa con su capital: Prístina o Pristina. Lo más curioso es que en español y en otras lenguas hemos llamado «kosovares» a los habitantes de aquella región; quizás en otras lenguas eso no sea tan raro, pero en español son escasos los gentilicios terminados en *-ar*, y lo más lógico habría sido llamarlos *kosoveses* o *kosovenses*, sin embargo, por alguna razón (quizás la culpa la tengan los medios de comunicación) no fue así.

Pero los problemas con los gentilicios no provienen siempre de países o ciudades lejanos y exóticos. Uno de los que aparecen con más frecuencia erróneamente usado, es el de los Estados Unidos de América, cuyos habitantes no deben ser llamados *americanos*, sino *estadounidenses* o *norteamericanos*.

19 Topónimos olvidados

Ya estamos más que habituados a que cuando un tigre de *Bengala* y un gato de *Angora* toman vino de *Madera* en el bar de un *patán*, los medios de comunicación nos lo digan así: «Un tigre de *Bangladesh* y un gato de *Ankara* tomaron vino de *Madeira* en el bar de un *pastún*».

Buscando en las hemerotecas podemos encontrarnos con la noticia de la reunión que celebraron el presidente del Gobierno español y el primer ministro portugués en la isla de *Madeira*. También leeremos sobre la violenta reacción de los musulmanes de *Bangladesh* ante la destrucción de una mezquita en la India. Y sobre las declaraciones que hacen los políticos turcos en *Ankara* sobre la deseada entrada de su país en la Unión Europea. Al informarnos sobre la guerra de los Estados Unidos contra el régimen talibán en Afganistán, los medios de comunicación hacían constantes referencias a los *pastunes*. En las referencias a Libia y el embargo aéreo a que estuvo sometida, siempre salía a relucir el aeropuerto tunecino de la isla de *Yerba* (a veces escrito *Jerba* o *Djerba*) que es el más cercano a Trípoli. De ese mismo país, Libia, se habló mucho cuando los aviones estadounidenses sobrevolaron el golfo de *Sirte* y violaron el espacio aéreo libio. En *Marraquech* se celebró un congreso sobre Al Ándalus al que asistieron estudiosos europeos y marroquíes. Es muy probable que si en las noticias comentadas en el párrafo anterior los redactores hubieran optado por usar los nombres (tradicionales) españoles de esos topónimos o gentilicios, muchos lectores no hubiesen entendido bien de dónde se trataba. Veamos: la reunión de los gobernantes español y portugués fue en la isla de *Madera*; los musulmanes se manifiestan en *Bengala*; los políticos turcos tienen su sede en *Angora*; la mayoría de los habitantes de Afganistán son *patanes* y hablan en *patán*; el aeropuerto tunecino más cercano a Libia es el de la isla de *Gelves*, y los norteamericanos sobrevolaron el golfo de *Sidra*, y la ciudad donde se ha celebrado el congreso sobre Al Ándalus es *Marruecos*.

Ciertamente debe de haber muy pocos hispanohablantes que aún llamen *Madera* a lo que en portugués se llama *Madeira*, aunque en las enciclopedias españolas aparezca con el nombre español y en algunas recetas de cocina aparezca como ingrediente el vino de *Madera*. Además, a nadie le extraña llamar *Bangladesh* a un país que antes se llamó *Pakistán Oriental*, pero que en español siempre se llamó *Bengala*, y de ahí el tigre de Bengala y los tres lanceros bengalíes. Tampoco piensa nadie en que los gatos de *Angora* deben su nombre a lo que ahora nos empeñamos en llamar por su nombre turco, *Ankara*.

Llamar *patanes* a la mayoría de los afganos puede parecer «políticamente incorrecto» a quienes desconocen el nombre de esa etnia en español. Puede ser que el caso del golfo de *Sidra* aún pueda salvarse ya que en algunos medios de comunicación llaman así, en español, a *Sirte*. Y en cuanto al nombre de *Marruecos*, en español llamamos de esa forma a este país dándole el nombre de la que fue una de sus capitales. Así el *Imperio de Marruecos* tenía su capital en la ciudad de *Marruecos*, a la que desde hace ya bastante tiempo (más o menos desde la década de 1930) nos hemos acostumbrado a llamar por su nombre en árabe adaptado a la fonética francesa: *Marraquech*.

20 Árabes, musulmanes, islámicos e islamistas

No debemos meter en el concepto de *países árabes* a Irán, Afganistán ni Turquía, cuando estos últimos lo único que tienen en común con los anteriores es su religión. Es erróneo afirmar cosas del tipo: «La Unión Europea fomentará la cooperación con Irán y el resto del mundo *árabe*...».

Árabe es el nombre de una lengua y de una cultura. Por eso llamamos *mundo árabe* al conjunto de países que comparten esa lengua y esa cultura, que se extiende desde Irak hasta Mauritania. Existe además la Liga Árabe, formada por Arabia Saudí, Argelia, Baréin, Catar, las Comoras, Egipto, los Emiratos Árabes Unidos, Irak, Jordania, Kuwait, Líbano, Libia, Marruecos, Mauritania, Omán, Palestina, Siria, Somalia, Sudán, Túnez, Yemen y Yibuti.

En Irán (antes Persia) no se habla árabe sino farsi o persa; en Afganistán la lengua mayoritaria es el pastún o patán, y la lengua de Turquía es el turco; y si bien el persa y el pastún forman parte de la misma familia lingüística (ambas son indoeuropeas), el turco (lengua uraloaltaica) no tiene ninguna relación con ellas, y tampoco existe relación entre estas tres y el árabe (lengua semítica). Lo único en común entre el persa, el pastún y el árabe es el alfabeto, que también se usó para el turco hasta principios del siglo XX.

La mayoría de los habitantes del mundo árabe, de Irán, de Afganistán y de Turquía son *musulmanes*, como también lo son la mayoría de los indonesios, casi todos los paquistaníes, millones de chinos y de indios, cientos de miles de yugoslavos (ahora croatas, serbios o montenegrinos), la mayoría de los albaneses, etc.

Y si lo *islámico* es todo lo relativo al islam: arte islámico, filosofía islámica, literatura islámica... a los países cuya religión, bien sea oficial o bien sea la mayoritaria, es el islam, tendremos que llamarlos *países islámicos* o *mundo islámico*. Ahí sí están Irán, Afganistán y Turquía, junto a los países árabes. Hay una unión política denominada Organización para la Cooperación Islámica (antes llamada Conferencia Islámica), de la que forman parte los siguientes países: Afganistán, Albania, Arabia Saudí, Argelia, Azerbaiyán, Baréin, Bangladés, Benín, Brunéi, Burkina Faso, Camerún, Catar, Chad,

El Oriente Medio,
que ya no sé si es
el Oriente Próximo,
¿*is* la *mitá*?

las Comoras, Costa de Marfil, Egipto, los Emiratos Árabes Unidos, Gabón, Gambia, Guinea, Guinea Bisáu, Guyana, Indonesia, Irán, Irak, Jordania, Kazajistán, Kirguizistán, Kuwait, Líbano, Libia, Malasia, Maldivas, Malí, Marruecos, Malaui, Mozambique, Níger, Nigeria, Omán, Pakistán, Palestina, Senegal, Sierra Leona, Somalia, Sudán, Surinam, Siria, Tayikistán, Togo, Túnez, Turquía, Turkmenistán, Uganda, Uzbekistán, Yemen y Yibuti.

También puede hablarse de la arquitectura *islámica* al estudiar las mezquitas y las madrazas; del derecho *islámico* al mencionar el *canún*, o doctrina legal que deriva de El Corán, y de la cultura *islámica* al referirnos a los movimientos culturales relacionados con el islam.

Islamista es un neologismo creado a finales del siglo XX para denominar a los musulmanes radicales o integristas que propugnan el retorno a las raíces y que, en ocasiones, recurren a la violencia, e incluso al terrorismo, para lograr sus fines.

No es, pues, adecuado, hablar de terrorismo *islámico*, puesto que no hay un tipo de terrorismo propugnado por esa religión, que, como todas, lo que promueve es la paz, es decir, en *terrorismo islámico* hay una contradicción de términos. En ese caso se tiene que decir *terrorismo islamista*, ya que proviene de las posturas radicales del movimiento islamista.

21 Versátil y polifacético

Que un uso incorrecto haya triunfado de tal modo que obligue a los lexicógrafos a añadir nuevas acepciones en los diccionarios no implica que la forma correcta en la lengua culta deje de ser la más recomendable.

Si *versátil* es la 'persona inconstante, que cambia con facilidad de afecto, aficiones u opiniones', la que 'es de genio inconstante o que cambia fácilmente', ¿a qué viene esa moda de llamar *versátiles* a quienes no lo son en absoluto? Como cuando en la prensa se afirma que el nuevo ministro ha sido siempre un político *muy versátil*... ¿Qué pasa? ¿Estamos diciendo que es un oportunista y cambia de partido y de ideología según le convenga en cada situación?

Pero casi siempre el error se produce por confundir *versátil* con *polifacético*, que es 'quien tiene múltiples aptitudes y conocimientos de muchas cosas', 'quien realiza actividades muy diversas o tiene múltiples capacidades’. También se confunde con otros posibles adjetivos aplicables a quien está en disposición a ceder o acomodarse fácilmente al dictamen de otro, como *flexible*, o, incluso, *capaz*.

Es desaconsejable, pues, esa tendencia de llamar *versátil* a alguien creyendo que estamos diciendo algo bueno de él, porque se puede enfadar y demandarnos por injurias, especialmente si es un político.

22 Inadvertido y desapercibido

Otro de los casos en los que el uso ha llevado hasta los diccionarios una acepción que antes no tenía la palabra en cuestión. Hasta hace no demasiados años los hablantes cultos no utilizaban la voz *desapercibido* con el significado de *inadvertido*, pero hubo un momento en el que ese uso —erróneo en su momento— comenzó a difundirse y tuvo tal éxito entre los usuarios del español que fueron dejando arrinconada, poco a poco, a la palabra *inadvertido*, hasta tal punto que hoy, en español moderno, son mayoría aplastante los que prefieren decir *desapercibido*.

No está de más recordar que en la lengua culta *desapercibido* es la persona o cosa que no está provista de lo necesario para algo.

> Tú sueles hablar de aquella ocasión en la que Jorge te dijo, con mucha propiedad, en su casa de Tijuana: «Alberto, te tengo desapercibido», porque te había dejado medio abandonado sin ofrecerte siquiera un triste trago que llevarte al gaznate.

23 Salvaje y silvestre

Los restaurantes más caros y más de moda acostumbran a escribir cosas *raras* en sus cartas, además de llenarlas de extranjerismos, pretendiendo con ello, quizá, justificar los elevadísimos precios de los platos.

En ocasiones, en esa búsqueda de lo original, caen en el error de usar palabras con un sentido que no es el más apropiado en español, como en el caso de *salvaje* en nombres de este tipo: *cupcakes de fresas salvajes con coulis de kiwi*. Olvida, quien califica así a las fresas, que en nuestra lengua solo son *salvajes* los animales no domesticados, y que al hablar de determinados productos agrícolas lo conveniente es usar el adjetivo *silvestre*.

24 Emblemático

Cuando se pone de moda una palabra, casi siempre a través de los medios de comunicación audiovisuales, los hablantes la repiten hasta la saciedad y la colocan en cualquier contexto en el que hasta ese momento no se les había ocurrido usarla.

En el español contemporáneo *emblemático* desplaza innecesariamente a *relevante, importante, significativo, representativo*. Esta nueva acepción causa furor en el lenguaje político y periodístico, y ha calado hondo ya en muchos hablantes de la calle, de modo que es normal que se digan cosas como «la Real Casa de Correos, uno de los edificios más *emblemáticos* de Madrid», «el volcán más *emblemático* de América del Sur», «uno de los lugares más *emblemáticos* del país, la Plaza de la Revolución», «el hotel Rossia, uno de los más *emblemáticos* de Moscú», «una de las figuras más *emblemáticas* del Frente Islámico», «los momentos más *emblemáticos* de la televisión», «una de sus empresas más *emblemáticas*».

Fernando Lázaro Carreter censura su uso en *El dardo en la palabra*: «Este verbo *incidir* puede ser *emblemático* —ahora se llama así lo *representativo*— del modernismo *guay*». También lo censura José Martínez de Sousa en el *Diccionario de usos y dudas del español actual*: «*emblemático*. Impropiedad por *representativo, significativo*. En español actual *emblemático* significa 'del emblema o relacionado con él'».

Cuando leas *emblemático*, primero dispara y luego pregunta.

El adjetivo *emblemático* desembarcó con ímpetu tal que logró arrinconar y dejar en el olvido a otros más precisos según el contexto de que se trate. Hoy cualquier cosa —un volcán, un edificio, una marca de ropa— es *emblemática* y ya nada es *importante, representativo, histórico, relevante, destacado, simbólico*, etc.

25 En femenino

Un fenómeno lingüístico difícil de erradicar es la tendencia a usar palabras como *ingeniero* o *arquitecto,* así, en masculino, tanto si se refieren a un hombre como a una mujer.

Durante muchos años los femeninos de las profesiones y de los cargos se usaron para hacer referencia a las esposas de los hombres que los ejercían: la *médica* era la esposa del *médico*, la *embajadora* era la esposa del *embajador*, la *notaria* era la esposa del *notario*... Pero esos tiempos, afortunadamente, ya son historia. En el español moderno debemos reflejar la realidad de la época en la que nos ha tocado vivir: una época en la que las mujeres ocupan cargos y desempeñan profesiones que antes eran solo masculinas.

El 22 de marzo de 1995 se aprobó una orden del Ministerio de Educación y Ciencia (de España) por la que los títulos académicos oficiales designados tradicionalmente en masculino pasaron a tener su correspondiente versión en femenino. Con esa orden se cambiaron oficialmente 21 títulos, entre los que se encontraban los de *doctora, ingeniera, técnica, licenciada, graduada, diplomada, arquitecta, maestra, profesora, médica, farmacéutica, enfermera*, etc. Redactada con la colaboración de la Real Academia Española y el Instituto de la Mujer, la orden establecía que todos los títulos, certificados o diplomas oficiales referidos a las múltiples profesiones y actividades debían tener en cuenta la condición masculina o femenina de quienes los obtuvieran.

Aunque en esa orden se mencionen solo los títulos académicos, debe generalizarse el uso del femenino (siempre que no resulte forzado) a todos los nombres de oficios y cargos que tradicionalmente eran ocupados solo por hombres: *presidenta*, *senadora*, *diputada*, etc.

Los nombres de cargos o profesiones (se trata de nombres comunes) terminados en *e* o en *o* cambian esas vocales por *a* para formar el femenino. Ejemplo: *camarero/camarera*. No obstante lo anterior, algunos nombres terminados en *e* hacen el femenino con la terminación *-esa*. Ejemplo: *alcalde/alcaldesa*. Los nombres terminados en consonante *d, l, n, r, s* o *z* añaden una *a*. Ejemplos: *asesor/asesora, concejal/concejala, juez/ jueza*. También aquí se dan algunas excepciones, como *abad/abadesa*. En el caso de los nombres de profesiones, ocupaciones u otros terminados en *-ente* hay que tener en cuenta que en muchos casos su uso en femenino no está generalizado. Ejemplos: *gerente/gerenta, paciente/pacienta*. Sí son comunes, en cambio, los pares *presidente/presidenta, cliente/clienta, asistente/asistenta...* Habrá, pues, que esperar a que la evolución en la sociedad y el uso por parte de los hablantes determinen esos cambios, pero a lo que no podemos esperar ya más es a que las ingenieras sean eso: *ingenieras*, y las jefas de área sean eso: *jefas de área*.

Mas hoy, si miramos esa carpeta alargada que usamos para guardar las tarjetas de visita que van llegando a nuestras manos, podremos comprobar que en la mayor parte de los casos, cuando es una mujer la que allí aparece, el nombre de su oficio o de su cargo sigue en masculino, como si una *biólogo* supiera más y fuese más prestigiosa que una *bióloga*.

Se trata, ni más ni menos, de que la mujer deje de ser invisible y aparezca donde debe aparecer, sin caer, eso sí, en el vértigo del desdoblamiento a ultranza, tal y como ya hacen algunos políticos españoles y tal y como hicieron los redactores de la Constitución de la República Socialista Bolivariana de Venezuela, en 1999, de la que sirve como ejemplo este fragmento:

> **Artículo 41**. Sólo los venezolanos y venezolanas por nacimiento y sin otra nacionalidad, podrán ejercer los cargos de Presidente o Presidenta de la República, Vicepresidente Ejecutivo o Vicepresidenta Ejecutiva, Presidente o Presidenta y Vicepresidentes o Vicepresidentas de la Asamblea Nacional, magistrados o magistradas del Tribunal Supremo de Justicia, Presidente o Presidenta del Consejo Nacional Electoral, Procurador o Procuradora General de la República, Contralor o Contralora General de la República, Fiscal o Fiscala General de la República, Defensor o Defensora del Pueblo, Ministros o Ministras de los despachos relacionados con la seguridad de la Nación, finanzas, energía y minas, educación; Gobernadores o Gobernadoras y Alcaldes o Alcaldesas de los Estados y Municipios fronterizos y aquellos contemplados en la ley orgánica de la Fuerza Armada Nacional.
>
> Para ejercer los cargos de diputados o diputadas a la Asamblea Nacional, Ministros o Ministras; Gobernadores o Gobernadoras y Alcaldes o Alcaldesas de Estados y Municipios no fronterizos, los venezolanos y venezolanas por naturalización deben tener domicilio con residencia ininterrumpida en Venezuela no menor de quince años y cumplir con los requisitos de aptitud previstos en la ley.

26 El femenino en los cuarteles

Al principio hubo una feroz resistencia, tanto en los cuarteles como en las gramáticas y los diccionarios; los que se oponían —y siguen oponiéndose— son los militares, es decir, los usuarios más habituales de esa pequeña colección de palabras: los nombres de los cargos o rangos en el ejército.

En los manuales de uso del español y en las gramáticas se aconseja la generalización del femenino en los nombres de cargos y oficios desempeñados por mujeres, pero se advierte que esa norma no debe aplicarse al ámbito militar, donde esos nombres deben seguir usándose como comunes en cuanto al género: *el/la soldado*, *el/la sargento*, *el/la teniente*, etc.

Esa feroz resistencia sigue aún presente en la mayoría de los hablantes del español y, lo malo del caso, es que la Asociación de Academias de la Lengua Española apoya esa diferencia entre lo militar y el resto de los campos profesionales. Pero con la última edición del *Diccionario de la Lengua Española* se ha entreabierto la puerta a esos femeninos, aunque sea en un solo caso: la palabra *capitán* ya aparece como masculino o femenino —*capitán/na*—, con el significado de 'oficial de graduación inmediatamente superior al teniente e inferior al comandante'. También se recoge así en la edición del 2015 de *El Pequeño Larousse Ilustrado*.

En un hotel de Ensenada (Baja California) conocí una vez a un trabajador que, en su tarjeta de presentación —como le decimos en México a la tarjeta de visita— ponía: Fulano de Tal / Ama de llaves. Le guardo una profunda admiración.

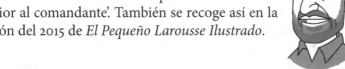

27 Jueza y presidenta

La oposición frontal de muchos hablantes —más en España que en América— a la forma femenina de *juez* hizo que esta tardase mucho en llegar a los diccionarios, mas, finalmente, la *jueza* ya está recogida por estos. Sin embargo, en España, México y Perú sigue siendo más frecuente la forma común para masculino y femenino.

La misma oposición sigue presente en muchos hablantes cuando hay que formar el femenino de *presidente*, hasta el punto de que se elaboran alambicadas explicaciones pseudolingüísticas que circulan desde hace años por internet, desde que una mujer fue elegida *presidenta* de la Argentina. Pero ese femenino ya lleva bastante tiempo en los diccionarios: al de la Academia llegó en 1803.

28 Miembra y socia

Cuando en junio del 2008 una ministra española pronunció la palabra *miembras* se armó un escándalo en todos los medios de comunicación y los ataques contra ella fueron despiadados y se usaron todo tipo de calificativos despectivos para ridiculizarla, pero si se visitan las hemerotecas y se revisa todo lo que se escribió sobre ese uso de *miembra*, se puede comprobar que no hay ni un solo artículo en el que se dé una explicación gramatical de por qué es errónea esa forma. La razón de esa ausencia es, simplemente, que no se trata de una formación incorrecta desde el punto de vista de la morfología del español. Ocurre que, de momento, en los diccionarios solo aparece la forma *miembro* y se presenta como común en cuanto al género: *el/la miembro*.

Alguno se estará preguntando si la feminización podría animarnos a decir algún día «la miembra femenil». Bueno, yo me lo he preguntado. Ya, es que los gallegos somos mucho de preguntarnos.

Pero ha ocurrido muchas, muchísimas veces, que una palabra que al principio aparecía solo como masculino pasó a común y de ahí al desdoblamiento a masculino y femenino, como en el caso de *socio*, muy cercana a *miembro* en algunos de sus significados. Apareció como masculino (en el DRAE) desde 1739 hasta 1869, y pasó directamente a desdoblarse como masculino y femenino —*socio, cia*— en 1884.

29 Cancillera

Cuando la alemana Angela Merkel fue elegida por primera vez como presidenta del Gobierno de Alemania surgió la duda de si el nombre de ese cargo, que en el caso de Austria y de Alemania es *canciller*, debería escribirse en su forma femenina: *cancillera*.

Desde el punto de vista morfológico no parece haber ningún problema para formar ese femenino, y su uso ya estaba presente en algunos países de Hispanoamérica, donde esa palabra equivale a 'ministro de Asuntos Exteriores' y algunas mujeres desempeñaban ese cargo. Pero poco tiempo después la Asociación de Academias de la Lengua Española decidió calificar de incorrecto ese femenino en su *Diccionario panhispánico de dudas*, e indicó que lo apropiado era el género común.

Esa es la norma académica, pero los hablantes no siempre seguimos el rumbo que nos marcan, y hoy es cada vez más corriente la forma femenina *cancillera*, especialmente en Hispanoamérica, y no debemos considerarla incorrecta. Así aparece recogida en *El Pequeño Larousse Ilustrado.*

30 Plurales

Plurales dudosos. En la Argentina hay dos comestibles, productos de la panadería, llamados *pan dulce* (o *pandulce*) y *medialuna*. El plural del segundo no es difícil para un hispanohablante de ese país —en otras zonas del español puede resultar dudoso—, que dirá, sin dudar, *medialunas*. No sucede lo mismo con el *pan dulce*, pues aunque se pronuncia en una sola palabra, se ve escrito en dos, así, podría ser los *pandulces* o los *panes dulces.*

La duda más habitual se produce con los plurales de palabras del latín o de otras lenguas, terminadas en ciertas consonantes, cuando las usamos en español. Durante años se aconsejó dejarlas invariables (los *superávit*, los *accésit*, los *zigzag*, los *boicot*...), pero a partir de la aparición del *Diccionario panhispánico de dudas* se comenzó a añadirles una *s* al final (los *superávits*, los *accésits*, los *zigzags*, los *boicots*...).

Plurales discutidos. En los casos en los que detrás de un sustantivo se pone otro que añade algo a su significado (aposición) no está nada claro para los hablantes cómo formar el plural. Es lo que ocurre con *palabra clave*, *copia pirata*, *Estado miembro*, *niño soldado*, *mariposa monarca*, etc. Durante años se tendió a poner el plural solo en el primer sustantivo a dejar en singular el segundo (*palabras clave*, *copias pirata*, *Estados miembro*, *niños soldado*, *mariposas monarca*), pero el uso ha hecho que el segundo componente se perciba más como adjetivo que como sustantivo y por ello es cada vez más habitual que los hablantes optemos por poner en plural las dos partes: *palabras claves*, *copias piratas*, *Estados miembros*, *niños soldados*, *mariposas monarcas*.

Pasan los años y no termino de verlo. Para mí, *mariposas monarcas* no es lo mismo que *mariposas monarca*.
Las primeras son reinas; las segundas, amarillas con negro.
Ya no hablemos de los *hombres ranas*, croá, croá...

Ese es el uso, que no puede considerarse incorrecto, pero la Asociación de Academias de la Lengua Española recomienda que solo se haga así cuando el segundo sustantivo pueda funcionar como atributo del primero en oraciones copulativas:

«Esos Estados son *miembros* de la OTAN».

«Estas palabras son *claves* para estudiar la situación».

«Las copias decomisadas eran *piratas*».

Mas, ¿qué hacer con las *mariposas monarcas*, los *hombres ranas*, las *ciudades dormitorios*, etc.? El plural ahí depende solo de si el hablante percibe como adjetivo el segundo sustantivo.

31 Marroquís o marroquíes

Y hablando de plurales, ¿se han fijado en que muchos hispanohablantes utilizan *marroquís* como plural de *marroquí*? Sí, muchos, un montón, y está mal. Lo correcto en español culto es formar los plurales de palabras terminadas en *í* tónica añadiéndoles *es*, y aunque esas formas están en retroceso en voces como *esquís* o *bisturís*, los libros de uso del español señalan que debemos conservarlas en los gentilicios de ciudades y países del mundo árabe y zonas de influencia: *marroquíes*, *rabatíes*, *tetuaníes*, *somalíes*, *iraquíes*, *iraníes*, *bagdadíes*...

32 Adecuar, evacuar y licuar (y agriar)

Al comienzo de este libro se explica que quien dicta la norma, quien toma las decisiones que cambian determinados usos en la lengua, somos los hablantes, y fuimos nosotros quienes decidimos cambiarles la acentuación a estos verbos.

Hasta hace no mucho tiempo, la única forma correcta de conjugar el presente de indicativo en singular de *adecuar* era *adecuo*, *adecuas*, *adecua*, y lo mismo —en cuanto a acentuación— ocurría con *evacuar* y con *licuar*. Pero lo que hasta hace pocos años fue considerado como forma incorrecta (*adecúo*, *adecúas*, *adecúa*) se difundió tanto que la Asociación de Academias de la Lengua Española hizo lo que siempre debe hacer en casos similares: recoger como aceptables las nuevas formas. Ocurre, eso sí, que todavía se considera más correcto y elegante utilizar la acentuación originaria.

No se vayan todavía;
aún hay más: *anticuar*,
colicuar, *oblicuar*
y *promiscuar*.
¡Biacentuadnos!

También *agriar* admite dos acentuaciones en su conjugación: la más usada, que es *agrío*, *agrías*, *agría*, y la menos habitual, que es *agrio*, *agrias*, *agria*.

33 Abolir y agredir

Los *verbos defectivos* son aquellos que solo se conjugan en algunos modos, tiempos o personas. Con algunos de estos verbos ha ocurrido, como con muchos otros casos de uso del español, que los hablantes logramos cambiar el rumbo y hacer que lo antes considerado incorrecto pase a ser correcto.

Así ha ocurrido con los verbos *abolir* y *agredir*, que se consideraban como defectivos, ya que solo era adecuado conjugarlos en aquellas formas que tuvieran la letra *i* en la desinencia. Es decir, se podía decir *agredía* o *abolíamos*, pero no era correcto decir *agredo* o *abolemos*. Pero las cosas cambiaron y hoy se consideran también válidas estas dos últimas formas y todas las demás; son verbos que ya admiten su conjugación completa.

34 Un prefijo excastigado: *ex*

El único prefijo que estuvo castigado durante años a no poderse pegar a la palabra siguiente —como el resto de sus congéneres, los prefijos en español— fue *ex*. Y era ese un castigo que muchos hispanohablantes no entendíamos, pues no había ninguna razón que lo explicase. Durante todo ese tiempo la única forma admitida en la norma culta era escribirlo separado de la palabra siguiente con un espacio tipográfico: *ex presidente*, *ex alumno*, *ex futbolista*, etc. Y había personas que ponían un guion, opción considerada incorrecta: *ex-presidente*, *ex-alumno*, *ex-futbolista*.

Pero los encargados de redactar la última edición (2010) de la *Ortografía de la lengua española*, de la Asociación de Academias de la Lengua Española, decidieron que ya era hora de terminar con esa extraña excepción, si bien recomiendan que se una solamente cuando la base (lo que modifica el prefijo) se componga de una sola palabra, como en los ejemplos anteriores (*expresidente*, *exalumno*, *exfutbolista*), y que siga escribiéndose separado en los casos en que lo modificado por el prefijo sean dos o más palabras: *ex ama de casa*, *ex primer ministro*, etc.

Convengamos que *ex*, a veces, luce bien feo como compañero de baile, sobre todo cuando danza con *exxilofonistas*, *expresos* o *exsaltadores* de altura. Ya, ya, el contexto lo aclara todo, pero... feo es.

35 Cambios en los prefijos *trans* y *post*

Estos dos prefijos nos hacían plantearnos siempre la duda de si escribirlos así —*trans* y *post*— o si era mejor simplificarlos y optar por las formas *tras* y *pos*. Para el segundo, algunos seguían la norma de usar *post* cuando precedía a una palabra comenzada con vocal —*postoperatorio*— y *pos* cuando la voz siguiente comenzara por consonante —*posguerra*—; en cambio, para *trans* o *tras* no había ninguna norma a la que acogerse.

Ahora, tras la aparición del *Diccionario panhispánico de dudas* (2005) y de la última edición de la *Ortografía de la lengua española*, de la Asociación de Academias de la Lengua Española (2010), la recomendación es que se opte siempre por las formas simplificadas *tras* y *pos*: *trasporte*, *trasatlántico*, *posoperatorio*, etc. Con la única excepción de los casos en los que vayan delante de una palabra que comience por *s*.

36 Leísmo hipercorrecto

El miedo a caer en lo vulgar hace que algunos hablantes, para evitar ser mirados como poco finos, cometan el error de evitar un uso correcto en la lengua culta —el único correcto en este caso— y usen en su lugar una forma incorrecta en ese contexto. Como el laísmo se considera muy vulgar esos hablantes no usan jamás el pronombre *la* y en su lugar siempre prefieren decir o escribir *le*, lo que los hace cometer un error que podemos llamar «leísmo de hipercorrección».

> Receta infalible antileísmoshipercorrectos: al final de la oración añada un objeto directo, como *el rabo*. Si la cláusula tiene sentido, ¡cuidadito! Por ejemplo: «Dice que estuvo ahí, pero no le vi el rabo». ¿Le ve? Oh, perdón, quiero decir: ¿Lo ve (el rabo)?

Así, en frases como «ayer le llamé por teléfono», «sus amistades le ayudaron mucho para conseguir ese cargo» o «dice que estuvo allí, pero yo no le vi», referidas a una mujer, lo correcto es «ayer *la* llamé por teléfono», «sus amistades *la* ayudaron mucho para conseguir ese cargo» o «dice que estuvo allí, pero yo no *la* vi».

37 Ausencia del artículo

En la lengua, como en todo, hay modas pasajeras y modas que llegan para quedarse, y entre estas últimas parece estar la de prescindir del artículo en situaciones en las que, en la norma culta, su uso es necesario; llegó hace ya algunos años —hay quien dice que procedente del inglés— y se ha instalado en el idiolecto de muchos hispanohablantes.

Hay una serie de topónimos en los que es tradicional poner delante el artículo, como en *los* Pirineos, *la* India, *la* China, *los* Alpes, *el* Perú, *el* Reino Unido, *la* República Dominicana, *el* Cairo, etc., y conviene evitar la moda de nombrarlos sin él.

Tampoco es adecuado en español eliminar el artículo delante de nombres de organismos, instituciones o residencias oficiales, como en *la* Presidencia, *el* Rectorado, *las* Naciones Unidas, *la* Cruz Roja, *la* Casa de América, *la* Casa Rosada, *la* Moncloa, etc. En todos esos casos lo correcto es mantener el artículo.

Es también muy corriente la omisión del artículo delante de nombres como *quirófano*, *talleres*, *cocina*, *cafetería*... «El doctor entró en quirófano», «el bus está en talleres», «se lo encargaremos a fábrica», «pídeselo a cocina», «nos vemos en cafetería», son frases que para estar bien necesitan el artículo.

Es una moda fea y conviene que estemos atentos para no caer en ella.

Siempre me ha parecido una curiosa coincidencia que la mayoría de la gente a la que se le incauta algo haya sido algo... incauta.

38 Incautarse de

Es probable que a muchos hablantes jóvenes les resulte extraña —y les parezca incorrecta— la construcción *incautarse de* en frases como «la policía se *incautó de* más de 2000 armas de fuego» y ello a pesar de que esa era hasta hace poco tiempo la única forma correcta de utilizar el verbo *incautar*. Pero, como en tantos otros casos, la presión de los hablantes con poca cultura lingüística hizo que la forma incorrecta («la policía *incautó* más de 2000 armas de fuego») se instalase en la lengua y llegase a ser considera como válida.

Hoy conviven ambas formas, y aunque es más aconsejable la primera, hay que estar preparados para ver caras de asombro cuando la usemos.

39 Cesar, destituir, echar...

En español es normal desde hace décadas el uso del verbo *cesar* con valor transitivo, es decir, seguido de un complemento directo, en frases como «*Cesaron* al director del Instituto Cervantes de Rabat» o «El Gobierno *cesó* a varios altos cargos», y hasta hace pocos años (el 2005) ese empleo se consideraba incorrecto, pues en todos los diccionarios *cesar* figuraba como intransitivo. En su lugar lo adecuado era el uso de otros verbos como *destituir*, *despedir*, *echar*, etc.

Pero las cosas han cambiado y otra vez la voluntad de los hablantes ha marcado el camino de la lengua, de tal forma que hoy se considera correcto aquel uso que antes estaba mal: ahora podemos *cesar* a quien queramos.

40 Infinitivo introductorio

¿«Infinitivo introductorio»?
¡Eso se llama *tarzanismo*!

También conocido como *infinitivo fático*, es aquel que se emplea al comienzo de un discurso (*decirles* que...), de un aviso (*avisarles* de que...), de un recordatorio (*recordar*, por último, que...), de una advertencia (*advertir* que...), de un agradecimiento (*agradecerles* a todos que...) o como verbo principal de una oración (y, finalmente, *manifestar* que hemos logrado los objetivos).

Se trata de otra de esas modas que deforman el español y que van contra el genio de la lengua; conviene, pues, evitar su uso, pero, como ya hemos dichos unas cuantas veces en este libro, somos los hablantes los que tomamos las decisiones, y si este uso llega a imponerse y a instalarse puede ocurrir que dentro de algunos decenios ya no le resulte molesto a nadie.

41 Condicional fuera de lugar

¿No les ha pasado alguna vez que al comprar algo, en el momento de pagar, el vendedor les haya dicho «*serían* 20 euros»? ¿No les ha ocurrido que al llevar unas prendas a la lavandería el encargado de la tienda les haya dicho «*estarían* para el viernes»? ¿No han sufrido nunca al empleado de trasportes que les dice que el envío *llegaría* mañana?

Está por todas partes y nos topamos con él en cualquier lugar y a cualquier hora. Es un uso extraño en español —bueno, ya no tan extraño—, lengua en la que en todos esos casos lo normal es utilizar el modo indicativo: «*son* 20 euros», «*estarán* para el viernes», «*llegará* mañana». Evitémoslo mientras podamos.

42 Algunos gerundios fuera de lugar

En la jerga de la Administración es muy habitual encontrar gerundios que parecen ser adjetivos, pues están escritos detrás de sustantivos a los que complementan. Los podemos ver casi siempre detrás de las palabras *ley*, *reglamento*, *norma*, *acuerdo*... («la ley *estableciendo* la

Cuidado, que la regla *reprimiendo* el gerundio ha hecho del gerundio lo que viene *siendo* un desairado, *siendo* el gerundio una forma verbal que sigue funcionando bien.

mayoría de edad», «el reglamento *prohibiendo* la venta de alcohol», «la norma *regulando* la exportación de petróleo», «el acuerdo *estableciendo* el máximo de capturas»). Y en todos esos casos están fuera de sitio, están mal empleados, pues lo correcto hubiera sido: «la ley que establece la mayoría de edad», «el reglamento para prohibir la venta de alcohol», «la norma con la que se regula la exportación de vino», «el acuerdo que establece el máximo de capturas». A veces aparece ese mismo tipo de gerundio en anuncios de empleo, como «se precisa secretaria *hablando* alemán y francés».

Otro gerundio mal usado es el conocido como *gerundio de posterioridad*, que es el que nos encontramos en frases del tipo «se cayó una casa *muriendo* tres personas», «tras terminar la carrera se trasladó a Londres, *haciendo* un doctorado en Derecho internacional», «resultó herido en el tiroteo, *muriendo* horas después». En estos casos el gerundio está mal empleado porque se refiere a una acción posterior a la principal, cuando su uso correcto es solamente para acciones simultáneas. Lo adecuado hubiera sido: «Se cayó una casa y murieron tres personas», «Tras terminar la carrera se trasladó a Londres, donde estudió un doctorado en Derecho internacional», «Resultó herido en el tiroteo, y murió horas después».

Tampoco es correcto darle al gerundio un valor partitivo como en «Hay una serie de problemas graves, *siendo* el desempleo el principal». Ahí lo correcto hubiera sido «hay una serie de problemas graves, y el principal de ellos es el desempleo».

43 Concordancias

El y un. Ante los nombres femeninos que comienzan por *a-* o *ha-* tónicas debe emplearse el artículo *el* y es igualmente correcto usar *un* o *una*: *un* área, *una* área.

Esta norma solo es aplicable a los casos anteriores y nunca a *otro*, *mucho*, *poco*, *todo*, etc. Son incorrectas expresiones como **ese agua*,

**mucho hambre*, **otro arma*, etc. Tampoco debe aplicarse a los demostrativos: **este aula* (incorrecto), *esta aula* (correcto). Es igualmente erróneo mantener el artículo *el* cuando entre *este* y el sustantivo hay otra palabra: **el mismo arma*. No siguen esta norma los nombres de las letras ni las siglas: *la hache*, *la* AMPA.

Verbo con nombres colectivos. Cuando detrás del nombre colectivo no aparece la preposición *de*, la concordancia se hace en singular: «Un grupo *abandonó* la reunión». Y cuando el nombre colectivo va seguido por la preposición *de*, la concordancia puede hacerse en singular o en plural:

> «Un grupo de disconformes *abandonó* la reunión».
>
> «Un grupo de disconformes *abandonaron* la reunión».

Falsas concordancias. Es aconsejable vigilar los errores de concordancia en número, género y tiempos verbales. Los más comunes son:

- Concordancia del verbo con el complemento directo precedido por la preposición *a* en oraciones impersonales con *se*. «**Se recibieron* a los viajeros» en lugar de «*Se recibió* a los viajeros».
- Concordancia con *le* en singular cuando el complemento directo está en plural. «**Le* contó a los alumnos cómo sería el curso» en lugar de «*Les* contó a los alumnos cómo sería el curso».
- Concordancia que no tiene en cuenta la forma sino el significado: «La principal preocupación *del estudiante* en esta época del año es que **tienen* que preparar los exámenes» en lugar de «La principal preocupación *del estudiante* en esta época del año es que *tiene* que preparar los exámenes».
- Concordancia de la acción con el tiempo verbal en frases en las que se usa el pretérito perfecto en lugar del indefinido y al revés. «El plazo se **ha terminado* ayer» en lugar de «El plazo se *terminó* ayer». Se trata de una acción dentro de una unidad de tiempo ya acabada (*ayer*) y por eso el verbo debe usarse en pretérito indefinido.

44 Deber y deber de

La diferencia *debe* quedar clara para evitar malas interpretaciones: *deber+infinitivo* siempre significa obligación, mientras que *deber de+infinitivo* siempre significa duda, posibilidad o conjetura.

Unas vez aclarado eso, también *debe* quedar claro que la frase «Los viajeros *deben de* presentar su documentación para poder entrar en el avión» es incorrecta, pues los viajeros que quieran embarcar *deben* presentar su documentación y los que opten por no presentarla *deben de* preferir no volar ese día.

Como Yoda
hablar no debes.

Es error muy corriente, quizás por intentar ser excesivamente correctos (hipercorrección), utilizar la forma *deber de* con el sentido de obligación: «Si quieres que te dejen entrar en el casino **debes de* ir con chaqueta y corbata» o «Los diputados **deben de* abstenerse de hablar en voz alta entre ellos o con quien ocupe el estrado».

45 Seguro que y seguro de que

No se preocupen; digan tranquilamente «Estoy seguro *de que* allí hay más bares que en este barrio» y no tengan ningún miedo a caer en el error conocido como *dequeísmo*, que consiste en usar *de que* en frases como «*pienso de que...», «*me dijo de que...», en las cuales lo correcto es no poner la preposición *de*. Estos últimos casos (y algunos más) son incorrectos, pero ello no implica que usar «de que» lo sea siempre, pues hay verbos con los que ocurre justo lo contrario, es decir, lo que no es correcto es dejar solo el «que», como en el caso de «estar seguro». Siempre se está seguro *de* algo y nunca se puede estar seguro *que* algo.

También necesitan ir seguidos por «de que» el verbo *alegrarse* («Me alegro de que viniera») y la frase verbal *darse cuenta* («Se dio cuenta de que había mentido»).

Háganlo así y *estén seguros de que* están usando bien el español.

46 Mayusculitis jurídica y administrativa

¡Viva la minúscula! Un buen consejo ortográfico es este: «Ante la duda: minúscula».

Si al comenzar a escribir una palabra nos surge la duda entre escribirla con mayúscula o con minúscula inicial, lo mejor será optar por la minúscula; así es muy probable que acertemos, ya que hay un 95 % de probabilidades a nuestro favor. El gran lingüista español Fernando Lázaro Carreter decía: «El minusculismo es más higiénico que el mayusculismo».

Y así debemos hacerlo: cuando dudemos, pongamos minúscula; pero en ocasiones la duda persiste, y es que hay tantos casos especiales en ese terreno que pueden darse situaciones en las que haya puntos de vista diferentes. Precisamente por eso se publicó en el 2007 un libro dedicado por entero a aclarar el asunto: el *Diccionario de uso de las mayúsculas y minúsculas*, de José Martínez de Sousa.

Esas dudas son también las causantes de que en todos los manuales o libros de estilo —la mayoría son de medios de comunicación— se dedique un capítulo más o menos extenso a explicar el uso de las mayúsculas. Es habitual que —sobre todo en los documentos jurídicos y administrativos— aparezcan mayúsculas por todas partes, muchas, por todos los rincones, hasta tal punto que uno puede imaginarse que sobre las mesas de trabajo de quienes redactan esos escritos hay una cajita con mayúsculas, junto a la de los clips, y de allí las toman para adornar los textos como las bolas de colores en el árbol de Navidad.

La mayúscula afea a la Prostituta, al Director, a la Empresaria y al Conductor. Minusculicémonos. (Todo esto lo he dicho para poder conjugar el palabro *minusculizarse*).

Y hay algunas que se incrustan y son harto difíciles de erradicar: aparecen escritas con mayúscula inicial las palabras que denominan cargos relacionados con la abogacía: *Notario*, *Procurador*, *Juez*, *Magistrado*, etc.; las relacionadas con la Administración: *Director General*, *Subsecretario*, *Ministro*, *Gobernador*, *Presidente*, etc.; las que tienen que ver con la legislación: *Ley*, *Orden*, *Estatutos*, *Reglamento*, etc. Hay algo que debe quedar claro: en español solo se escriben con mayúscula los nombres propios, y ninguna de las palabras antes mencionadas son nombres propios, sino comunes, como también lo son *príncipe*, *rey* y *papa*, si bien los monárquicos siempre tenderán a mayusculizar a sus príncipes, princesas, infantas, reyes y reinas, y los creyentes no dudarán al concederles mayúscula a los obispos y a los papas.

No se trata de un asunto menor, pues la pulcritud de los documentos depende sobre todo de la buena ortografía.

47 De 2000 o del 2000

Muy poco tiempo antes de la llegada del año 2000, la Real Academia Española publicó en internet una nota en la que aconsejaba que, a partir de entonces, las dataciones de cartas y documentos, así como las cabeceras de los periódicos, debían aparecer sin artículo delante del número del año («20 de enero *de 2000*», «4 de mayo *de 2002*»...), y explicaban esa decisión basándose en los siguientes argumentos:

- Se continúa así la tradición en las dataciones de los años que siguen a 1100: «3 de marzo *de 1492*», «20 de junio *de 1824*», «2 de febrero *de 1999*».

- Ello es así, a pesar de que nuestra conciencia lingüística actual tiende a poner el artículo en las dataciones en las que intervienen los años anteriores a 1101: «7 de abril *del 711*», «8 de marzo *del 1001*», etc. No obstante, existen documentos actuales en que se fechan estos años también sin artículo: «20 de diciembre *de 909*».

Ahora bien, lo cierto es que parece más recomendable poner el artículo delante del año tanto en la lengua oral como en la lengua escrita, pues es más acorde con el sentimiento lingüístico actual de los usuarios del español. Así, lo recomendable es decir y escribir «23 de enero *del 2015*», «en marzo *del 2007*» y «en *el 2017* habrá menos paro» en lugar de «*en* 2001 habrá menos paro». Téngase en cuenta que esta manera de proceder obedece a que muchas veces la lengua escrita reproduce en cierto sentido la lengua oral, y es en esta última donde se tienden a rechazar las formas sin artículo.

En cualquier caso, debe quedar claro que desde el punto de vista gramatical no hay razones para preferir la forma con artículo a la forma sin artículo, y viceversa, pues ambas son correctas: con artículo se presupone la palabra *año*, aunque esta esté implícita; sin artículo concebimos el año como entidad autónoma.

48 El millardo

Aquí va la pequeña historia de cómo una palabra entró al diccionario por la puerta falsa, sin esperar a ser usada por los hispanohablantes ni a tener el suficiente arraigo ni documentación escrita.

En el primer lustro de los años 90 del siglo XX, cuando el presidente de Venezuela era Rafael Caldera, este se vio obligado a devaluar el bolívar —moneda nacional— de una forma tan drástica que a partir de entonces, en las informaciones sobre la economía del país, comenzó a ser corriente hablar de miles de millones de bolívares.

Lo de los miles de millones trajo consigo —a ojos de don Rafael— el problema de la confusión entre el *billion* inglés ('mil millones') y el *billón* español ('un millón de millones'), uno de esos casos que los traductores conocen como «falsos amigos», y aprovechando su condición de miembro de la Academia Venezolana la Lengua Española presentó en esa institución la propuesta de usar la palabra *millardo*, a imagen y semejanza del francés *milliard*, del italiano *miliardo* y del alemán *milliarde*.

Saludos, terrícolas: los millardos hemos conquistado vuestro idioma.

¿Y qué pasa cuando el presidente de la república va a la sesión de la Academia y presenta una propuesta con el argumento de que es de interés para el país? Pues que se aprueba. El siguiente paso es mandarla a la Asociación de Academias de la Lengua Española para que dé su visto bueno y de ahí a los lexicógrafos encargados de redactar el Diccionario de la Lengua Española en Madrid con ayuda de los colegas americanos. La palabrita siguió su camino con la aprobación de todos y, ya en 1995, se anunció que estaría en la siguiente edición del *DRAE*, como así fue: ocupó su espacio en la edición del 2001 y sigue ocupándolo en la del 2014.

Es otra forma de hacer que una palabra llegue al diccionario sin esperar a que su uso se difunda y se asiente; basta con ser presidente de la república y miembro de la Academia de la Lengua del país.

49 Texas, México, pedro ximénez

¿Cuando ven ustedes escrito *Don Quixote* lo pronuncian como /don quiksote/? Pues si no lo hacen así, no pronuncien tampoco /teksas/, /méksico/ ni /pedro ksiménez/ cuando se encuentren ante los nombre *Texas*, *México* y *pedro ximénez.*

La equis (*x*) que aparece en todas esas palabras, y en algunas más, como *Oaxaca*, *Xalapa*, etc., es la grafía antigua del sonido que después pasó a representarse con la jota (*j*) y que solo siguió escribiéndose con equis en unos pocos casos.

Que los anglohablantes no lo sepan y digan /teksas/ o /méksico/ no es problema nuestro. Lo mismo ocurre con *pedro ximénez*, que es el nombre de un tipo de uva (por eso debe escribirse con minúscula) y también del vino que con ella se elabora, y que los ignorantes pronuncian afectadamente como /pedro shiménez/. Hay también algunas personas que mantienen esa forma de escribir su apellido y que tampoco lo pronuncian bien, pues por mucha *x* que lleve su sonido es como el de *Jiménez.*

50 Hacer, ingesta, estadío, afectación, colapsar... Cosas de médicos

- «Si sigue usted bebiendo esas cantidades de alcohol no tardará en *hacer* una cirrosis».
- «No se cuidó bien el resfriado y al final *hizo* una pulmonía».
- «Debe evitar la *ingesta* de alimentos grasos para bajar su colesterol».
- «La *ingesta* de agua es muy importante».
- «Llegada a ese *estadío,* la enfermedad es difícil de curar».
- «Lo habitual en esos enfermos es entrar en un *estadío* de sopor».
- «La *afectación* del tubo digestivo es discontinua».
- «Una de las *afectaciones* hepáticas es el color amarillo en la piel».
- «Lo habitual es que esos enfermos *colapsen* el lado derecho».
- «La desfibrilación para pacientes que *colapsan* fuera del hospital».

Ninguna de las frases de esa pequeña colección le resultaría extraña a un médico hispanohablante, pero en todas ellas hay cosas extrañas para el resto de los mortales, pues son ajenas al buen uso del español. Veamos cómo deberían decirlo los médicos para no caer en esos vicios gremiales:

- «Si sigue usted bebiendo esas cantidades de alcohol no tardará en *desarrollar* una cirrosis».
- «No se cuidó bien el resfriado y al final *se convirtió* en pulmonía».
- «Debe evitar la *ingestión* de alimentos grasos para bajar su colesterol».
- «*Tomar* agua es muy importante».
- «Llegada a ese *estadio,* la enfermedad es difícil de curar».
- «Lo habitual en esos enfermos es entrar en un *estadio* de sopor».
- «El *daño* en el tubo digestivo es discontinuo».
- «Uno de *los síntomas* hepáticos es el color amarillo en la piel».
- «Lo habitual es que esos enfermos *sufran colapsos* en el lado derecho».
- «La desfibrilación para pacientes que *sufren colapsos* fuera del hospital».

También es propia de la jerga médica —en clínicas y hospitales—, la eliminación del artículo ante las voces *planta* y *quirófano*, en frases como estas:

- «El doctor estará *en quirófano* toda la mañana».
- «Profesionales de enfermería que realizan su labor en el área quirúrgica, tanto *en quirófano* como en cuidados de rehabilitación».
- «La tecnología *en quirófano* debe impulsar la seguridad, precisión y eficacia del personal quirúrgico».
- «El paciente evoluciona bien y pronto pasará *a planta*».
- «La famosa actriz ya está *en planta* tras superar una grave pulmonía».

—Señora, su marido pronto pasará a planta.
—¡Qué me dice, doctor!, ¿que lo han *enterrao*?

En estos casos, lo adecuado en español culto hubiera sido decir:

- «El doctor estará en *el* quirófano toda la mañana».
- «Profesionales de enfermería que realizan su labor en el área quirúrgica, tanto en *el* quirófano como en cuidados de rehabilitación».
- «La tecnología en *el* quirófano debe impulsar la seguridad, precisión y eficacia del personal quirúrgico».
- «El paciente evoluciona bien y pronto pasará a *una* planta».
- «La famosa actriz ya está en *una* planta tras superar una grave pulmonía».

RAYAS, PALITOS, RASGOS, TILDES Y OTROS GARABATOS

por **XOSÉ CASTRO ROIG**

Remisiones, abreviaciones y referencias bibliográficas de este capítulo

> Indica el paso siguiente en una secuencia ordenada. Por ejemplo, la expresión «Abrir el menú Archivo > Guardar como > Formato RTF» significa 'abrir el menú Archivo, luego elegir Guardar como y, por último, seleccionar Formato RTF'.

◊ Indica una palabra, expresión, signo o construcción no aceptado por la norma académica, pero cuyo uso está tan extendido en algunas regiones que resulta prudente no marcarlo como incorrecto, aunque siempre recomendamos usar las alternativas aprobadas de esa misma expresión.

→ Este símbolo significa 'véase'.

***** Precede frases o expresiones incorrectas.

DPD Real Academia Española: *Diccionario panhispánico de dudas*, Madrid: Santillana, 2005.

DRAE Real Academia Española: *Diccionario de la Real Academia Española*. Madrid: Espasa, 2014.

DUDEA Seco Reymundo, Manuel: *Nuevo diccionario de dudas y dificultades de la lengua española*, Madrid: Espasa, 2014.

Fundéu Fundación del Español Urgente [en línea]: www.fundeu.es

MDE De Buen Unna, Jorge: *Manual de diseño editorial*, Gijón: Ediciones Trea, 2014.

OEA Martínez de Sousa, José: *Ortografía y ortotipografía del español actual*, Gijón: Trea, 2004.

OLE 10 Real Academia Española: *Ortografía de la lengua española*, Madrid: Espasa-Calpe, 2010.

OLE 74 Real Academia Española: *Ortografía de la lengua española*, Madrid: Aguirre, 1974.

RAE Real Academia Española.

TYT Bezos, Javier: *TeX y tipografía* [en línea] www.tex-tipografia.com

Wikilengua Wikilengua del español [en línea]: www.wikilengua.org

51 ¿Quién rayos inventó la ortografía y por qué es tan *complicada*?

Tal vez deberíamos empezar recordando que la ortografía no es un conjunto de normas convenidas a puerta cerrada, sino que fue surgiendo de una manera más natural a medida que el latín iba convirtiéndose en esto que ahora llamamos «español». La transformación del sistema de declinaciones, los afijos, la divulgación de los escritos y la imprenta, entre otros factores, hicieron que los primeros hispanohablantes titubearan en la lectura y sintieran la necesidad de adoptar signos ortográficos (además de las tildes) que hicieran inteligible e inequívoco el texto, algo de lo que carecía prácticamente el latín.

Poco tiempo después de la fundación de la Real Academia Española (1713), esta empieza a codificar la ortografía tomando como base la pronunciación de las palabras, la etimología y el uso (*OLE* 74, 7). En un principio, la escritura española se basaba en la pronunciación, y así lo defendía Nebrija en su gramática. A aquella corriente fonetista también se adscribió la Academia, aunque muy influida por la etimología. En parte, eso explica la pervivencia de ciertas grafías cultas, más apegadas al latín que a la pronunciación más habitual de algunas palabras (*dignidad/dinidad, afecto/afeto...*) ya incluso en los siglos XVII y XVIII, cuando empiezan a sentarse las bases de la ortografía y la tipografía españolas.

En la actualidad, la tendencia general de la Academia y de los ortógrafos es la de la pronunciación, más que la de la etimología, y se tiene en cuenta el modo de leer y no tanto el origen del vocablo, ya venga de la principal lengua de formación del español (el latín) o de otras. Ese es el motivo por el que se españoliza la grafía de extranjerismos adoptados por nuestra lengua (*scanner/escáner*), pero también se convive con términos que se resisten más a la españolización debido a la permanente exposición de los hablantes a las formas foráneas (*software, parking...*). Debido a esa tradición fonetista, es habitual oír que la lengua española «se escribe como se lee y se lee como se escribe», una afirmación bastante adecuada salvo por un buen número de excepciones notables: b/v, s/c/z, g/j, q/c/k y h.

En cualquier caso, es importante desmontar algunos mitos relativos a la complejidad de la ortografía española. Si bien es siempre deseable simplificarla y adaptarla a la evolución del habla y la escritura, en ocasiones se pone como ejemplo el inglés para intentar demostrar que una lengua sin reglas de acentuación claras también puede ser competente. Esta creencia, en concreto, se basa en un hecho no tan cierto y fácil de explicar: a diferencia de los niños hispanohablantes, los anglohablantes deben aprender su lengua memorizando los vocablos. No pueden aprender a escribir muchas de sus palabras si antes no las han visto escritas; del mismo modo, si las ven escritas no pueden deducir su pronunciación sin haberlas oído pronunciadas antes. El aprendizaje de la lengua española es eminentemente deductivo: el niño aprende que la *b* con la *a* se escribe y pronuncia *ba,* y esto facilita la deducción de que la *b* con la *e, i o* y *u* deben escribirse y pronunciarse *be, bi, bo* y *bu.* El ejercicio del dictado refuerza el aprendizaje en poco tiempo. Esto es posible gracias a la uniformidad fonética, silábica y ortográfica de nuestra escritura, aunque con las excepciones anteriormente citadas.

En resumen, la próxima vez que pienses que la ortografía española es algo complicada, recuerda que en inglés hay muchas más palabras que se escriben distinto y suenan igual (heterógrafos homófonos), como *for/fore/four*, *centre/center, through/thru* o *write/right/rite/wright*, e incluso palabras que se escriben igual y se pronuncian distinto según su función (homógrafos heterófonos), como *record*, que se pronuncia aproximadamente [rekórd] si es verbo ('grabar', 'registrar') y [rékord] si es sustantivo ('registro', 'disco'). Casi nada.

52 El punto. Y su combinación. Con otros signos. De puntuación

Como los otros signos de puntuación simples, se escribe unido a la palabra que lo precede y va seguido de un espacio en blanco o de un retorno de carro, según el caso. Su función general es cerrar enunciados.

Después del punto, la primera palabra se escribe con mayúscula. Estos son los tipos de punto y sus funciones:

- **Punto y seguido:** separa oraciones con una pausa larga.
- **Punto y aparte:** marca el final de un párrafo.
- **Punto final:** marca el final de un texto.
- **Punto abreviativo:** cierra una abreviatura (→ 72 Abreviaturas y abreviaciones).
- **Punto decimal:** la separación de decimales con un punto es propia de los países de habla inglesa, pero también se adoptó en varios países hispanoamericanos: *755.21 pesos* (→ 75 Millares y decimales).
- **Puntos conductores:** son una sucesión de puntos y espacios (.......) que se pueden emplear en las tablas e índices para facilitar la lectura, ya que marcan claramente la línea del renglón.
- **Punto alto:** se emplea en matemáticas para indicar multiplicación (→ 82 Operadores aritméticos).

Y aunque Xosé no insista (él da por hecho que es cosa sabida), hay que recordarles a muchos desavisados que el punto final se llama así, y no *punto y final*.

Combinación con otros signos de puntuación

- **Con puntos suspensivos:** no se permite agregar punto luego de puntos suspensivos, ya que alteraría una característica propia de estos, que consiste en ser tres, ni uno más ni uno menos. Tres. (→ 56 Los puntos suspensivos… y la conveniencia de cerrar, o no, algunas frases).

> Me llamaron por teléfono... querían venderme un seguro de vida.
>
> *Me llamaron por teléfono..... querían venderme un seguro de vida.

- **Con signos de interrogación y exclamación:** no debe incluirse punto antes ni después del signo de cierre.

  ¿Qué dices, loco? ¡No, claro que no me gustas!

  *¿Qué dices, loco.? ¡No, claro que no me gustas!.

- **Con paréntesis, corchetes y comillas:** según la RAE, el punto va siempre después del signo de cierre.

  (Lea las instrucciones al dorso).

  «Nunca volveré a jugar en mi pueblo».

  Según otros ortógrafos, como Martínez de Sousa, solo puede ir punto antes del signo de cierre si el de apertura va después de punto, puntos suspensivos (con función de punto), exclamación o interrogación (con función de punto), o a principio de párrafo. En este sentido actúa igual con los paréntesis, los corchetes o las comillas (*OEA*, § 10.5.9.3).

  A ningún escritor puede convenirle una fama de ese orden. (Puede consolarlo, quizá, lo que es muy distinto.)

53 Paréntesis (¿necesarios?)

Su nombre procede de la voz latina *parenthesis* y esta del griego *parenqesis*, 'interposición', 'inserción' (*DRAE*). Se usa para intercalar en el texto una oración incidental. En lexicografía se utiliza para indicar las etimologías y las fechas.

Solo dos signos de puntuación pueden preceder a la apertura de paréntesis: los puntos suspensivos y el punto; los restantes (coma, punto y coma, dos puntos) deben colocarse tras el paréntesis de cierre.

Eso lo dijo tu madre (¡qué gran persona!), no tu tía.

Existe una construcción idéntica (v. Suárez): «Tengo un asunto urgente».

Bueno, pero... (esto tiene que quedar claro) solo si me lo prometes.

La traducción en el Medievo no se hacía con ayuda de un diccionario (tampoco los había); era una recreación estética.

El uso es frecuente en América (no en España): «Ahorita mismo vengo».

«Creí que era una manera inteligente de tocarle la conciencia, y resultó que la tiene igual que la tuya (golpea algo duro con los nudillos): hierro macizo». (GaMárquez *Diatriba* [Col. 1994].)

Redacción. El paréntesis encierra aclaraciones que, por lo general, deben ser concisas para facilitar la lectura y la comprensión. Un consejo: si alguna vez incluyes una aclaración entre paréntesis que empieza a ser demasiado extensa, quizá debas replantearte la redacción del texto para que resulte más fluido.

«Por desgracia para Darwin y para el progreso, el asunto llamó la atención de lord Kelvin (que, aunque indudablemente grande, no era por entonces más que William Thomson. No se convertiría en par del reino hasta 1892, cuando tenía 68 años y se acercaba al final de su carrera; pero me atendré aquí a la convención de utilizar el nombre retroactivamente)». (Bryson *Historia* [Esp. 2014].)

54 Corchetes y llaves {¡ya ves!}

Corchetes. Son signos auxiliares de puntuación, también conocidos como *paréntesis cuadrados* o *paréntesis rectangulares*. Se emplean para encerrar partes de un texto que ya va entre paréntesis. Y no, no son «otro tipo de paréntesis que puedo usar en lugar de los curvos porque me gustan más».

Es verdad: eso dice la Academia desde la edición del *Panhispánico*, pero, si no hay mucho lío, yo sigo usando paréntesis dentro de los paréntesis. Los corchetes ya tienen un uso diacrítico muy claro y arraigado: marcar intervenciones del autor dentro de lo que se cita. Entre signos ortográficos, el pluriempleo es una idea muy malita.

> Este leísmo es frecuente en España (le encontré [a tu primo]), pero no en América.
>
> El escritor Pierre Loussier (nacido en París [1910-1972], pero de nacionalidad alemana) convirtió su estilo en fuente de inspiración para otros.

Sirven, además, para encerrar puntos suspensivos y omitir fragmentos de una cita que no queremos hacer demasiado extensa (→ 56 Los puntos suspensivos... y la conveniencia de cerrar, o no, algunas frases).

También se usan en matemáticas, en donde tienen una relación jerárquica inversa con los paréntesis (→ 82 Operadores aritméticos).

Llaves. Tienen un uso similar al de los corchetes, pero además pueden abarcar varios renglones cuando se usan en cuadros sinópticos, en donde pueden ir abiertas o cerradas. También se usan en matemáticas (→ 82 Operadores aritméticos).

55 Comillas, «tipos y usos»

Las comillas son un signo auxiliar de puntuación. Las propias del español son las llamadas *comillas españolas* o *latinas* (« »). Se obtienen pulsando Alt + 174 y Alt + 175 en el teclado numérico, en Windows, o bien, alt ⌥ + ⇧ + ¨ { y alt ⌥ + ⇧ + ç en un Macintosh. Sus funciones son variadas, pero sirven especialmente para encerrar citas. Se emplean en la mayoría de los idiomas que usan los alfabetos latino, cirílico y griego. Por la influencia de la tipografía estadounidense, las *comillas inglesas* o *altas* (“ ” o “ “) se emplean en muchas editoriales de habla hispana con la función de las comillas españolas.

Sean cuales fueren las utilizadas como principales (españolas o inglesas), en español las comillas de apertura van precedidas de un espacio si no principia párrafo, y las de cierre van seguidas de espacio o de un signo de puntuación (véanse los ejemplos más abajo). En algunas lenguas, como el francés, se recomienda insertar un espacio después de las comillas de apertura y otro antes de las de cierre, pero claro, eso es válido para los franceses.

> Noveau : « Rebond de la consommation des ménages en janvier ».

En nuestro idioma, se escriben sin ese espacio interior.

«No es oro todo lo que reluce» o "No es oro todo lo que reluce".

Estos son sus usos principales:

- **Encerrar citas y declaraciones ajenas o propias literales:**

  Mamá lo dejó claro esta mañana: «No vas a esa fiesta hasta que no te cortes esas greñas que llevas».

- **Marcar barbarismos, solecismos, expresiones con un sentido o tono distinto del estrictamente propio** de las palabras que las componen, o palabras transcritas literalmente para denotar que no fueron pronunciadas o escritas por el autor (una cita, al fin y al cabo).

  Dijo «ostentóreo» y «refacilarse»; tú misma pudiste oírlo.

  Esa casa es un «almacén» de malos recuerdos.

Cuando sea necesario incluir comillas dentro de un texto ya entrecomillado, se aplicará un orden jerárquico: primero las españolas, luego las inglesas y luego las sencillas.

«El viento del campo se suspendió. Ya no hubo más olores. "Mañana te reconoceré por eso —dije—. Te reconoceré cuando vea en la calle una mujer que escriba en las paredes: 'Ojos de perro azul'". Y ella, con una sonrisa triste...». (GaMárquez *Ojos* [Col. 1983].)

Por último, están las *comillas simples* o *sencillas* (' ') que se usan para encerrar significados o definiciones de palabras, y para marcar una cita dentro de otra que ya está encerrada entre comillas inglesas. No deben confundirse con el apóstrofo (').

El término *bébedo* significa 'borracho'.

Esa señal indicaba 'ceder el paso'.

No es lo mismo *analfabeto* ('sin facultad de leer') que *ágrafo* ('incapaz de escribir').

Combinación con otros signos de puntuación. Siempre debe insertarse un espacio antes de la comilla de apertura (a no ser que sea principio de renglón); detrás de las comillas de cierre debe ir un signo de puntuación o un espacio. La norma indica que el punto de una oración va siempre después de la comilla de cierre (*OLE 10*), aunque según otros ortógrafos, solo puede ir antes de la comilla de cierre si la de apertura va después de punto, puntos suspensivos (con función de punto), exclamación o interrogación (con función de punto), o a principio de párrafo. En esto el punto actúa igual con los paréntesis, los corchetes y las rayas que con las comillas (*OEA*, § 10.5.9.3).

> Se lo soltó sin más: «Eres un adefesio». (Creo que no estaba siendo irónica.)
>
> «¡No quiero oír sus cantos de sirena!», empezaba diciendo el protagonista.
>
> ¡Lo correcto es decir «palafrenero»!

En ocasiones, las comillas denotan el desconocimiento de quien escribe. Algunas personas las usan cuando ignoran si una expresión debe ir en cursiva o no están seguros de si es foránea o impropia. Es incorrecto entrecomillar los títulos de obras (→ 66 La cursiva, esa itálica bastardilla) y las locuciones latinas admitidas (→ 63 Vocablos latinos, locuciones y latinajos).

> *Resolvió la cuestión '*in situ*'.
>
> *Fui a ver la película «Amores perros».
>
> *Disfruté mucho leyendo "Reo de nocturnidad".

56 Los puntos suspensivos... y la conveniencia de cerrar, o no, algunas frases

Son tres y siguen la misma norma que otros signos ortográficos simples: van siempre unidos a la palabra que los precede y seguidos de un espacio. Se obtienen pulsando [Alt] + 0133 en el teclado numérico, en Windows y [alt ⌥] + [⇧] + [:] en un Macintosh. Cuando van encorchetados dentro de una cita ([...]), indican que se está omitiendo un fragmento que el autor no consideró pertinente reproducir. Estas son algunas de sus funciones principales:

- **Introducción de pausas inesperadas o conclusiones vagas:** si la pausa que quiere introducir el autor es breve —con función de coma o punto y coma— la palabra siguiente irá en minúsculas; si es larga —con función de punto—, irá con la inicial en mayúscula.

  Bueno... sí, anda, ponme otro café.

  Y así seguimos hasta que... Ya te lo contaré otro día.

- **Indicación de elipsis o precesión,** que consiste en omitir partes de la oración que el lector sobreentiende o conoce.

  Al que a buen árbol se arrima...

- **Omisión de elementos en enumeraciones** con el mismo valor que la palabra *etcétera* o su abreviatura.

  A América también llegaron topónimos árabes: Guadalupe, Guadalajara...

  Las principales etnias negras —bantúes, masais, hutus...— llegaron después.

  Presente de indicativo y pasado simple (canto, cantas..., canté, cantaste...).

- **Introducción de una pausa** que precede a una sorpresa para el lector y expresa emoción, titubeo, expectación, etc.

  ¡Y cuando llegó él...!

  Pero... ¿qué estás haciendo?

- **Omisión de letras en palabras o fragmentos enteros de una cita** que el autor no quiere mencionar (este último caso se marca con puntos encorchetados).

  ¡Me llamó «hijo de p...»!

  Llegado el siglo XVI [...], los flamencos admitieron [...] su dominio comercial.

Combinación con otros signos de puntuación. Los puntos suspensivos pueden ir seguidos de dos puntos, coma y punto y coma, sin espacio entre ellos. Además, si los puntos suspensivos principian una frase van separados de la palabra que los sigue con un espacio.

> ... A la orilla del mar, por fin.

Combinación con interrogaciones o exclamaciones. Conviene distinguir entre las dos funciones de los puntos suspensivos expuestas en los puntos 1 y 4 anteriores. A menudo se confunden al combinarlos con estos signos. Si la frase interrogativa o exclamativa se interrumpe, los puntos suspensivos deben ir antes del signo de cerrar interrogación o exclamación:

> ¡Fue cruel y excesivo...!
>
> ¿Quién iba a decir...?

En cambio, si los puntos suspensivos tienen el papel de resaltar expresivamente la exclamación o la pregunta, se escriben después del signo que corresponde:

> ¡Fue cruel y excesivo!...
>
> ¿Quién iba a decir que la elegirían?...

En busca y captura:
Y tal y tal y tal...
etc., etc., etc. ....

Otros usos incorrectos:

> *Sí....... claro....... cómo no.......
>
> *No sé si decírselo ...
>
> *No supe decírselo. . . no me atreví . . .
> [anglicismo ortográfico]
>
> *Qué sé yo ...fue el hambre.

Como se puede deducir de estos ejemplos, los puntos suspensivos siguen siendo tres aunque vayan con signos de admiración e interrogación, que tienen su propio punto. Asimismo, si se cita un texto en el que se omiten algunos fragmentos, deberán incluirse puntos suspensivos entre corchetes. Si una frase comienza con puntos suspensivos porque se omite intencionadamente el comienzo, los puntos deben ir seguidos, como en otros casos, de un espacio (DUDEA).

Enumeraciones con puntos suspensivos. Escribir puntos suspensivos antes o después de *etcétera* o *etc.* es redundante, ya que ambos cumplen la misma función en una enumeración: indican la omisión de elementos sobrentendidos.

> Instalaron resistores, transistores, condensadores...
>
> *Instalaron resistores, transistores, condensadores... etc.

57 La coma, princesa de la puntuación

Su nombre procede del latín *comma* y este, a su vez, del griego *komma*, que significaba 'corte, parte de un período'. Es un signo de puntuación que separa las partes de un enunciado. En aritmética, la coma separa la parte entera de la parte decimal, excepto en los Estados Unidos y en algunos otros países de América, donde se usa como separador de millares:

> 9,728,483 (→ 74 Cifras, guarismos y números arábigos)

Antes de conjunción. Hay una creencia extendida entre algunos hablantes, según la cual, una conjunción no puede ir precedida por una coma. Aunque en textos traducidos del inglés americano pueden verse con más frecuencia estos casos de comas erróneamente colocadas, hay oraciones en las que es preceptivo escribir una coma antes de la conjunción para evitar la anfibología o un cambio de sentido.

> Aquí, *abajo* tiene un sentido abstracto y absoluto, y *debajo*, más concreto y relativo.
>
> Se puede revelar en blanco y negro, o color.
>
> *Instalaron resistores, transistores, y condensadores.

En inglés, es habitual encontrar la coma con función de conjunción:

> (C3, C5, C8-C12)

Para un hispanohablante, sin embargo, la conjunción también sirve para cerrar una enumeración y por eso la frase anterior suele escribirse así:

> (C3, C5 y C8-C12)

Otros usos de la coma

- **En las enumeraciones de cláusulas cortas,** usamos la coma como separador, pero si estas contienen algún verbo y si la lectura resulta ambigua, debe escribirse punto y coma.

  Subirán los impuestos de varios productos y servicios: tabaco, alcohol, vehículos y transporte.

- **Separación de frases incidentales, aposiciones y vocativos**

  Los excursionistas, que eran decididos, continuaron la marcha.

  El hermano que está loco, Juan, es el que vive ahí.

  Hola, Jordi.

- **Omisión de verbo o expresión verbal**

  Barajas es el mayor aeropuerto de España, y Heathrow, del Reino Unido.

58 El punto y coma; el kiwi neozelandés

Este signo separa partes de un enunciado relacionadas entre sí, y aísla más que una coma, pero menos que un punto. A pesar de su utilidad, es uno de los signos comunes menos usados, y empieza a escasear como esa ave llamada kiwi, natural de Nueva Zelanda. Su uso principal es la separación de dos cláusulas de un período dentro de las cuales ya hay alguna coma:

Vino, primero, pura,
vestida de inocencia;
y la amé como un niño.

Leer sin prisas; tumbarme en la orilla, agotado, y notar la espuma en los pies; comer fresas con crema y limones fríos.

El eslogan es:
«Salvemos el punto
y coma; lo necesita».

59 Dos puntos: qué llevan antes y después

Sirven para advertirnos sobre lo que sigue y que guarda relación con lo expuesto, pero con ellos no se termina la enunciación del pensamiento completo. Estos son los usos del signo:

- **Precede una enumeración explicativa o una constatación**

  Había tres personas: dos gallegos y un niño.

  Lejos de amainar, la tormenta está empeorando: ya ha destruido dos puertos y miles de barcos.

- **Precede una cita**

  El entrenador lo dejó claro: «Roberto no jugará mañana».

- **Encabezamiento de cartas, escritos o mensajes electrónicos.** Si bien es relativamente frecuente, el uso de la coma en este caso se considera anglicado, especialmente si en el renglón siguiente comienza con una inicial en mayúsculas.

  Queridas amigas: / Esta mañana recibí su mensaje.

  Estimada Sra. López: / Quiero solicitarle...

  ◊Estimado socio, / queremos darle la enhorabuena por su decisión.

  *Estimado socio, / Queremos darle la enhorabuena por su decisión.

En español debe escribirse en mayúscula la primera palabra del segundo renglón (aquí separado por una barra). En el tercer ejemplo se acepta la minúscula porque se ha usado coma en el encabezamiento.

Usos erróneos. Debe evitarse poner dos puntos (o cualquier otro signo) entre una preposición y el sustantivo introducido por ella, como se observa a continuación, donde no aporta nada a la oración:

Texto de: Guadalupe Delgado

Dirigido por: Alfredo Aristaráin

Otros usos de los dos puntos

Separador de horas y minutos (→ 78 Horas y fechas).
Símbolo de división (→ 82 Operadores aritméticos).

60 La raya —simple o doble— y sus usos

Se obtiene pulsando Alt + 0151 en el teclado numérico, en Windows (alt + ⇧ + -, en Mac). Puede actuar como signo simple o doble; en este último caso, como ocurre con todos los signos de puntuación dobles, se dejará un espacio antes de la raya de apertura y otro después de la de cierre excepto cuando sigue otro signo de puntuación. Es importante no confundirla con el guion (-) ni con el menos (–) pues sus funciones son distintas. Estos son sus principales usos:

- **Acota oraciones incidentales** (como hacen los paréntesis). En esta función, la raya de apertura debe llevar un espacio antepuesto y la de cierre, uno pospuesto excepto cuando le sigue un signo de puntuación.

  > Las sombras —la del alero de un tejado, la de un viejo muro— adquieren imperceptibles colores.
  >
  > Aunque el libro indica que la mahonesa o mayonesa procede de Mahón —y así es, en su origen—, lo cierto es que la mayoría piensa que es de origen francés.

- **Indica una aclaración** del que escribe, cuando lo hace dentro de una cita ajena.

  > «Hemos ganado —recalcó el vocero—, pero mañana seguiremos trabajando».

- **En tablas y listas**, sustituye palabras mencionadas inmediatamente antes, y va seguida de un espacio.

  > REAL ACADEMIA ESPAÑOLA: *Diccionario de la Real Academia Española.* Madrid: Espasa, 2014.

¿Y es «no me rayes» o no me «ralles»...? ¿Está «rallado» o está «rayado»...?

— *Diccionario panhispánico de dudas.* Madrid: Santillana, 2005.

— *Esbozo de una nueva gramática de la lengua española.* Madrid: Espasa-Calpe, 1981.

- **Indica los interlocutores** de un diálogo o coloquio. En este caso, se emplea una sola raya que precede al interlocutor, y va unida a la palabra que le sigue, sin espacio.

  —¡Qué golpe! —Exclamó María mientras caía.

  * -¡Qué golpe! - exclamó María mientras caía.

Anglicismo ortográfico de la raya. Es desgraciadamente frecuente ver empleada la raya como sustituto de punto y coma, dos puntos, punto y seguido, coma o paréntesis en traducciones del inglés al español. En general, se produce este error al abrir una raya y no cerrarla, y, sin querer, con ello denotar un interlocutor en un diálogo o un inciso del autor en texto ajeno.

> *El manual contiene varias secciones —Montaje, Configuración e Instalación.
>
> Las instrucciones se dividen en varios manuales: Montaje, Configuración e Instalación.
>
> *Unidad Flash—Soporte para almacenar datos.
>
> Unidad Flash: soporte para almacenar datos.
>
> *Reparación de la máquina—Piezas renovables.
>
> Reparación de la máquina (piezas renovables).

61 El menos (ni + ni -)

Este signo se emplea casi exclusivamente como signo matemático. Es algo más corto que la raya y más largo que el guion. En Windows, se obtiene pulsando Alt + 0150 en el teclado numérico. En un Macintosh, Alt + -.

En inglés se emplea cada vez más en las frases incidentales, en función de raya. Esto se debe a que en ese idioma la raya suele usarse agregándole un espacio de cada lado, o bien, sin anteponerle o posponerle espacio alguno. De modo que, en el primer caso, queda una distancia excesiva entre las palabras separadas por el signo (frase anterior — inciso — frase posterior); mientras que, en el segundo (frase anterior—inciso—frase posterior), la composición resulta poco estética, especialmente en los renglones más abiertos.

A mediados de este siglo, el influyente tipógrafo Jan Tschichold propuso la sustitución de la raya por un menos con espacios antes y después (frase anterior - inciso - frase posterior), y así se ha estado haciendo en muchas ediciones en inglés. Esta práctica ha sido adoptada por editoriales en otras lenguas, como el español, pero no es algo bien fundado, porque en español se usa, cuando mucho, un espacio, ya sea antepuesto o pospuesto (frase anterior —inciso— frase posterior), en cada raya; además de que las frases encerradas entre rayas son mucho menos frecuentes en español que en inglés (*MDE*, 330).

62 El guion, con tilde y sin tilde

Su nombre procede de *guía*. Este signo tiene su propia tecla en el teclado informático. Según la RAE: «Aunque la ortografía de 1999, donde se establecieron las citadas convenciones, prescribía ya la escritura sin tilde de estas palabras, admitía que los hablantes que las pronunciasen como bisílabas pudiesen seguir acentuándolas gráficamente. En cambio, a partir de la edición de 2010, se suprime dicha opción, que quebraba el principio de unidad ortográfica, de modo que las palabras que pasan a considerarse monosílabas por contener este tipo de diptongos o triptongos ortográficos deben escribirse ahora obligatoriamente sin tilde». Estos son sus usos:

¡Cuánto me cuesta
a mí esa vaina de
escribir *guion* así,
sin su tildecita!

- **Dividir una palabra** que no cabe entera al final de un renglón. Ejemplos.

  Intentó cortar la car-
  ne con un raro uten-
  silio que parecía afi-
  lado.

- **Indicar intervalos numéricos**, como páginas o años, aunque algunos autores y editoriales —como explicábamos antes, al final del apartado dedicado al *menos*— aplican la costumbre foránea de intercalar un signo *menos.*

  Más información en las páginas 34–52.

  Aldo Manuzio (1449–1515).

- **Separar números** que forman intervalos o grupos relacionados, como páginas, números de cuenta, de teléfono (más común en América) o fechas (→ 78 Horas y fechas).

  Antes de inscribirse, haga un depósito en la cuenta 6254-5465-22-1234567.

  El producto con código de referencia B45-3546-A345-F está agotado.

  Llame a la línea de atención al cliente: 45-72-438154.

  El plazo concluye el 31-12-2006.

- **Unir dos palabras** que forman una expresión compuesta o tienen algún grado de dependencia mutua. En este sentido, el guion español tiene la connotación de «unir separando», pues junta palabras con significación propia. En otros idiomas, el guion es un signo de unión fuerte, que une prefijos y sufijos, formas enclíticas o pronombres, pero en español, más que unir, relaciona. Así, cuando entre los elementos que se agrupan existe implícita una dependencia sintáctica, el guion es necesario:

  Calidad-precio, costo-rendimiento, proyectil tierra-aire.

- **Expresar la relación entre elementos distintos.** Igual que en los nombres propios, el guion enlaza dos nombres comunes para marcar la relación circunstancial entre las personas o cosas designadas por ellos:

  Reunión patronal-sindicatos, partido Barcelona-River Plate.

Según la RAE, si los adjetivos que se agrupan forman un compuesto aplicable a una entidad geográfica o política en la que se han fundido los caracteres de las palabras designadas por los componentes, ese compuesto se escribe en una sola palabra:

hispanoamericano	italoamericano
anglosajón	afrocubano

No obstante, cuando no hay tal fusión, se escribe con guion intermedio:

acuerdo hispano-marroquí, guerra chino-japonesa,

- **Aglutinar calificativos**. El compuesto pretende juntar en una unidad la expresión de dos cualidades o caracteres. No hay norma fija: se pueden encontrar igualmente la grafía con guion intermedio y la grafía en una sola palabra:

físico-químico	físicoquímico
bio-bibliográfico	biobibliográfico

La tendencia dominante es la unidad gráfica, de tal modo que hay muchos casos en que ya resulta extraño encontrar la forma con guion:

agropecuario	morfosintáctico

Usos erróneos. Tanto en textos creados en español como en los traducidos de otros idiomas, el error más frecuente es usar el guion en todas las funciones que corresponden a la raya y al menos. Como el caso de las mayúsculas sin acentuar, su origen se debe, en parte, a una complejidad técnica que se daba en los procesadores de texto antiguos, en los que no era fácil tener acceso a este tipo de símbolos mediante una combinación de teclas sencilla.

Sobre el uso anglicado del guion. Como se indicaba antes, el guion en español separa uniendo; si los conceptos se funden, entonces la tendencia es que desaparezca el guion, y es habitual que leamos *enfrentamiento Manchester-Liverpool*, pero *proyecto hispanocubano*. Por este motivo, debe tenerse especial cuidado al manejar terminología foránea (inglesa sobre todo, pero también portuguesa...) que incluya este signo, ya que en aquellas lenguas difiere su uso.

> *post-parto, post-venta, post-operatorio, ex-ministro
>
> posparto, posventa, postoperatorio, exministro

> *re-hacer, re-construir, pre-natal, pre-historia
>
> rehacer, reconstruir, prenatal, prehistoria

63 Vocablos latinos, locuciones y latinajos

Desde la última *Ortografía* académica, las locuciones latinas pasan a considerarse extranjerismos y se escriben en cursiva y sin tildes cuando contienen dos vocablos o más: *grosso modo*, *motu proprio*, *in situ*, *a priori*, *mutatis mutandis*. Sin embargo, las palabras latinas aceptadas en el DRAE se escriben en redonda y se adaptan a la ortografía del español: ultimátum, súmmum. Esto, a más de uno, lo deja algo despistado, porque tenemos que escribir *curriculum vitae* (así, sin tildes y en cursiva), pero no nos queda otra que escribir currículum (en redonda y con su tilde). ¡Ay!

Las locuciones latinas también se escriben en cursiva:

> *Alea jacta est. Do ut des.*
>
> *Aquila non capit muscas.*

Hay una serie de anglicismos enmascarados de latinismos, pues nos llegan a través del inglés, aunque el étimo sea latino. Deben utilizarse correctamente, dado el diferente significado que tienen en aquella lengua y en la nuestra: *memorandum* (en inglés, 'circular interna'), *status quo* (en español, lo correcto es *statu quo*), *versus* (en inglés significa 'contra' o 'comparado con').

64 La barra (pero no barra de bar/chocolate/jabón, la ortográfica)

Tenía la función de la coma en algunos manuscritos medievales. Actualmente tiene estos usos:

- **Indicar fracciones, quebrados y divisiones de números o conceptos** (→ 73 Unidades de medida).

    25 m/s, ¼, ⅛, ⅞

- **Separar los elementos de una fecha:** día/mes/año (→ 78 Horas y fechas).

    31/11/07, 31/nov./2007

- **Separar grupos de números independientes** pero relacionados entre sí, como las partes de un número de referencia (*23/45ABC/70*), de algunos documentos jurídicos que contienen el año de publicación (*128/2009*), números de reservas o de cuentas bancarias.

- **Separar con función disyuntiva dos términos** que pueden alternarse o entre los que puede optarse.

    ... estriba en diferenciar los usos de debajo/abajo y fuera/afuera.

Si hay un signo ortográfico que se identifica plenamente con Palabras Mayores, ese es la barra. ¡Salud!

- **Escribir seguido un texto** que originalmente ocupaba varios renglones o párrafos, especialmente versos. En este caso, se deja un espacio antes y después de la barra, para que quede claro que lo que esta separa son grupos sintácticos y no palabras aisladas.

    En un muladar un día / cierta vieja sevillana, / buscando trapos y lana...

65 El lío del y/o

Se ve con cierta frecuencia esta expresión anglicada en diversos tipos de documentos:

> *Se busca asistente que hable inglés y/o francés.

En inglés también ha aumentado su uso en los últimos tiempos, a pesar de que se desaconseje en muchos manuales de estilo. Esto también ha provocado su proliferación en traducciones de esa lengua al español. La connotación de la conjunción española *o* es disyuntiva pero no excluyente; es decir, refleja en muchos casos una alternativa u opción, pero no necesariamente la exclusión de la otra.

Así, en el ejemplo anterior, si escribimos «inglés o francés» no quedan excluidos de la selección los candidatos que sepan ambos idiomas. Podríamos suponer, incluso, que resultarían más atractivos para el puesto. La Academia, en el *DPD*, desaconseja el uso de esta fórmula, salvo que resulte imprescindible para evitar ambigüedades en contextos muy técnicos.

Curiosamente, si la palabra que sigue comienza por *o* o por *i* habría que modificar la fórmula, que la haría más extraña, si cabe:

> *Se necesitan optometristas e/o ingenieros.
>
> *Se necesitan ingenieros y/u optometristas.

Pero, ¿cómo hacíamos para expresar una idea semejante antes de que entrara el anglicado *y/o*? Bueno, siempre han existido fórmulas para enfatizar la idea de no exclusión en una construcción disyuntiva:

> Este servicio está disponible para socios que tengan categoría Platino o Esmeralda, o ambas.
>
> Puedes elegir entre darte un baño caliente o un masaje, o ambas cosas.

66 La cursiva, esa itálica bastardilla

Es una letra de imprenta que tiene la particularidad de estar inclinada hacia la derecha. Equivale, en imprenta, al subrayado de los manuscritos. Su origen está en lo que hoy denominamos Italia, y de ahí recibe su nombre (itálica): el insigne Aldo Manuzio (1449–1515) estableció su imprenta en Venecia y dedicó gran parte de su vida a imprimir escritos clásicos griegos para evitar que se perdieran. Manuzio quería hallar un tipo de letra más estrecho pero legible que le permitiera imprimir los primeros libros de bolsillo, que fueron tan fundamentales en la vulgarización del conocimiento y la expansión del Renacimiento. Con este fin encargó a su fundidor, Francesco de Bolonia (apodado *Griffo*), la creación de la primera letra itálica en 1501. Al principio, esta cursiva se trató como un tipo de letra independiente, que solo tenía minúsculas, no complementaba ninguna letra romana y se empleaba para imprimir libros enteros. No obstante, mediado el siglo XVII, todos los tipos de letra romana empezaron a incluir su respectiva itálica, que pasó a ser una letra auxiliar, un subtipo de la romana. Estos son los usos de la cursiva:

- **Metalenguaje**

  Es decir, cuando se habla de letras, palabras o expresiones dentro de una frase como conceptos del lenguaje, y no se aplica su función gramatical o sintáctica habitual.

  > La *c* es la tercera letra del alfabeto.
  >
  > Se supone que hay *x* casas y un número *z* conocido de habitantes.
  >
  > En el glosario encontrará la definición de *entropía* (véase *termodinámica*).
  >
  > Los jugadores del equipo verde serán los pasadores y los del equipo rojo, los receptores. En este juego, *pasador* significa 'que pasa' y *receptor*, 'que recibe'.
  >
  > Aunque *quedarse tan pancho* sería aceptable, le recomendamos emplear otra expresión en este texto.

- **Expresiones deliberadamente mal escritas, coloquiales o jergales**

  Generalmente cuando aparecen en transcripciones literales de conversaciones, obras de teatro y películas.

  > Soy muy *cinéfalo*: me gusta mucho el cine.

- **Los extranjerismos**

Palabras extranjeras —aceptadas por la RAE o no— que se escriben dentro de un texto español. Además, desde la última *Ortografía* de la RAE, también se consideran extranjerismos puros las locuciones latinas (→ 63 Vocablos latinos, locuciones y latinajos).

> Al final, no importa tanto la opinión del pueblo como la del *establishment*.

Aun así, siguiendo la máxima de «economía y simplicidad», muchos ortógrafos, como mi compañero Jorge en su *MDE*, p. 458: «... es lícito y recomendable ponerla de cursivas la primera vez que aparece en cada capítulo, y de redondas en todas las demás. [...] Gracias a esto se evita que la abundancia de cursivas afee el texto», como ocurriría en textos en donde abundan los extranjerismos, como en el ejemplo siguiente.

> En este homenaje a Mozart, se interpretaron las obras con diversos movimientos, como andante poco moto, andante amoroso, allegro...

- **Nombres científicos de especies animales o vegetales**

Las plantas y los animales tienen un nombre común (*rata*, *lechuga*), que va en minúscula y se escribe en redonda, y otro nombre científico formado, como mínimo, por dos palabras (la primera con inicial mayúscula, la segunda no) que se escriben en cursiva (*OLE 10*, pp. 473-4)

> El *Falco sparverius* es un halcón de alas puntiagudas, cola larga y plumaje ocre.
>
> Arsuaga habló sobre la vida cotidiana del *Homo antecessor* en Atapuerca.

- **Seudónimos, apodos, alias y sobrenombres**

El nombre artístico, el apodo, el alias o el seudónimo de una persona puede ir en cursiva, aunque no es necesario, si aparece a continuación del nombre, separado por una coma. Si va solo, debe ir en redonda.

> Poli Díaz, el *Potro de Vallecas*, se retiró definitivamente del boxeo.
>
> Domenico Theotocopuli, alias *el Greco*.
>
> La obra que más me gusta del Greco es *El caballero de la mano en el pecho.*

Aquí también se nota la influencia estadounidense, pues existe en aquel país el concepto de *middle name* ('nombre intermedio'), un segundo nombre que se indica entre nombre y apellido. En ocasiones, tiene el valor de sobrenombre y esto hace que, allí, sea costumbre decir los seudónimos como si fueran un *middle name*, entre el nombre y el apellido.

> *Ramona La Sanguinaria Nogales salió de prisión ayer.

- **Títulos de todo tipo de obras creadas literarias y artísticas**

Es decir, van en cursiva los títulos de obras de arte, libros, periódicos, revistas, programas de televisión, etc. Los elementos incluidos dentro de estas obras (capítulos, secciones, apartados, divisiones) irán entrecomillados. Hay una excepción en el uso de cursivas en títulos de obras: en su *MDE*, p. 462, mi compañero Jorge indica que en los casos en los que «en una obra aparece su propio título, este debe escribirse con versalitas, y no con cursivas». Por ejemplo, si yo digo: «En 199 RECETAS INFALIBLES PARA EXPRESARSE BIEN hay alguna errata, seguro».

Hay mucha gente —malos bármanes— que mezcla al buen tuntún las cursivas y las comillas. Mi consejo es siempre el mismo: «Cursiva y comillas: no mezclar».

Dotan a *La Gioconda* de mayores medidas de seguridad.

Un enfermo mental «mutila» el *David* de Miguel Ángel, expuesto en Florencia.

Publicó «Evolución sociopolítica de la región» en la revista *Estudios sociológicos.*

Cuando una palabra va en cursiva, el signo de puntuación al que precede debe ir en cursiva también, excepto si se trata de un signo de puntuación doble, como paréntesis, comillas, corchetes, rayas, exclamaciones o interrogaciones (OEA, § 14.1.7.2.3).

Transitivo es el verbo *amar,* pero no *huir,* y ese verbo (*amar*) puede omitirse aquí.

*El verbo *amar*, pero no el verbo *huir*, y ese verbo *(amar)* puede omitirse aquí.

67 Mayúsculas (Por Qué Usarlas Mal Resulta Tan Feo)

Las letras mayúsculas también se conocen como *versales*. Estos son sus usos:

- **Iniciales de nombres propios de personas, conceptos, cosas y lugares**

  En los topónimos también llevará inicial mayúscula el artículo si forma parte del nombre.

  La Unión Europea pidió esos informes al gobierno de Kazajistán.

  Me llamó Sara aquella tarde para decirme que cambiaba El Cairo por La Haya.

  Ambientar la Revolución Francesa en el Medievo es un dislate.

  *Estuve en El Sáhara y en La Antártida.

- **Inicial mayúscula con valor diacrítico**

  Permite distinguir vocablos homónimos. Compárense estos ejemplos:

Tengo un examen sobre el Romanticismo.

El romanticismo lo lleva a enamorarse con facilidad.

El Gobierno de una nación está encabezado por el primer ministro.

El gobierno de una nación debe llevarse a cabo con buen criterio.

- **Iniciales de cargos, títulos nobiliarios y religiosos**

Se escriben en minúsculas aunque no vayan acompañados del nombre propio. Compárense estos ejemplos:

El duque de Medinaceli abrió las jornadas. Al llegar el duque, la sala prorrumpió en aplausos.

El papa Benedicto XVI sucedió a Juan Pablo II. Es el primer papa alemán...

- **Abreviaturas de tratamientos**

Se escriben siempre con mayúscula inicial.

Los Excmos. Sres. de la corporación.

*Los Excelentísimos Sres. de la corporación.

- **Usos erróneos**

En los títulos de obras, solo irán en inicial mayúscula la primera palabra y los nombres propios de personas o lugares. No deben llevar inicial mayúscula los verbos, preposiciones, artículos ni pronombres, como se observa en los siguientes ejemplos:

¿Quién mató a Palomino Molero? y *Los cuadernos de don Rigoberto* son obras de Vargas Llosa.

**¿Quién Mató a Palomino Molero?* y *Los Cuadernos de Don Rigoberto* son obras de Vargas Llosa.

Me gustó leer *Cien años de soledad*, de García Márquez.

*Me gustó leer *Cien Años de Soledad*, de García Márquez.

No llevan mayúsculas los nombres de los meses, días de la semana y estaciones del año.

> Nos casamos un sábado muy lluvioso de noviembre.
>
> *Siempre que llega la Primavera, me resfrío, y el Lunes ya no puedo ir a trabajar.

68 La negrita y las bolas del árbol de Navidad

Este tipo de letra sirve para marcar títulos o subtítulos de capítulos, epígrafes, partes, titulillos y excepcionalmente algún elemento del texto que convenga destacar, pero con mesura. Debido a la influencia de la literatura técnica, poco o mal corregida, y a la facilidad para aplicar la negrita con cualquier programa de tratamiento o compaginación de textos, se tiende a usarla indiscriminadamente en muchos ámbitos y desvirtúa el cometido de destacar información.

> Una **buena** alimentación debe incluir los alimentos antes mencionados: **legumbres**, **verduras**, **frutas**, pero tampoco deben dejarse de lado alimentos tan necesarios como los **cereales** (tanto naturales como procesados), el **pescado** y la **carne**.

69 Las versalitas, extrañas mayúsculas

Son unas letras mayúsculas más pequeñas, del tamaño de unas minúsculas. Algunos autores también las llaman *mediúsculas* (Sousa). Aunque Microsoft Word es un programa que ajusta automáticamente la interlínea para que los renglones no se monten unos sobre otros, la finalidad de las versalitas era precisamente esa: evitar que las palabras escritas en mayúsculas se monten sobre las del renglón superior. Por eso, se escriben en versalitas ciertas palabras mayúsculas que vayan dentro de párrafo, como las siglas o la numeración romana, entre otras. En este ejemplo, la palabra ONG (escrita en mayúsculas o versales) tapa los remates de las letras del renglón superior.

> En los siglos XVII y XVIII estos juegos abundaban en la corte.
> No es un proceso habitual, pero ONG pidió ayuda a UNICEF.

70 La subraya (_) y su mito

Este no es precisamente un signo ortográfico. Apareció con las máquinas de escribir para subrayar y para hacer líneas continuas, y de ahí pasó directamente a los teclados informáticos aunque perdiera utilidad. No se emplea en la lengua escrita de forma habitual y sirve para sustituir los espacios en blanco en informática cuando aquellos no pueden utilizarse.

Si dices tres veces frente a un espejo «guion bajo» en vez de «subraya», el señor De Buen se te aparecerá para corregirte.

Se creará un documento por candidato, y el nombre de cada documento constará del apellido y nombre del candidato: Apellido_Nombre.doc. Así, el expediente de Juan García sería García_Juan.doc.

Debido al uso tan extendido del programa Microsoft Word, los usuarios empezaron a usar el botón de subrayado para algo nada recomendable: destacar texto con muy diversos criterios, en lugar de utilizar otros diacríticos, como las mayúsculas, la negrita, la cursiva, según proceda.

71 Siglas y acrónimos

El DRAE define *sigla* así:

> **sigla.** (Del lat. *sigla,* cifras, abreviaturas). f. Palabra formada por el conjunto de letras iniciales de una expresión compleja; p. ej., *O(rganización de) N(aciones) U(nidas), o(bjeto) v(olante) n(o) i(dentificado), Í(ndice de) P(recios al) C(onsumo).*

Debido, de nuevo, a la influencia del inglés, en donde se usa generalmente una sola palabra para definir siglas y acrónimos (*acronym*), algunos hablantes confunden estos términos. Veamos la definición académica de *acrónimo*:

> **acrónimo.** (Del gr. ἄκρος, extremo, y -*ónimo*). m. Tipo de sigla que se pronuncia como una palabra; p. ej., *o(bjeto) v(olante) n(o) i(dentificado)*. ‖ 2. Vocablo formado por la unión de elementos de dos o más palabras, constituido por el principio de la primera y el final de la última, p. ej., *ofi(cina infor)mática*, o, frecuentemente, por otras combinaciones, p. ej., *so(und) n(avigation) a(nd) r(anging), Ban(co) es(pañol) (de) (crédi)to.*

Podemos decir que, entre otras cosas, el acrónimo es la sigla que acaba sustantivándose (forma plural, por tanto), pierde las mayúsculas e incluso genera nuevos términos por composición, como estos conocidos vocablos:

láser, ovni, radar, ufología, inri

láseres, ovnis, radares...

El nombre de los Estados Unidos. En varios países hispanos se prefiere usar la sigla EUA (Estados Unidos de América), más sencilla dado que abarca el nombre completo y plantea menos problemas de escritura. Pero muchos redactores tienen dudas con la escritura de esta palabra: EE. UU. Algunos medios de comunicación han tomado la decisión de suprimir los puntos o el espacio, o ambos. Algunos hablantes le quitan los puntos porque piensan que es una sigla y las siglas ya no necesitan llevar puntos, pero es que *EE. UU.* no es una sigla, sino la abreviatura en mayúsculas de *Estados Unidos*. Como las abreviaturas forman plural en español mediante la duplicación de cada una de sus letras y no pierden el punto abreviativo, la única forma correcta de escribir el nombre del país (además de *Estados Unidos de América*) es esta:

EE. UU.

*EE.UU., E.E.U.U., EEUU, EE UU

En este sentido, es igual que otros conocidos casos de abreviaturas en plural:

Comisiones Obreras: CC.OO.

Padres Escolapios: PP.EE.

Sus Majestades: SS.MM.

Las siglas van siempre en mayúsculas, aunque algunos autores, como Jorge de Buen, aconsejan versalitas, sin espacios intermedios y sin puntos:

UCI, RAM, UNESCO, OTAN, Renfe, ONU

*CD-Rom, Dvd

En teoría, las siglas no forman plural y este se indica mediante la variación del número en el artículo, pronombre o adjetivo que las acompañan (*los* CD *caros*), y así lo indica la RAE y algunos autores, aunque, excepcionalmente, pueden darse casos en los que sea imposible —o forzado— aplicar la norma. Por otro lado, en los últimos treinta años, un gran número de los neologismos y tecnicismos que han llegado a la lengua española son siglas que se utilizan en plural en la lengua hablada y no han tenido tiempo de sustantivarse (LP/elepé), así que los hablantes empiezan a emular la forma inglesa y agregan una ese minúscula al final de la palabra. Personalmente, creo que es una solución viable que acabará imponiéndose.

En determinados casos, además, resuelve problemas de diferencias regionales en la pronunciación de algunas siglas foráneas. Por ejemplo, algunos autores proponen resolver el problema de la formación del plural de palabras como DVD convirtiéndolas en sustantivos: *deuvedé*. Pero en la mayor parte del mundo hispanohablante, esas siglas se pronuncian /dividí/ y lo más cercano sería, en cualquier caso, *devedé*. Agregando la ese final, la pronunciación sería decisión del lector.

Compré cinco DVDs que estaban de oferta.

Elementos necesarios: TRFU, HRTOS y BTS.

72 Abreviaturas y abreviaciones

Es la representación gráfica de una palabra (o de un grupo de palabras) por medio de solo una letra o algunas de las letras que constituyen su escritura completa. La finalidad de esta forma de representación es ahorrar tiempo y espacio en el escrito, por lo que solo deben usarse cuando sea estrictamente necesario.

Las abreviaturas terminan en punto, y este se denomina *punto abreviativo,* ya que tiene la función de indicar al lector que está ante un vocablo abreviado. En algunos casos, esa función diacrítica del punto la cumple una barra.

> «c/» (calle), «s/n» (sin número)

No deben confundirse las abreviaturas con las unidades de medida. En un texto con limitaciones de espacio, podemos abreviar la palabra *kilómetros* como *kilóms.*, pero el símbolo de esa unidad de medida es internacional e invariable: *km*.

Los símbolos no llevan punto abreviativo, pero deberán llevar un punto cuando vayan al final de una oración y sea necesario agregar un punto y seguido, o un punto final, tal como se observa en la última línea del párrafo anterior.

Las abreviaturas también forman plural y si la palabra abreviada se escribe normalmente con inicial mayúscula, esta deberá conservarse en la abreviatura.

> «tel.» o «teléf.» son, ambas, abreviaturas correctas de *teléfono*

Los tratamientos de cortesía o profesiones van en minúscula (*doctora, profesor, señor…*), pero se escriben con inicial mayúscula cuando se abrevian. Asimismo, si se abrevia con una sola letra una palabra con inicial acentuada, se conserva la tilde, como suele ocurrir con ciertos nombres propios.

> El Sr. Herrán no llegó a la reunión, pero Uds. tampoco acudieron.
>
> Los autores son Á. González y J. É. Tombesky, coautores del primer libro también.

Correcto uso de las letras voladas en la formación de abreviaturas. Algunas abreviaturas pueden formarse con letras en voladita (también llamadas *letras voladas*) que deben llevar un punto

¡Qué poquitas personas ponen el punto abreviativo antes de las letras voladitas! ¡Y qué cursi es el nombre *voladitas*!

abreviativo o una raya diacrítica que indique la condición de abreviatura. Compárense estos ejemplos:

> P.º del Prado, La Habana, Cuba
> *Pº del Prado, La Habana, Cuba
> Máximo galardón: 1.er (o 1.er) puesto en su categoría
> *Máximo galardón: 1er. puesto en su categoría
> 3.er, 2.ª, M.ª
> *3er, 2a, Mª, Ma.

RAMON BERENGUER 4.º
CONDE DE BARCELONA.
M.º A.º DE 1162.

Ejemplo de abreviaturas con letras en voladita en el pie de una estatua de la plaza de Oriente, Madrid (s. XIX).

73 Unidades de medida

Los símbolos de las unidades no son abreviaturas, por lo que se deben escribir siempre tal cual están definidos por la ISO[1] y no forman plural, a diferencia de aquellas. Pueden utilizarse las denominaciones hispanas de uso habitual, siempre que estén reconocidas por la RAE (amperio, culombio, faradio, voltio, vatio, etc.), pero es preferible evitarlos en favor del símbolo ISO, dadas las diferencias de uso entre algunos países de habla hispana: ampere/amperio, watt/vatio, hertz/hercio...

5 km/h	20 kg	12 kb	256 Mb/s
6 m/min	12 kB	10 MB	12 h 14 min 13 s

Los símbolos no cambian cuando se trata de varias unidades, es decir, no debe añadirse una *s*. Tampoco debe ponerse un punto (.) a continuación de un símbolo, salvo cuando el símbolo se encuentra

[1] Sigla del inglés *International Organization for Standardization*, Organización Internacional de Normalización.

al final de una frase. Por lo tanto, es incorrecto escribir, por ejemplo, el símbolo de kilogramos como *Kg*, *kgs* o *kg.* (con mayúscula, con ese y con punto, respectivamente). La única manera correcta de escribirlo es *kg*. La K mayúscula está asignada a los grados Kelvin, así que Kg sería como decir «grados Kelvin·gramo».

El símbolo de segundos es *s* (en minúscula y sin punto posterior) y no *seg.* ni *segs.* Los amperios no deben abreviarse *Amps.*, ya que su símbolo es *A* (mayúscula y sin punto). El metro se simboliza con *m* (no *mt* ni *mts.*).

2 kg	*2 Kg.
3,5 mm	*3,5mlm
2 h 5 min	*2 hrs. 5 mins.

6 dl	*6 dl.
9 km	*9 Km.
9 h 6 s 5 min	*9 hrs. 6 ss. 5m.

Conviene recordar aquí que los correctores ortográficos no son infalibles. Por ejemplo, el de Microsoft consideró, durante muchos años, que era incorrecto escribir *kg* o *km* sin punto, entre otras cosas (aunque aceptaba como válidas *Kg.*, *Km.*, *kg.* y *km.*). Al corregir la ortografía de algún documento, el redactor debe extremar las precauciones para no saltarse ningún error ni introducirlos donde no los había. La unidad de medida debe separarse del número que la precede con un espacio fino (en Word, pulse Alt + 8201).

Otro error frecuente en la redacción de noticias provenientes de países anglófonos se produce cuando el redactor piensa que, como el texto original incluye cifras en pies y pulgadas junto con su equivalencia en sistema métrico, debe dejarlas en ese mismo formato. Excepto Birmania y los Estados Unidos de América, todos los países del mundo han adoptado el Sistema Internacional de Medidas o lo compaginan con otro, en un porcentaje menor. No hay razón para conservarlo en los textos en español.

74 Cifras, guarismos y números arábigos

Los números aparecen frecuentemente en nuestros textos para expresar magnitudes, medidas, teléfonos, datos, códigos y referencias. Conviene tener en cuenta cómo se debe escribir.

Como norma general, se aconseja escribir con letra los números del cero al nueve, y, entre otras, se pueden escribir con cifras (OEA § 8.1.1):

- **Las cantidades concretas superiores a nueve**

  17 burros, 10 archivos.

- **Las cantidades que expresen precios**, habitantes, número de páginas, apartados, versículos...

  En la página 4 del manual, el 50 % del texto está en negrita.

- **Los números que se posponen a un sustantivo**

  Habitación 218, el agente 007, la pistola de calibre 32.

- **Las enumeraciones en una columna o en una lista**

  7 manzanas
  2 fresas
  9 limones

- **Las referencias al nombre de la cifra**

  No me gusta nada cómo juega el 6 en esa posición.

- **Los números en las redes sociales.** En los servicios de mensajería instantánea (WhatsApp, Telegram...), los chats y las redes sociales que limitan el número de caracteres (como Twitter) es más frecuente el uso informal de los números arábigos, ya que ahorran espacio (27 frente a *veintisiete*) y permiten que el mensaje se lea más rápido con menos caracteres (*Estamos cansa2*).

75 Millares y decimales

Los años y los números de página no llevan separadores de millares.

> En los años 1997, 1999 y 2000 sucedieron incidentes similares.
>
> El libro tiene 1184 páginas, pero la acción empieza a partir de la 424.

Los números de teléfono tampoco los llevan porque no solemos leerlos agrupados por millares.

> Nuestro teléfono de asistencia internacional
> es el +1 784 2634568.

Tradicionalmente, el separador de millares es el punto y el de decimales es la coma, pero hay un gran número de países que emplea el sistema inglés, es decir, separa los millares con coma y aplica el punto decimal:

> **Coma decimal:** Argentina, Bolivia, Cuba, Chile, Colombia, Ecuador, España, Paraguay, Uruguay, Venezuela y Guinea Ecuatorial.
>
> **Punto decimal:** Costa Rica, Perú, Guatemala, Honduras, El Salvador, México, Nicaragua, Panamá, Puerto Rico, República Dominicana y Estados Unidos.

Usos incorrectos. Las expresiones *5,00* o *09* son incorrectas. En español, el cero tras un separador decimal (coma o punto, según el país hispanohablante) es superfluo. Del mismo modo, es innecesario preceder una cifra con uno o varios ceros. Un número puede llevar ceros decimales cuando con ellos se quiere indicar que la máquina o el sistema de medición tenía una precisión de hasta tantos decimales y todos eran cero.

> En las primeras pruebas, el densímetro dio unos resultados
> de 3,05; 3,00 y 3,10.

Además, deben incluirse esos ceros iniciales o decimales en casos en los que un programa informático exige al operario la especificación de un número de cifras para poder ejecutar una acción, en determinados textos científicos o técnicos, en textos en los que convenga destacar que la cifra será sometida a una operación aritmética o en tablas numéricas verticales donde se consigue una mayor legibilidad al alinear números con el mismo número de cifras.

Adaptación incorrecta al Sistema Internacional. Aunque es común en el sistema inglés expresar con potencias inversas de 2 los números decimales, en español es impropio escribirlos con fracciones o quebrados.

> 5,5 pies; 3,25 cm; 2,125 pulgadas
>
> *5½ pies; 3¼ cm; 2⅛ pulgadas

Así pues, sería un grave error expresar las cantidades de este modo en español (ya sea sistema métrico o sistema inglés), pues es ajeno a nuestro idioma y, para muchos lectores, ininteligible. Además, para abundar en la confusión que este formato produce, si un número va seguido de un quebrado o fracción (en la aritmética en español), se sobreentiende que hay un signo de multiplicar implícito, y no un signo de suma como en el caso del inglés (5 + ½ y no 5 × ½).

Por último, es conveniente recordar aquí que los números de cuatro cifras no deben llevar separador de miles, ya que no hay duda sobre su lectura en ningún caso (*nací en 1954; me dio 1245 dólares para el viaje*). Sin embargo, por uniformidad y alineación con otros números, puede ser conveniente usar el separador de millares en columnas numéricas, cuentas, listas de precios, contabilidad, etc.

76 Los números marcadores de puntos dentro de párrafo

Aquí me voy a limitar a citar a mi colega Jorge de Buen en su *Manual de diseño editorial*:

Todos esos
paréntesis de
apertura solo
sirven para poner
malas caras :-((((

«En las enumeraciones, la práctica española consiste en usar letras o números consecutivos seguidos de un solo paréntesis, así: a), b), c), d)...; 1), 2), 3), 4)... En cambio, en inglés se meten entre dos: (a), (b), (c)...; (1), (2), (3)... La Academia, en su *Ortografía de la lengua española* (1999: 5.7.6), pretende dar carta de naturalidad a este feo hábito cuando dice "Las letras o números que encabezan clasificaciones, enumeraciones, etc.[,] pueden situarse entre paréntesis o seguidas del paréntesis de cierre". Es obvio que el primer paréntesis no tiene ningún sentido: no clarifica ni embellece, y, por lo tanto, no hay ninguna razón para usarlo también en español».

77 Escritura de divisas

Las divisas son unidades de medida y, como tales, la costumbre es escribirlas a continuación del número, separadas por un espacio fino (en Word, pulsa Alt + 8201) . No obstante, en algunos países de Hispanoamérica prefieren preceder el número con el símbolo de la divisa pegado, por influencia del sistema inglés; en español se recomienda separar código y cifra con un espacio fino. En cualquier caso, cuando la moneda se expresa con letras, siempre irá tras el número:

Aposté veinticinco pesos con tu hermano y los gané.

Un automóvil de lujo por solo $ 7000.

En textos destinados a un mercado internacional, la ISO recomienda utilizar los códigos de moneda, que consisten en un prefijo de dos letras que designa el país (el mismo que se emplea en los nombres de dominios de internet: empresa.com.ar, diario.cr) seguido de un código único para la moneda. No es adecuado combinar símbolos alfabetizables (trilíteros) con los no alfabetizables:

10 USD *10 US$

Estos son los códigos ISO de monedas de los países hispanohablantes:

Argentina	ARS	peso	$a
Bolivia	BOB	boliviano	Bs
Colombia	COP	peso	$
Costa Rica	CRC	colón	₡
Cuba	CUP	peso	$
Chile	CLP	peso	$
Ecuador	USD	dólar estadounidense	$
El Salvador	SVC	colón	₡
España	EUR	euro	€
Estados Unidos	USD	dólar estadounidense	$
Guatemala	GTQ	quetzal	Q
Guinea Ecuatorial	XAF	franco	Fr
Honduras	HNL	lempira	L

México	MXN	peso	$
Nicaragua	NIO	córdoba	C$
Panamá	PAB	balboa	B/.
Paraguay	PYG	guaraní	G
Perú	PEN	nuevo sol	S/.
Puerto Rico	USD	dólar estadounidense	$
República Dominicana	DOP	peso	$
Uruguay	UYU	peso	$
Venezuela	VEB	bolívar	Bs.F.

78 Horas y fechas

Horas. Algunos países de habla hispana emplean el sistema de doce horas (mañana y tarde, indicadas con las abreviaturas *a. m.* y *p. m.*), que deben escribirse en minúsculas y separadas por un espacio fino (en Word, pulsa Alt + 8201), y otros prefieren el sistema de veinticuatro horas, aunque en la lengua hablada coinciden en la forma de expresarse.

> Ayer me levanté a las nueve y estuve despierto hasta las dos de la mañana.
>
> Era un cuarto para las dos cuando llegamos al restaurante.
>
> Eran las dos menos cuarto cuando llegamos al restaurante.
>
> El concierto empieza a las 16.50 h y termina a las 17.30 h.

En cualquier caso, las horas y los minutos no deben separarse con comas, pues no son cifras decimales sino duodecimales y sexagesimales; los segundos sí tienen decimales y pueden llevar separador decimal. La ISO recomienda usar los dos puntos para separar las horas (por influencia del inglés) aunque es un uso de este signo algo anómalo en español y por ese motivo, muchos hablantes —y medios— prefieren el punto, si bien en los países en los que el punto es separador de decimales es habitual usar los dos puntos en las horas (*12:26*). A diferencia de los decimales, en el caso de las horas es correcto añadir los dos ceros si se trata de una hora en punto, para evitar ambigüedad o imprecisión. Además, gracias al artículo en femenino plural (y al contexto) puede obviarse el uso del símbolo o de las abreviaturas.

> Quedamos a las 15.26 con tu hermano.
>
> Vino a las 6.24 p. m.
>
> No llegará hasta las 17.00.

Las unidades de medida del Sistema Internacional para las horas, los minutos y los segundos son *h*, *min* y *s*. El tiempo horario no puede indicarse con los símbolos de minutos y segundos de circunferencia.

> 20 h 25 min 12,6 s
>
> *20 h 25′ 12, 6″

Fechas. El orden normal en nuestro idioma es *día*, *mes*, *año*, tanto si se escribe todo con letras como si se combina números y letras, o solo números. También es costumbre escribir el mes con números romanos en versalitas. Los nombres de los meses —igual que los de las estaciones y los días de la semana— se escriben en minúsculas. Las fechas pueden escribirse enteramente con letras, con una combinación de letras y números o solo con números:

> 7 de septiembre de 1901
>
> 7/septiembre/1901
>
> 7-9-1901
>
> 7/9/1901
>
> 7-IX-1901
>
> *septiembre 7, 1901; septiembre 7 de 1901

Las normas de la ISO recomiendan el orden descendente (esto es *año*, *mes*, *día*) sin preposición alguna entre cada uno de los elementos: *1992 diciembre 31*. Este modelo solo debe utilizarse en documentos de carácter científico o técnico de circulación internacional.

No es frecuente escribir las fechas enteramente con letras: *Veintiocho de septiembre de mil novecientos noventa y seis*. Esto suele hacerse solo en documentos especialmente solemnes, escrituras públicas, actas notariales o cheques bancarios. En estos casos, el primer día del mes puede escribirse con el ordinal *primero*, uso más habitual en América, o con el cardinal *uno*, uso más habitual en España.

El sistema más común combina letras y números. En este caso, el día y el año se escriben con números arábigos, y el mes, con letras y siempre con inicial minúscula: *12 de octubre de 1492*. En documentos antiguos era frecuente escribir con números romanos, a veces en minúscula, la indicación de día y año (*DPD*):

> «Esta carta fue fecha domingo, a XXVI días de setiembre, anno Domini MCCLVIIII».

Hoy solamente es frecuente escribir los años con números romanos en los monumentos o placas conmemorativas, y siempre en versalitas. Con mucha frecuencia, para abreviar, las fechas se escriben solo con números, separando las cifras correspondientes a día, mes y año con guiones, barras o puntos, y sin blancos de separación:

> 12-5-98; 14/III/1970; 6.8.00.

Como se ve por los ejemplos, el año puede aparecer indicado con sus cuatro cifras o solamente con las dos últimas, y el mes, en números arábigos o romanos. En estos casos, cuando el número que indica el mes o el día es inferior a diez, se recomienda no anteponer un cero a la cifra simple, salvo que ello sea necesario por razones técnicas (por ejemplo, en formularios informatizados) o de seguridad (para evitar alteraciones en la fecha en documentos bancarios o comerciales); así, es preferible escribir *5.7.99, 2-9-1940* que *05.07.99, 02-09-1940.*

Uso del artículo antes del año 2000. Del año 1 al 1100 es más frecuente el empleo del artículo, al menos en la lengua hablada: *Los árabes invadieron la Península en el 711.* No faltan, sin embargo, abundantes testimonios sin artículo en la lengua escrita:

> El 31 de agosto de 1056 se hallaba Fernando en Oña con toda su corte.
>
> Ya en 206 a. de j. c. tiene lugar la fundación de Itálica.

Del año 1101 a 1999 es claramente mayoritario el uso sin artículo, tanto en la lengua hablada como en la escrita: *Los Reyes Católicos conquistaron Granada en 1492*, si bien no dejan de encontrarse ejemplos con artículo:

> Empezamos a hacer en el 1947 aquellos guiones que se radiaban a las diez quince de la noche.

Si se menciona abreviadamente el año, suprimiendo los dos primeros dígitos, es obligatorio el empleo del artículo:

> En febrero del 97 estuve en París.
>
> En el 92 se celebraron las Olimpiadas de Barcelona.

A partir del año 2000, la novedad que supuso el cambio de millar explica la tendencia mayoritaria inicial al uso del artículo:

> Fui al Caribe en el verano del 2000.
>
> La autovía estará terminada en el 2010.

Sin embargo, en la datación de cartas y documentos no son tan marcadas las fluctuaciones antes señaladas y se prefiere, desde la Edad Media, el uso sin artículo delante del año, consolidando en la práctica una fórmula establecida: *14 de marzo de 1420, 17 de diciembre de 1999*. Por ello, se recomienda mantener este uso en la datación de cartas y documentos del año 2000 y sucesivos: *4 de marzo de 2000*. Esta recomendación no implica que se considere incorrecto, en estos casos, el uso del artículo: *4 de marzo del 2000*. Naturalmente, si se menciona expresamente la palabra *año*, resulta obligado anteponer el artículo: *5 de mayo del año 2000* (DPD, 293).

Aquí, en lo del 2000, don Xosé es, para mi gusto, demasiado fiel a la norma de la Asociación de Academias de la Lengua Española. ¿A ustedes no les suena cacofónico «de-dos-mil»? ¿Cierto que sí? ¡Pues escriban y digan «del dos mil»!

79 El signo *et* (&)

Conjunción latina que significa 'y'. Este signo es un ligado de las letras *E* y *t*, como se puede apreciar todavía en algunos diseños tipográficos:

et & et & & & &

En varios idiomas es equivalente a la conjunción copulativa, aunque suele usarse casi exclusivamente en la formación de títulos, logotipos o monogramas. Antiguamente, *etcétera* se abreviaba como &c y quizá por eso la RAE llamó erróneamente *etcétera* a este signo hasta la edición del *DRAE* de 1992.

17 »Universal Vocabulario en Latin y en Ro- »mance collegido por el coronista Alonso de Pa- »lencia. 1490.

A la vuelta de la Portada en dos colunas:

»Latinum	»Romance
»Initium operis argumen- »tum.	***»Argumento de la obra »emprendida.***
»Excellentissima Domi- »na	**»La muy excelente Se- »ñora**
»Elisabeth Castelle &c.	**»Doña Isabel &c.**

Typographia española ò historia de la introducción, propagación y progresos del arte de la imprenta en España, de Fray Francisco Méndez, impreso en Madrid (imprenta de la viuda de Ibarra), 1796.

En inglés se denomina *ampersand*, como transformación de la expresión *and per se and*. Al leerla en español, se pronuncia *y*, pues a tal conjunción sustituye. Aunque suscita dudas para algunos hispanohablantes porque cayó en desuso en el siglo XIX, no es cierto que sea un símbolo inglés, ya que del latín pasó a muchos idiomas, incluido el español. Sin embargo, su uso en nuestra lengua es superfluo, pues no resulta económico: la conjunción *y* tiene una grafía más breve y sencilla. «La traducción del signo *&* es *y*, *and*, *et*, *und*, etc., según el idioma, sea el español, inglés, francés [o latín] o alemán» (Domingo Buoncore).

*Una buena & castiza letra y siempre será más simple & comprensible.

80 El signo de porcentaje (%)

Las expresiones *por ciento* y *por millar* suelen abreviarse con los signos % y ‰, respectivamente, aunque estos solo pueden emplearse cuando la expresión se indica con cifras (véase el ejemplo).

Cuando se enumeran varias expresiones de porcentajes, solo se aplicará el signo a la última. Este signo se separa de la cifra precedente con un cuarto de cuadratín, una medida que existe en los programas de autoedición. En Word podemos insertar un espacio fino, como se indica un poco más abajo. Este aspecto y la influencia del inglés (en esa lengua no hay espacio entre el número y el signo) ha influido en muchos redactores de habla hispana.

> El 15 % y el 20 ‰. Se harán reducciones del 10, 15 y 20 %, respectivamente.

Estas formas se consideran incorrectas:

> *15 por ciento; quince por 100; 15 × 100; 15 p. 100.

Instrucciones para insertar un espacio fino en Word:

1. Mantén presionada la tecla Alt.
2. Pulsa 8201 en el teclado numérico.

Y si quieres el espacio de
no separación en Mac,
pulsa alt + espacio

81 El signo numeral, numérico o cardinal (#)

Se denomina *numeral* o *cantidad* y es un símbolo foráneo tomado del inglés. En muchos países hispanohablantes no tiene otro uso que representar la tecla telefónica, y debe tenerse en cuenta esto cuando el texto se redacte para un público de diversas regiones.

En algunos países, incluidos los anglohablantes, se usa para sustituir la palabra *número* en direcciones postales y contextos similares.

Generalmente, es redundante usar este símbolo si va acompañado de un número porque la oración no pierde sentido al suprimirlo.

> Calle Cuahtemoc #45
>
> *Referencia #45678
>
> Referencia 45678

Se emplea muy poco en español porque suelen preferirse las abreviaturas *núm.* o *n.º*. En cartografía señala una villa o ciudad pequeña, pues es el pictograma de ocho campos que rodean un centro. De ahí, el signo recibió el nombre con el que se conoce en inglés: *octothorp* (*MDE*, 330). No debe confundirse con el símbolo musical del sostenido (♯), que tiene un símbolo distinto en tipografía, con un trazo de las astas y una inclinación distintos.

En internet, este símbolo tiene la función de etiquetar palabras o expresiones para agruparlas por temática (→ 96 Marcadores tipográficos en internet).

82 Operadores aritméticos (± × ≠ + = ∞ –)

Hay una serie de signos matemáticos, símbolos y operadores aritméticos que resultan de utilidad a la hora de expresar fórmulas, operaciones matemáticas o cálculos, ya sea en artículos científicos, libros de texto, informes u otros contextos en los que deben expresarse valores numéricos y operaciones con ellos. Dado que la mayoría no tienen una tecla directa en los teclados informáticos, se ven mal escritos con frecuencia, porque el redactor no sabe cómo introducirlos en su texto (por ejemplo, *1/2* en lugar de ½). A continuación, se enumeran los operadores aritméticos más comunes y sus usos:

Fracciones. En Windows es posible expresar con un solo carácter algunos de los quebrados o fracciones de uso más común. Estas son las combinaciones de teclas:

½ Alt + 0188   ¼ Alt + 0189   ¾ Alt + 0190

Además, algunos tipos de letras de Windows incluyen varios grupos de signos numéricos y símbolos agrupados por materia que podemos usar en nuestros textos, como ⅛, ⅜, ⅝, ⅞...

Más (+). Se usa en aritmética, física y química para indicar que una cantidad es mayor que cero, especialmente cuando puede producirse una ambigüedad (por ejemplo, al combinarse con otras magnitudes negativas). En este caso, el signo precede una cifra sin espacio intermedio. Si se encuentra entre dos cantidades, significa que estas deben sumarse; en este caso, el signo suele ir entre dos espacios finos: uno anterior y otro posterior.

> 5 + 4 = 9
>
> Se activan sensores a determinadas temperaturas: −2, −12, +22, −14 y +26.

Más menos (±). Código Windows: Alt + 0177. Se usa en matemáticas para indicar que el número al que precede tiene dos valores: uno es mayor que cero, y el otro, menor; y ambos distan de cero la dimensión que expresa la cifra. También se emplea para indicar el margen de error (*MDE*, 305).

Dividido (/ :). A pesar de la extensión de su uso, el signo (÷) con el significado de división es característico del inglés, por lo que debe considerarse incorrecto en español, donde tradicionalmente ha indicado una progresión aritmética (*TYT*). En algunos programas, la función de división únicamente puede indicarse escribiendo *barra* en las fórmulas (como en Excel, Word, Access...) y, en otros contextos, con los *dos puntos*.

> 6 / 2 = 3
> 6 : 2 = 3
> *6 ÷ 2 = 3

Igual (=). Se usa en aritmética para indicar que cierta cifra o expresión colocada a la izquierda del signo tiene un valor idéntico a la que está a la derecha. No debe emplearse fuera de este contexto como sustituto de la palabra *igual*.

Por más que se entienda y su uso sea común en muchas regiones, el lemnisco (÷) no es un signo muy científico, que digamos. Siempre que pueda, reemplácelo con una barra (/).

Por (×). Código Windows: Alt + 0215. Se usa en aritmética para expresar multiplicación y no debe confundirse con la letra *x*, pues es un carácter distinto. Con esta función también se emplea el *punto alto* (véase a continuación). Expresa, además, magnitudes en objetos de dos o más dimensiones, generalmente longitud por anchura o bien altura por anchura y profundidad. También indica el número de aumentos de una lente (microscopía, astronomía, fotografía...) y la velocidad de grabación de diversos aparatos, como los lectores/grabadores de CD y DVD.

> 2 × 5 = 10
>
> Un cubo prismático de 2 × 4 × 3 m.
>
> La fotografía tiene una resolución de 1600 × 800 píxeles.
>
> Se necesita un microscopio de gran aumento (300×) con trípode.
>
> La F828 es una cámara con un objetivo de 10×, equivalente a 28-150 mm.

Punto alto (·). Tecla: ⇧ + 3. Se usa en matemáticas para indicar la multiplicación de dos números, ya que el *por* (×) puede confundirse fácilmente con una equis.

> 2800,53 · 2,4 / 26 = 258,51

En el álgebra vectorial, el producto escalar (·) se distingue del producto vectorial (×), de modo que pueden verse expresiones como esta:

> A · (B × C)

Asterisco (*). En ciertas operaciones aritméticas de programas informáticos, como Word y Excel, equivale al signo *por* (×) y actúa como operador de multiplicación. La fórmula *cinco multiplicado por el resultado de restar cuatro menos dos* se expresa de esta manera en una tabla de cálculo de Word/Excel y en un texto técnico normal, respectivamente:

> =5*(4-2)
> 5 × (4 – 2)

Guion (-). El *menos* carece de tecla propia en el teclado informático, por lo que debe usarse el guion con la función del *menos* en todos los programas informáticos que calculan o aplican fórmulas.

> 5-4, 6/(125-3)

Menos (–). Código Windows: Alt + 8722. Indica que una cifra o expresión matemática es negativa. En este caso, el signo precede una cifra sin espacio intermedio. Si se encuentra entre dos cantidades, significa que se deben restar; en este caso, el signo suele ir entre dos espacios, uno anterior y otro posterior.

> −4 €, −12 °C, −2000 pesos
>
> 278 − 8 = 270

En inglés se denomina *n hyphen* o *n dash*, por tener la longitud de esa letra. Su tamaño es intermedio entre la raya y el guion.

Es importante no confundirlo con el guion, porque el menos está diseñado en todos los tipos de letra para mantener la misma anchura, igual a la de los demás operadores aritméticos (+ – * =).

> *Conservar a -25 °C.
>
> *5 - 4 = 2

Exclamación (!). El factorial de un número natural *n* es el producto de los enteros positivos menores o iguales a *n*. Eso se escribe *n!* y se lee *factorial de n*. Si es un multifactorial, se expresa con doble exclamación. Esta notación fue creada por Christian Kramp en 1808.

$$5! = 1 \times 2 \times 3 \times 4 \times 5 = 120$$

$$n!! = \begin{cases} 1, & \text{si } n = 0 \text{ o } n = 1; \\ n\,(n-2)!! & \text{si } n \geq 2. \end{cases}$$

Paréntesis ( ). Se emplea para agrupar expresiones aritméticas, como indicador del orden en el que debe resolverse cada operación. Por ejemplo, la expresión *quince multiplicado por el resultado de dividir cinco entre dos* se expresa de esta manera:

> 15 × (5 / 2)

Corchetes [ ]. En matemáticas se emplean para encerrar una expresión que contenga otra entre paréntesis.

> 2 + [(n – 1) / 1] + [(n – 1) / 2] + [(n – 1) / (n – 1)]

Llaves ({ }). En matemáticas funcionan para agrupar una expresión cuando alguno de sus componentes ya está encerrado entre corchetes o entre paréntesis. También para definir conjuntos:

> Dados los conjuntos A = {a, b, c, d, e}, B = {a, e} y C = {d, f, g}...

Microsoft Word permite crear fórmulas, cuadros sinópticos e ilustraciones de distintos tamaños haciendo uso de las llaves y otros signos. Para hacerlo, debe elegirse el menú Ver > Barras de herramientas > Dibujo > Autoformas > Formas básicas.

83 Aes y oes en voladita (º) y el signo de grado (°)

El teclado español tiene una tecla situada a la izquierda del número 1 que permite escribir dos letras voladas: la *a* y la *o* (también llamadas *o* y *a en voladita*). Se usan exclusivamente en abreviaturas (→ 72 Abreviaturas y abreviaciones).

Grado (°). Se usa en física y matemáticas para expresar grados, tanto de circunferencia como de temperatura. El símbolo del grado va unido a la cifra si esta va sola, pero cuando se incluye el símbolo de grado de una unidad termométrica específica, irá unido a este, no a la cifra. En el caso de las temperaturas, forma un símbolo fijo al unirse a las letras *C* (Celsius) y *F* (Fahrenheit), y por eso no lleva espacio entre medias. En el Sistema Internacional de Medidas, los grados Kelvin se representan con una K mayúscula, sin símbolo de grado anejo.

> Coordenadas: 10° 25′ 36″ latitud norte y 67° 12′ 30″ longitud oeste.
>
> El agua hierve a 100 °C, que equivalen a 212 °F o 373,15 K.
>
> Dimos un giro de 360° para poder enfilar la bocana del puerto.

Usos erróneos. Dado que el teclado informático español tiene una tecla específica para la *o* y la *a* voladitas, muchos redactores usan esa letra para marcar los grados. Pero se trata de una letra *o*, que es oblonga, frente al círculo perfecto que representa el símbolo de grado. Además, aunque en algunos tipos de letra, la *o* en voladita sea bastante circular, en otros aparece con una raya diacrítica que denota inmediatamente su condición (→ 72 Abreviaturas y abreviaciones).

Como muchos otros símbolos, abreviaturas y medidas, el símbolo de grado debe emplearse con moderación dentro de un texto periodístico o general, y debe preferirse la escritura de la palabra completa, a menos que haya algún tipo de limitación de espacio. Este símbolo nunca debe escribirse como sustitución de la palabra *grado(s)*.

> Aunque alcanzaremos los 14 grados, no se esperan lluvias.
>
> *La temperatura subió ayer un ° en la parte sur.

84 Otros signos y símbolos que viene bien tener a mano, y dónde encontrarlos

Minuto (′). Cada una de las sesenta partes en que se divide un grado de circunferencia. Se usa para indicar esas partes (→ 83 Aes y oes en voladita (º) y el signo de grado (°)), pero no los minutos horarios (→ 78 Horas y fechas). En el sistema de medidas inglés, simboliza la unidad de medida del *pie: 8′*, pero al trasladar esto al español (adscrito al Sistema Internacional), debe escribirse así: *8 pies*. No debe confundirse este símbolo —una rayita vertical inclinada llamada prima— con el apóstrofo (´) o la comilla sencilla tipográfica (’).

Segundo (″). Cada una de las sesenta partes en que se divide el minuto de circunferencia. Se usa para indicar esas partes (→ 83 Aes y oes en voladita (º) y el signo de grado (°)), pero no los segundos horarios (→ 78 Horas y fechas). En el sistema inglés de medidas, también sirve para indicar pulgadas: *6″*, aunque en español debe escribirse *6 pdas.* o *6 pulgadas* por ser un símbolo foráneo no extendido.

No debe confundirse este símbolo —dos rayitas verticales paralelas inclinadas— con las comillas tipográficas (”).

Bolos y otras figuras (● ◆ ■). Generalmente son figuras geométricas (círculos, rombos, cuadrados) y no mayores que una letra minúscula que se emplean para distinguir los apartados de un párrafo (OEA, §13.4.2-8). (→ 86 Escritura de apartados con números, letras, rayas o bolos/topos). En lexicografía pueden usarse con la misma función que la pleca doble, para separar grupos de acepciones:

> **romero.** m. 1. Arbusto labiado. ◆ 2. Peregrino.
> ◆ 3. Pez teleósteo.

Cruz (†). Código Windows: Alt + 0134. También se llama *obelisco* u *óbelo*. Se emplea especialmente como llamada de nota al pie o al final del documento, con un rango inferior al del asterisco. También sirve para marcar óbitos y formas lexicográficas en desuso.

Cruz doble (‡). Código Windows: Alt + 0135. Tiene la misma función que la cruz y rango inferior a esta.

Pleca (|). Código Windows: Alt Gr + 1. Se emplea en algunos trabajos lexicográficos, especialmente para separar las diferentes acepciones de una voz; aunque para ello es preferible la pleca doble (||).

> **romero.** m. 1. Arbusto labiado. || 2. Peregrino. || 3. Pez teleósteo.

En matemáticas, se separa el valor absoluto de una expresión encerrando la cifra entre dos plecas: $|x|$.

Barra inversa (\ ). También se llama *contrabarra*. Se usa casi exclusivamente en informática para indicar y separar directorios o carpetas.

> Guarde el artículo en la carpeta F:\publi\recientes\ultima_hora\
>
> El directorio raíz es D:\

Apóstrofo ('). Evítese la confusión entre *apóstrofo* y *apóstrofe*. A la hora de escribirlo, tampoco debe confundirse con la comilla simple (→ 55 Comillas, «tipos y usos»). Esta es la definición de *apóstrofe*:

> 1. Figura que consiste en dirigir la palabra con vehemencia en segunda persona a alguien, a algo o a uno mismo. || 2. Dicterio, dicho denigrativo que insulta y provoca.

Este signo ortográfico apenas se usa en el español actual. Estas son sus funciones:

- **Indicar la omisión de un sonido**

El signo marca la elisión de algún sonido en textos españoles antiguos o en textos modernos, para representar características propias de la lengua hablada; si no se incluyera un apóstrofo podría resultar ambiguo (véase en el siguiente ejemplo como las palabras sin apóstrofo pueden confundirse con otros vocablos).

D'aquel tiempo a esta parte, d'aquesta margen...
M'ijo, es que l'a dao un arrechucho y s'a venío abajo.
*Mijo, es que la dao un arrechucho y sa venío abajo.

- **Reproducir expresiones foráneas que lo emplean**

Smith's House, l'amour, O'Brien, barri de l'Esplanada.

Se usa incorrectamente para omitir cifras en fechas o formar plurales de siglas (ambas formas proceden del inglés). Tampoco debe emplearse como sustituto de la coma o el punto decimal ni como separador de horas (→ 75 Millares y decimales).

*México '78, Turín '06.
*Compré varios CD's y DVD's.
*Quedamos mañana a las 9'50.

Asterisco (*). Se emplea normalmente como primera llamada de nota, aunque tiene muchos otros usos en español. En las enciclopedias suele indicar el año o lugar de nacimiento, o actúa como remisión (con el significado de 'véase'). En diccionarios y textos sobre ortografía —al igual que en este manual— suele usarse para preceder expresiones agramaticales. Equivale al signo de multiplicación en algunos contextos (→ 82 Operadores aritméticos).

Calderón (¶). Este signo con forma de P invertida (¶) dio origen a la pleca doble (→ 84. Otros signos y símbolos que viene bien tener a mano, y dónde encontrarlos). Se obtiene presionando Alt + 0182 en el teclado numérico, en Windows.

Hace siglos, cuando se escribían los textos continuos, se usaba para anticipar el desarrollo de una nueva idea, con la función que ahora tiene el cambio de párrafo (de ahí el nombre de *antígrafo*).

Antiguamente, se escribía de corrido, no se conocían los párrafos que usamos hoy y, en su lugar, a fin de separar mejor los grupos de ideas, las imprentas optaron por independizarlas usando calderones. El calderón o *antígrafo* (como lo llama Martínez de Sousa y, casi cuatrocientos años atrás, san Isidoro de Sevilla) debía ser de color rojo, pero como las imprentas solo trabajaban con tinta negra, quien compraba el libro era el que terminaba contratando un *rubricator* para que insertara los lindos calderones rojos en los espacios que el impresor había dejado en blanco para dicho fin. Ya sea por una cuestión financiera, o porque andaban muy ocupados y se les olvidaba, no en todas las ocasiones el libro llegaba a manos del *rubricator*; así, los espacios quedaron en blanco, sin calderones ni ornamentos, lo que nos lleva a un nuevo invento... las sangrías, pero ese es otro cantar.

En la actualidad, el calderón se usa esporádicamente para hacer referencia a un párrafo, pues, en su lugar, se prefiere usar el signo §, que significa 'párrafo' (véase a continuación).

Párrafo (§). Es un signo formado por dos eses ligadas. Se obtiene presionando Alt + 0167 en el teclado numérico, en Windows. Se usa para indicar una sección, capítulo, apartado o versículo, y también sustituye a la palabra *párrafo* en remisiones bibliográficas a una sección de la misma obra o de otra. ¿Ves? No es que esto sustituya a un calderón. Son usos distintos.

> En esos casos, se usará la diéresis (*Esbozo*, § 1.8.1A).
>
> Como se explica más adelante (p. 13, § 4), hay dos formas de pedirlo.

Arroba (@). Aparentemente, se originó en la escritura uncial, durante los siglos VI-VII, como abreviatura de la preposición latina *ad*. Revivió entre los siglos XII y XIII, y luego fue adoptada como

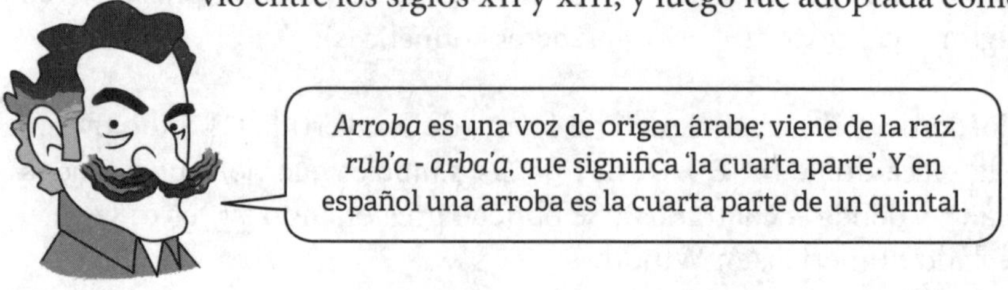

Arroba es una voz de origen árabe; viene de la raíz *rub'a - arba'a*, que significa 'la cuarta parte'. Y en español una arroba es la cuarta parte de un quintal.

símbolo de la *arroba* ('medida de líquidos y áridos que varía de peso según las provincias') entre los comerciantes españoles. Se obtiene presionando Alt + 2@ en Windows y en Macintosh. En informática empezó a emplearse como función en las primeras hojas de cálculo y luego se popularizó con las direcciones electrónicas. Los estadounidenses la aplicaron al correo electrónico porque significa 'en' o 'a', y así tienen más sentido las direcciones, similar a una dirección postal:

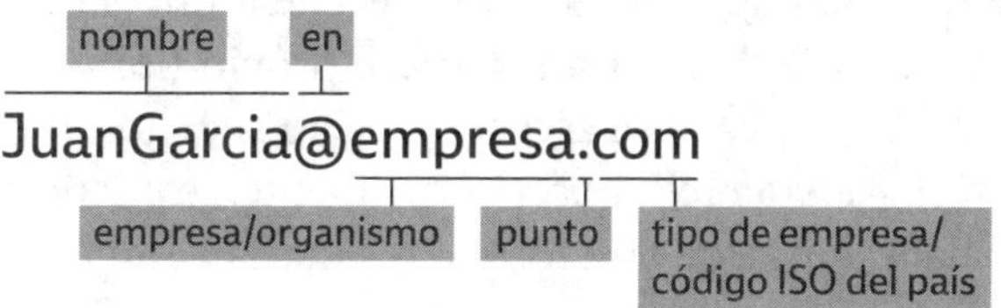

Copyright (©). Símbolo que procede del inglés, aunque lo usan muchos idiomas y hace referencia al derecho que se reserva una persona de reproducir o publicar una obra artística. Se coloca antes del nombre del propietario de los derechos. Se obtiene presionando Alt + C, en Windows y en Macintosh.

Potencias (^{123}). Dada la frecuencia con la que aparecen términos elevados a una potencia (especialmente al cuadrado y al cubo), existe un código Windows para los números 1, 2 y 3, por ser los de uso más frecuente: Alt + 0185, Alt + 0178, Alt + 0179, respectivamente.

> El almacén dispone de habitáculos de 200 m^3, con cierre de seguridad y alarma.
>
> En apenas 20 m^2 vivían hacinados cinco miembros de la familia.

85 Escritura de los prefijos

Estas son las cinco reglas básicas para no meter la pata con los prefijos:

- Se escribe unido a la palabra que modifica, tanto si va solo (*micropene, posventa*) como repetido (*hipermegacaro, antiantisistema*).

- Se separa con un espacio cuando modifica una «base pluriverbal» (*OLE 10*), es decir, una expresión formada por varias palabras con un sentido unitario (*super de moda*, *pro derechos humanos*). El pequeño inconveniente, como se dice en la *Wikilengua*, es que la Academia no define con claridad el concepto de *base* y si esta comprende las colocaciones además de locuciones y giros lexicalizados, lo que puede plantear problemas en su aplicación (*¿co responsabilidad corporativa* o *corresponsabilidad corporativa?*).

- Se escribe con guion cuando precede a una sigla (*mini-USB*), un número (*sub-21*) o un nombre propio (*anti-Bush*), aunque en este último caso se escribe espacio si el nombre es múltiple (*anti Angela Merkel*). Excepcionalmente, se puede usar el guion en palabras, que de otra forma, resultarían ambiguas (*pre-texto*, 'texto previo').

- En el caso de los prefijos coordinados, se escribe el primero aislado y con guion si la base es de una palabra (*anti- y procapitalismo)*; ambos con guion si la base es un nombre propio o empieza con una cifra (*pro-* y *anti-Mandela*) y sin guion cuando la base es de varias palabras (*grupos anti* y *pro amnistía fiscal*).

- Aunque se puede simplificar la duplicación de vocales repetidas en palabras prefijadas (*antinflamatorio* en lugar de *antiinflamatorio*), no debe hacerse si hay una *h* intercalada (*semihíbrido*), se produce una ambigüedad o se altera el significado (*semiilegal*).

El caso del prefijo *ex*. Según la *OLE 10*, el prefijo *ex-* se somete a las mismas normas que rigen para el resto de los prefijos, así que debe escribirse unido a la base si la forma una sola palabra (*expresidente*) y separado si la forman varias con unidad léxica (*ex cabeza rapada*, *ex primera dama*). El problema de que *ex-* sea tratado como el resto de los prefijos es que, en ocasiones, produce palabras que pueden resultar algo extrañas o cacográficas al lector: *expreso*, *exsaltador*, *exanimador*, *exxenófobo*... Esto hace que algunos (entre los que me incluyo) prefiramos seguir escribiéndolo separado.

El caso del *no*. No —valga la redundancia— es esta palabra un prefijo, sino un adverbio que siempre debe escribirse separado con espacio, no con guion:

Habitación para no fumadores.

Los no violentos eran muchos y llevaban pancartas.

86 Escritura de apartados con números, letras, rayas o bolos/topos

Como su nombre indica, se trata de un fragmento de un párrafo que va aparte para expresar una relación de conceptos con mayor claridad. El apartado se puede preceder con números; letras, rayas, bolos o topos (● ◆ ■ ...).

Números. Cuando se enumera un apartado, los números suelen ir con un paréntesis de cierre:

Tenemos dos vías:

1) juicio rápido sin negociación;

2) pacto extraoficial con las tres participantes.

Si se usa un ordinal —que transmite al lector la sensación de que tienen un orden jerárquico—, este irá seguido de una coma (*OLE 10*):

1.º, juicio rápido sin negociación;
2.º, pacto extraoficial con las tres participantes.

En ocasiones, se preceden oraciones o textos más extensos con un número seguido de punto (el que ofrecen la mayoría de los procesadores de texto) y se tratan como párrafos independientes cerrados con punto final.

1. Presentación de un informe de necesidades (B-432). Si lo desea, puede cambiar fácilmente el diseño de la plantilla del informe eligiendo uno de los ya existentes, y que encontrará en la galería de estilos.
2. Envío de un memorando a todas las divisiones con el proyecto de obra y copia del B-432.
3. Coordinación con el departamento de asesoría jurídica para el cálculo presupuestario.
4. Conversaciones dentro de la empresa para coordinar recursos y compras conjuntas.

Letras. En el caso de usar letras, estas van en minúsculas y en cursiva, pero no así el paréntesis de cierre que las acompaña:

a) cantantes, artistas y actores;

b) ingenieros y delineantes.

Rayas o bolos/topos. Preceden a cada parte de la enumeración, como en el caso de los números y las letras.

— Requisitos del proceso: presentar informe de necesidades (B-432).
— Envío de un memorando a todas las divisiones con el proyecto de obra y copia del B-432.

- Coordinación con el departamento de asesoría jurídica para el cálculo presupuestario.
- Conversaciones dentro de la empresa para coordinar recursos y compras conjuntas.
- En caso de duda, el presidente o el director general —o cualquier jefe de departamento— tomará la decisión pertinente, que será vinculante.

No dejes que Word elija por ti.
¡Recuerda! números: jerarquía; letras: opciones; bolos: listas de elementos.

87 Consejos de redacción: la diferencia entre escribir y comunicar

Hemos hablado bastante sobre la manera de puntuar el texto correctamente y, si bien el continente (las palabras) es importante, el contenido (el mensaje) también es fundamental.

Redactar no es sinónimo de *comunicar*, por eso cuando escribimos debemos preocuparnos no solo de la forma del texto y de su puntuación, sino del mensaje que queremos transmitir.

La ortografía es necesaria, porque cuando falla, corremos el riesgo de que el lector preste atención al continente en lugar de al contenido. A continuación me gustaría citar algunos consejos para que la redacción resulte más expresiva y comunique mejor.

Lo último es escribir. En efecto, cuando se redacta un texto, escribir es el último paso. Antes es conveniente elaborar un borrador con las ideas principales que se quiere transmitir. El escrito final debe ser un conjunto de ideas estructuradas que hemos pasado a limpio. Como corrector, muchos de los errores que encuentro en los textos que reviso a diario se deben, a veces, a una falta de planificación del texto y, otras, a que algunos redactores escriben mientras piensan y piensan mientras escriben.

Ver escritas las ideas (mejor aún: manuscritas); darles una «forma física» fuera de nuestra mente nos ayuda a visualizar el texto que vamos a componer con ellas, a estructurarlas y ordenarlas de manera coherente.

Si no hay tiempo para hacer un borrador escrito, debemos al menos intentar hacer un borrador mental en el que enumeraremos esos puntos para ver cuáles son los principales e incluso ver si se puede prescindir de alguno.

El destinatario y el medio. No es lo mismo escribir un trabajo académico que un artículo para un blog, aunque versen exactamente sobre la misma materia. El destinatario y el medio condicionan nuestra forma de escribir. Por ejemplo, si publicamos un texto académico en internet y pretendemos llegar a gente que no sea lega en la materia y ser más divulgativos, la redacción deberá acompañar a esta finalidad y no resultar demasiado compleja ni utilizar tecnicismos que puedan expresarse de una manera más sencilla, sin que con ello faltemos al rigor.

La extensión. Como decía el filósofo y físico Blaise Pascal: «Siento haber escrito esta carta tan larga; no tuve tiempo de escribir una más corta». En ocasiones, sentimos que debemos extendernos en función de la importancia de la materia que se trata. El escritor Stefan Zweig empleaba un curioso método: redactaba un primer borrador, hacía una lectura posterior en la que quitaba todo aquello que era superfluo o prescindible y, por último, hacía una lectura final en la que reducía aún más el contenido de la obra, y así se aseguraba de narrar exactamente lo que quería sin que sobrara nada.

El objetivo de una buena lectura final es ese: eliminar la información superflua o prescindible, y no incluir más de la que sea necesaria para el recto entendimiento.

El extraño síndrome del teclado. A lo largo de los años, he podido comprobar una y otra vez esto que yo he denominado «síndrome del teclado». Cuando redactamos a mano (también ocurría algo parecido con las máquinas de escribir), nuestra redacción se ve determinada por un factor aparentemente insignificante, pero fundamental: lo que escribimos no se puede borrar sin tachar o emborronar el texto. Por eso, en cuestión de décimas de segundo, de una manera inconsciente y automática, nuestra mente «pasa a limpio» la información y una vez que posamos el lápiz sobre la página escribimos de corrido.

Sin embargo, con la irrupción de los ordenadores, muchas personas han anulado este proceso automático de pensar el texto antes de redactarlo y empiezan a escribir con la tranquilidad de saber que podrán corregir cualquier error sin dejar mácula. Lo que es una clara ventaja técnica produce, a veces, un inconveniente y es que el teclado ha convertido la redacción, con frecuencia, en un ejercicio de escritura no demasiado reflexivo, en donde volcamos la información «sin pasar a limpio» para luego corregirla una y otra vez hasta quedarnos satisfechos.

En los estudios que he hecho, me he topado con que muchas personas, cuando redactan con un ordenador, pasan casi tres cuartas partes del tiempo corrigiendo (borran, completan, acortan, trasladan...) y no escribiendo. En ocasiones, producimos textos tan corregidos a costa de un gran esfuerzo y tiempo. Por eso, te propongo un ejercicio: prueba a escribir como si tu teclado no tuviera las teclas Retroceso y Suprimir. Recupera el instinto de la escritura a mano y pasa a limpio la información antes de presionar las teclas. Tu cerebro ya está acostumbrado; solo tienes que recuperar el hábito: concibe el teclado como si fuera un bolígrafo indeleble.

88 El principio de las 5 W

El nombre proviene de las iniciales en inglés de los cinco interrogantes *Why*, *What*, *When*, *Where*, *Who* ('por qué, qué, cuándo, dónde, quién'). Algunos autores añaden una sexta *w*: *How* ('cómo').

El origen de este principio se remonta a lo que el retórico Hermágoras de Temnos (siglo I a. C.) denominó «circunstancias»: *quis*, *quid*, *quando*, *ubi*, *cur*, *quem ad modum*, *quibus adminiculis* ('quién, qué, cuándo, dónde, por qué, de qué modo, por qué medios'), y si bien ha sido usado, citado y parafraseado a lo largo de los siglos, desde principios del siglo XX se viene enseñando así en las facultades de Periodismo y en los cursos de redacción.

El principio establece que para que la comunicación sea completa, el mensaje debe responder a estos interrogantes. Según sea la naturaleza del texto (un informe, un mensaje electrónico, un artículo una publicación en redes sociales...), así será la relevancia o la obviedad de determinados interrogantes.

Su aplicación es realmente práctica para cualquier redactor y para casi cualquier proceso de comunicación humana. Por ejemplo, si un profesor entra en un aula llena de alumnos a los que va a dar clase y exclama: «¡Es fantástico! ¡Acabo de cruzarme con Carmen!», y, a continuación, se queda callado y no prosigue el relato, la reacción de los presentes será hacerle preguntas para despejar varias incógnitas. De una manera instintiva, cada persona se planteará esas 5 W, algunas de las cuales acabas de saber:

- Cuándo: Hace un rato.
- Dónde: Parece que en la calle o en un lugar próximo.
- Quién: Carmen, que no sé realmente quién es.
- Qué: El profesor se ha encontrado con ella.
- Por qué: No sé por qué es tan relevante y digno de mención el hecho de encontrarse con Carmen.

A veces, como en este caso, ciertos interrogantes pueden llegar a ser irrelevantes, porque lo que realmente importa es saber por qué ese encuentro es tan importante para el profesor y le hace exclamar que es fantástico.

De todos ellos, el más importante sería *por qué*. En otras palabras: «¿Por qué ha sucedido esto?». O planteado de un modo más complejo: «¿Por qué estoy diciendo o escribiendo esto y cuál es mi finalidad?». Si olvidamos transmitir claramente el *porqué* del texto, corremos el riesgo de hablar únicamente del *qué*, de limitarnos

Y ya que hablamos de preguntas, aquí va la mía: ¿Cómo es: *los* interrogantes o *las* interrogantes...?

a contar lo que ha pasado sin cumplir la finalidad del texto, que además de la meramente informativa, puede ser muy diversa: emocionar, producir una reacción o una respuesta, impresionar, etcétera.

La importancia del *porqué* puede ilustrarse en este sencillo ejemplo, en el que una persona invita a una amiga a una fiesta:

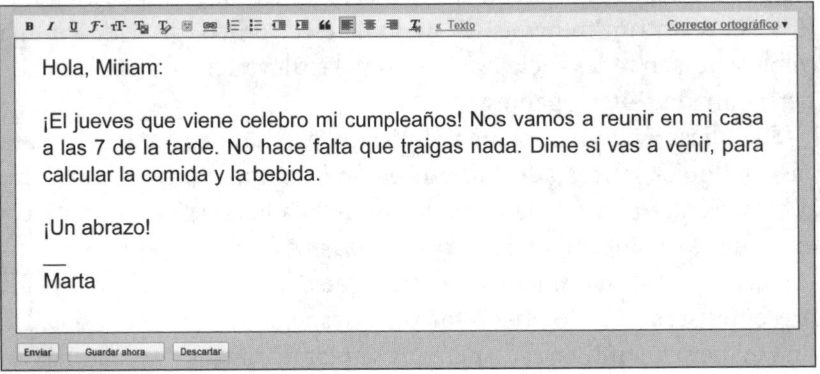

Si escribimos sin tener presente la finalidad de nuestro mensaje, podemos crear textos demasiado neutros o descriptivos que solo narren el *qué* («celebro mi cumpleaños») en lugar del *por qué* («quiero que vengas a mi cumpleaños»). Así que si, en nuestra mente, este mensaje no se titula «Voy a invitar a Miriam a mi cumpleaños» sino «Quiero que Miriam venga a mi cumpleaños», nuestra redacción se verá modificada indefectiblemente para conseguir ese objetivo y podríamos encontrarnos redactando algo más parecido a esto:

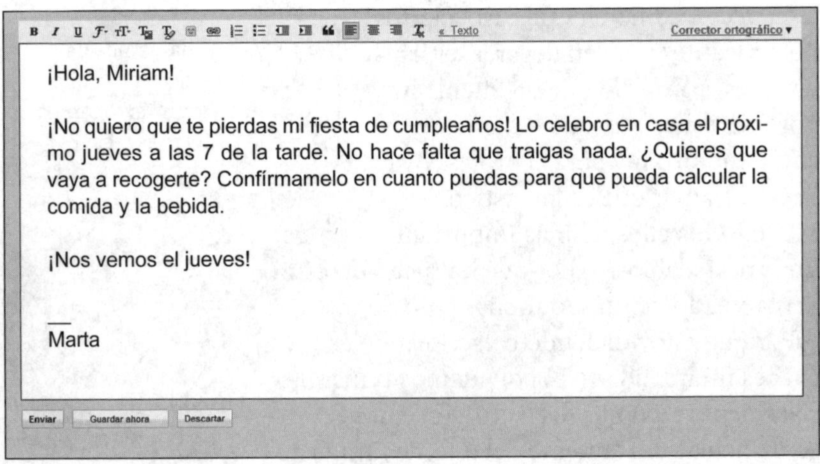

89 El *mismo* con valor pronominal

El adjetivo *mismo* expresa identidad:

> Fue el mismo arquitecto que le hizo la reforma a Javier.

También igualdad o una gran semejanza:

> Tengo la misma tableta que Fernando.
>
> A mí se me quedó la misma cara de tonta que a ti.

Además, también tiene una función enfática y puede ir antes del sustantivo, incluso en diminutivo o superlativo.

> ¡Ese niño es el mismísimo diablo!
>
> Ahí mismito te dejé el dinero.
>
> Yo mismo les conté la buena nueva.

Se ha extendido mucho el uso de *el mismo*, *la misma*, *los mismos* y *las mismas* con función de pronombre para referirse a algo que se mencionó antes; se ve con relativa frecuencia en textos jurídicos, pero también en otros, quizá porque mucha gente toma el lenguaje jurídico como modelo de lenguaje formal.

Es recomendable sustituir estas formas por un pronombre personal, por un demostrativo, por un determinante posesivo o, sencillamente, omitirlas.

> *Diseño de interiores y decoración de los mismos.
>
> Diseño y decoración de interiores.
>
> *Sacó el libro, abrió el mismo y se lo mostró.
>
> Sacó el libro, lo abrió y se lo mostró.
>
> *Este aparato es frágil. Lea atentamente las instrucciones del mismo.
>
> Este aparato es frágil. Lea atentamente las instrucciones.
>
> *Aunque la lápida estaba semiderruida, colocaron las flores al lado de la misma.
>
> Aunque la lápida estaba semiderruida, colocaron las flores al lado de esta.

Al hilo de este uso, incluyo aquí un texto con el que Lázaro Carreter ejemplificaba con humor lo innecesario de estas formas con valor pronominal:

> —Juraría que me había echado las llaves al bolsillo de la chaqueta, pero no llevo las mismas en el mismo.
> —¿Te has mirado en el pantalón? Puedes llevarlas en los bolsillos del mismo.
> —No, no llevo las mismas en el mismo. Al salir de casa, habré dejado las mismas sobre algún mueble de la misma, mientras sacaba el abrigo y me ponía el mismo.
> —Tendrás que llamar al cerrajero para que abra la puerta.
> —Sí, aquí tengo el teléfono del mismo. Nos cambió la cerradura de la misma hace poco, y conocerá la misma...

90 Circunloquios y otras vueltas de madeja evitables

Circunloquio. Ya en su origen latino (*circumloquium*), esta palabra hacía referencia al hecho de dar vueltas y no elegir el camino más corto. Se trata de una figura retórica que consiste en expresar por medio de un rodeo algo que podemos decir con menos palabras. No es un error, pero sí es recomendable no recurrir innecesariamente y, sobre todo, no usarla cuando no cumpla su objetivo de ser más «bella, enérgica o hábil» (*DRAE*) que la fórmula concisa.

Muchos escriben o hablan así para darse aires de suficiencia y elegancia, pero terminan por verse afectados. Consiguen que la atención del lector se quede en la forma y descarte el fondo.

En muchas ocasiones, el circunloquio no tiene una función estética, sino que es un derroche de palabras innecesario. Estos son algunos ejemplos de circunloquios evitables:

> *Por medio de la presente, el abajo firmante acepta las condiciones generales de la oferta. → Usted acepta las condiciones generales de la oferta.
>
> *En el día de ayer cayeron precipitaciones en forma de lluvia. → Ayer llovió.
>
> *El tren va a efectuar su entrada en la estación. → El tren va a entrar en la estación.

91 Palabros, muletillas y giros vacuos

A veces, se recurre a eufemismos para hacer referencia a conceptos o acciones a las que queremos restar o quitar su carácter polémico:

residuos sólidos urbanos (basura);

flexibilidad laboral (despido);

hecho diferencial (diferencia);

inseguridad ciudadana (delincuencia o criminalidad);

servicio de inteligencia (espionaje).

Colocaciones. Mi compañero Alberto hablaba de la conveniencia de no usar ciertos verbos en situaciones donde no suelen formar colocaciones (→ 5 Tres verbos asesinos, página 23), que son combinaciones de palabras que aparecen con tanta frecuencia que llegan a considerarse unidades semiidiomáticas. Por ejemplo, los verbos *hacer* y *realizar* tienen acepciones comunes ('efectuar, llevar a cabo algo'), pero eso no significa que sean intercambiables. Cuando sustituimos uno por otro en alguna colocación, la diferencia salta a la vista:

*¿Te has quedado con hambre? ¿Quieres que te *realice* una tortilla? (haga)

*¿Me acompañas a *realizar* la compra? (hacer)

*El cliente me *hizo* un cheque.

El cliente me *extendió* un cheque.

*Verónica me *efectuó* un favor.

Verónica me *hizo* un favor.

Muletillas. Según el DRAE, la muletilla es una voz o frase que se repite mucho por hábito. Aunque es algo más propio de la lengua hablada, la comunicación más informal, la mensajería instantánea y el correo electrónico han hecho que se trasladen algunas a la lengua escrita con más frecuencia.

*Básicamente, hoy tengo que comer pronto, ¿me entiendes?

La verdad es que hoy tengo que comer pronto ¿me entiendes?

Redundancias o pleonasmos. El pleonasmo o redundancia es una figura retórica que consiste en añadir palabras innecesarias para la oración, porque su significado ya se expresa de manera implícita o explícita:

eventualidad imprevista;
perdurar en el tiempo;
réplica exacta;
yo personalmente;
cáncer maligno;
cita previa.

92 Léxico para vagos (1)

Como continuación al punto anterior, me gustaría agrupar aquí algunos términos (muletillas, redundancias, conceptos vacuos) que yo denomino *apisonadora* y que, por su frecuencia de uso o por su incorrección, «aplastan» muchos sinónimos y alternativas del mismo campo semántico, con el consiguiente empobrecimiento del texto y la inconcreción de lo expuesto. En muchos casos no son usos incorrectos *per se*, pero el abuso de estas fórmulas deja de lado expresiones alternativas.

Todo son problemas, elementos, aspectos, áreas, puntos... Estos términos se usan en muchas ocasiones para enmascarar otros más concretos y llenos de significado.

En la reunión se trataron varios *elementos* fundamentales. (deficiencias, riesgos, contratos)

Hay demasiados *problemas* en el departamento. (dificultades, necesidades, carencias, limitaciones)

En el trabajo presentado hay varios *puntos* destacables. (secciones, propuestas, ideas)

Algunas soluciones planteadas son *interesantes*. (prácticas, directas, factibles, rentables)

Tuvieron un accidente *importante* con el coche. (fatal, grave, aparatoso)

Los clubes de fútbol no hacen nada ante la *problemática* de la violencia. (aumento, radicalización, expansión, proliferación)

Ser o no ser, esa es la *problemática.

Confrontaciones opcionales. El verbo *confrontar* significa 'carear una persona con otra' o 'cotejar'. Antiguamente, cuando dos personas se confrontaban también significaba que 'congeniaban'. En los últimos años, la principal acepción inglesa del verbo *confront* ('encontrarse una persona con otra con intenciones hostiles') ha ganado adeptos entre políticos y periodistas hasta el punto de convertir un verbo con connotaciones positivas en algo negativo, sinónimo de choque, enfrentamiento, agresión o ataque.

> Hay que promover la confrontación para alcanzar un acuerdo rápido.
>
> *Se produjo una confrontación entre las tropas gubernamentales y las rebeldes.
>
> Hubo una batalla entre las tropas gubernamentales y las rebeldes.
>
> *Debemos evitar la confrontación en pos del entendimiento.
>
> Debemos evitar el enfrentamiento en pos del entendimiento.

93 Léxico para vagos (2)

El debe y el haber de la noticia. En otras ocasiones, se trata cualquier circunstancia como si fuera de índole económica o el resultado de operaciones aritméticas con depósitos, sumas, restas y dividendos.

> Se *contabilizaron* numerosos incidentes el pasado fin de semana. (produjeron)
>
> Parecía lógico que se *registraran* más suicidios durante los meses de invierno. (dieran, hubiera)
>
> El *saldo de víctimas mortales* es superior al de cualquier otro atentado. (número de fallecidos)

¡Tris, tras! La preposición *tras* indica posterioridad en el espacio o en el tiempo ('después de, a continuación de'), pero puede verse empleada erróneamente con sentido de inmediatez.

> *Murió tras recibir una puñalada en una reyerta.
>
> Murió apuñalado en una reyerta.

94 ¿Qué es el SEO?

Estas son las siglas inglesas de *Search Engine Optimization*, es decir, el conjunto de técnicas dedicadas a la 'mejora del posicionamiento en buscadores' o, dicho de otro modo, cómo configurar páginas web (o medios sociales) para que los interesados en ellas puedan encontrarlas fácilmente por medio de buscadores web (Google, Bing, Yahoo!, etcétera).

Desde hace algunos años, el SEO es, además, una profesión independiente. Los expertos en esta materia tratan varios aspectos técnicos —que se escapan al objetivo de este libro— que tienen que ver con análisis estadísticos de las visitas y lecturas de un texto publicado en la web, y también con la configuración de las etiquetas, el formato y el código de las páginas para que los buscadores encuentren ese contenido y lo indexen con más propiedad.

—¿A qué se dedica usted?
—A SEO.
—Contratado. Aquí están la escoba y la fregona.

En resumidas cuentas, un experto en SEO procura aumentar la relevancia de un contenido publicado en la Web y posicionarlo mejor (idealmente, en la primera página de resultados de un buscador) para que los internautas lo encuentren y prefieran antes que otro, por ejemplo, en el caso de una página de un servicio comercial haremos lo posible por que aparezca antes la nuestra que la de la competencia. Esto ha empezado a influir de manera decisiva en la redacción de textos para internet como veréis en las siguientes secciones.

95 Redacción para internet

Parafraseando a Marshall McLuhan: «El medio es el mensaje». Los principios fundamentales de la redacción en español son comunes para todos los medios, pero cuando se escribe para internet, hay que tener en cuenta varios factores que influyen tanto en el redactor como en el lector. Veamos algunos de ellos:

La visión del texto y su lectura. Cuando leemos en la Web lo hacemos desde una pantalla, ya sea de un ordenador o —cada vez más— de dispositivos móviles, como teléfonos o tabletas. La pantalla emite luz y el texto que vemos en ella no se ve igual que el texto impreso sobre el papel.

Todo esto provoca una lectura menos reposada y menos atenta que la que hacemos cuando leemos un libro o un periódico impresos. La capacidad de atención es menor y también lo es la capacidad de concentración, que repercutirá directamente sobre la extensión media recomendable de los textos. Por último, el formato en el que se presenta el texto no es el de una página en blanco sino que, generalmente, aparecen otros elementos distractores, como publicidad, gráficos y enlaces a otras páginas. La distracción es permanente en los contenidos publicados en la Web.

Enlaces de entrada y de salida. Los buscadores evalúan y *premian* nuestra página web en función de los enlaces de entrada y de salida, es decir, les dan más relevancia a las páginas que: 1) enlazan con otras externas para citar fuentes, dar crédito a otros autores o remitir a bibliografía; y 2) reciben visitas de otras webs que citaron la nuestra e incluyeron un enlace para llegar a ella. Por eso, al redactar, debemos crear hiperenlaces que sean pertinentes y lleven al lector a otras páginas para que consulte la fuente original de nuestro texto, recabar más datos, documentarse o ampliar la información dada.

Fragmentación. Es habitual que la información aparezca muy fragmentada, y nos encontremos enlaces fuera de contexto, separados del cuerpo del artículo o de la noticia en las redes sociales (→ 97 Tuits, actualizaciones de estado y titulares web).

Web 2.0. Este nombre se acuñó para definir internet como un canal dinámico en el que se propicia la interacción con el lector y se busca su opinión. Se redactan artículos en los que los lectores pueden opinar y dejar comentarios, así como republicarlos o citarlos en sus redes sociales y ayudar a difundirlos. A diferencia de la lectura tradicional de un periódico o una novela, el internauta tiene facilidad para apostillar, mejorar o criticar lo que lee, e incluso comunicarse directamente con el autor.

Diversidad de público. Aunque podemos redactar textos en internet destinados a un público específico, una de las características de este canal es que está abierto y es accesible a un tipo de lector más diverso, internacional, al que hace veinte años apenas podíamos llegar, pero que ahora solo está a un clic de distancia. Por ejemplo, si tenemos presente que pueden leernos personas de distintos países hispanohablantes o de otros países, quizá queramos redactar nuestros textos de modo que transmitan lo que queremos decir sin equívocos.

Dicho todo lo anterior, y a la luz de los muchos estudios sobre usabilidad y capacidad de atención del lector en internet, hábitos de uso y promedios de lectura, hay una serie de consejos importantes para cualquiera que desee redactar para internet:

Formato del texto en la página. Un error habitual al redactar para internet es organizar la información como si fuera a ser leída en papel, con párrafos extensos, sin nada que ayude al lector a hacerse una idea previa de lo que puede esperarse del texto, aplicando un formato tradicional, propio de la edición impresa. En estos casos se suele hablar de la Ley del Ladrillo: «Para quien no te conoce, si tu texto parece un ladrillo, es un ladrillo». Por tanto, no basta con que el contenido sea interesante, hay que hacer que lo parezca. (→ 98 La distribución del texto que va a ser leído en pantalla)

No complicarse si no es necesario. Salvo si estamos redactando para un público muy específico, conviene recordar la famosa frase de Einstein: «Si no sabes explicárselo a tu abuela, es que no lo has entendido». Precisamente por las poco favorables condiciones en las que leemos el texto en una pantalla, nuestra capacidad de atención y de concentración es menor. Emplea un estilo sencillo de frases no demasiado largas, párrafos cortos y marcadores tipográficos que faciliten la lectura. (→ 96 Marcadores tipográficos en internet)

Concisión. No se trata de ser breve, sino conciso, es decir, de expresar la mayor cantidad de información con el menor número de palabras posible, que no quede nada en el tintero. En palabras de Daniel Samper: «Difícil seguir una frase de 30 palabras; casi imposible mantener la claridad con 50; las de 70 o más no son frases, son emboscadas».

Palabras clave. Para atraer a más lectores hacia nuestro texto, un consejo fundamental es buscar las palabras clave que el internauta introducirá en el buscador para encontrarlo y asegurarnos de que estas aparezcan en lugares estratégicos del texto, como el titular, la entradilla, el cuerpo del mensaje, los títulos de las fotografías (el texto flotante que se muestra cuando se pasa el ratón por encima de una imagen) y los pies de foto. Google tiene una opción denominada Google Instant que muestra las palabras más buscadas a medida que vamos escribiéndolas en el cuadro de búsqueda. Eso significa que esos son los términos más buscados por otros internautas y quizá debamos plantearnos incluirlos en nuestra redacción para atraer un mayor número de lectores.

Titulares. El titular de un artículo es una pieza fundamental. Debe resumir en 6-8 palabras el hecho más destacado del texto. Es fundamental recordar que el titular aparecerá muchas veces descontextualizado, cuando alguien lo use para hablar del artículo en Twitter o lo mencione en otra red social. Por eso es importante que sea explícito y descriptivo.

Ladillos. Está comprobado que, en ocasiones, los lectores llegan a una página y «escanean» (dado que no es una lectura pausada) el titular, los ladillos y algunas de las palabras en negrita. De ahí la importancia de dar información relevante en estas partes para mantener la atención del visitante y que se quede a leer el artículo.

96 Marcadores tipográficos en internet

En internet están surgiendo usos específicos de algunos signos ortográficos y ortotipográficos cuya finalidad y frecuencia varía en comparación con los textos impresos.

Por otro lado, en las principales redes sociales, como Facebook, Twitter o Google+, no es posible introducir algunos marcadores tipográficos, como las versalitas, la negrita o la cursiva, y deberemos buscar alternativas o adaptar nuestra redacción para suplir esta carencia.

Signos, símbolos y emoticonos. La informalidad del canal está haciendo que prolifere en las redes sociales el uso de signos, símbolos y emoticonos que aportan información paratextual, añaden una emoción o aportan una información gráfica adicional:

Detenidos cuatro empresarios por defraudar 2 millones de euros. ☹

Se prevén más recortes en educación pública ✂ para el próximo trimestre.

☠ Un vertido ilegal contamina un humedal en Sevilla. ☠

Cursiva. Este marcador tipográfico no puede emplearse en muchas redes sociales, así que debemos aplicar las comillas simples para cumplir tal función, como se viene haciendo de manera tradicional en los titulares de prensa.

Larousse presenta el libro 'Manual del redactor frenético'

Disminuyen los casos de 'bullying' en los colegios de la ciudad

Dice Xosé que, en la internet, con la negrita se resaltan las palabras clave, y yo me pregunto si lo adecuado es «palabras clave» o «palabras claves»... (Según nuestro maestro Gómez Torrego, ambas formas son válidas).

Negrita. Este quizá sea el marcador tipográfico estrella en internet, ya que apenas se usa en redacción tradicional, pero en internet tiene una nueva función: facilitar al lector el escaneado del texto para obtener información rápida sobre su contenido. Conforme a los estudios de J. Nielsen, cuando entramos en una página web, nuestros ojos van buscando el texto que aparece en negrita para hacer una primera lectura transversal que nos permita saber de qué trata el artículo y, en ocasiones, decidir si comenzamos a leerlo o no.

Los buscadores premian aquellas páginas que destacan en negrita las palabras clave que aparecen en el cuerpo de la página (directamente relacionadas con el titular y el tema tratado) y que, por tanto, coinciden en parte con los términos que empleará un internauta para encontrar ese texto por medio de un buscador.

Subrayado. El subrayado se usaba con las máquinas de escribir y aun hoy en día cuando escribimos a mano para cumplir la función de la cursiva o de la negrita. En internet tiene una única función: indicar que un texto es un hipervínculo. Por eso, no debe usarse para destacar texto, pues confundiría al lector, que ya asume que todo aquello que está subrayado es un enlace que lo llevará a otra sección de la página o a una web externa.

Arroba. Este símbolo empezó a utilizarse en internet para indicar direcciones electrónicas. La aparición de Twitter le ha dado otra función más: mencionar otras cuentas de esta red social. Tiene, en cierto modo, un valor diacrítico, ya que, en lugar de citar, por ejemplo, un periódico como *El País* con cursiva, en Twitter lo mencionaremos usando su identificador.

> «La mina de oro del español está en la web»,
> en @El_Pais http://ow.ly/NEQcJ

Signo numeral. En Twitter, el signo numeral (#) sirve para preceder palabras o expresiones y, con ello, formar etiquetas (*hashtags*, en inglés) que se convierten en hiperenlaces. Equivale, en cierto modo, a la negrita, porque destaca palabras clave. Cuando hacemos clic en una etiqueta, Twitter nos muestra todos los tuits que se han publicado sobre ese tema.

> Los tuits más curiosos sobre #lenguaje de @Diccionarioscom
>
> Últimas novedades de @RAEinforma sobre #ortografía

97 Tuits, actualizaciones de estado y titulares web

Las publicaciones de «estados» en determinadas redes sociales como Facebook, Google+, Twitter o LinkedIn, tienen dos condicionantes principales: 1) la limitación de espacio, y 2) la ausencia de ciertos marcadores diacríticos.

Estos serían algunos consejos generales para la redacción eficaz en las redes sociales:

- Destaca lo relevante primero.
- Adelanta información que quizá aún no sea tan conocida.
- Anima a dialogar, incita, despierta la curiosidad por el tema del que quieras hablar.
- Narra en positivo: céntrate más en lo que pasa que en lo que no pasa.

- Pregunta o pide consejo para conseguir la interacción.
- Introduce algo de suspense si procede.
- Comparte enlaces y páginas relevantes con otros usuarios.

Twitter. En sus investigaciones sobre la redacción para medios sociales, Dan Zarrella concluye que los nombres propios, los sustantivos en plural y los verbos en tercera persona del singular (es decir, la estructura típica de titular) recaban mayor atención de los seguidores y consiguen más retuiteos. En el otro extremo se situarían los adverbios, sustantivos en singular y verbos conjugados en pasado.

Algunos de los signos más eficaces en las redes sociales son los dos puntos, el punto y la exclamación. Estadísticamente, el punto y coma brilla por su ausencia. Además, los tuits que contienen enlaces multiplican hasta por tres la posibilidad de ser retuiteados.

Por su parte, Nilsen recomienda utilizar verbos activos y dar la información más importante al principio. Por otro lado, conviene incluir las cuentas de las personas o entidades citadas.

En lugar de este tuit:

> En Roland Garros, Rafa Nadal ha ganado a Kuznetsov y pasa a la final.

... es preferible uno así:

> @RafaelNadal gana a Kuznetsov y pasa a la final de @RolandGarros.

Facebook. Esta red social oculta parte del texto de una actualización de estado a partir de los 400 caracteres (±60 palabras), por lo que conviene no superar esa extensión o, si fuera necesario, aportar la mayor cantidad de información en esos primeros 400 caracteres.

A continuación se indican algunas cuestiones peculiares sobre los números y algunos signos de puntuación que tienen aplicaciones especiales en las redes sociales:

- **Numerales.** Tradicionalmente se suele desaconsejar el uso de numerales al principio de una oración, pero en los titulares en internet, así como en tuits y actualizaciones de estado de redes sociales, no solo no es desaconsejable sino recomendable, porque transmiten mucha información en la parte izquierda de la pantalla (que cobra relevancia en internet) y se leen con rapidez.

Debido a la inteligibilidad de los guarismos y a la limitación de espacio que imponen algunas redes sociales, se recurre con frecuencia al uso de números arábigos en cifras del cero al nueve. Además, debido al truncamiento que sufren algunos textos cuando se leen en pantallas pequeñas (teléfonos, tabletas), es habitual no separar los números de las cifras (124€) para evitar que queden separados al final de un renglón y que afecten al SEO.

> 10 consejos para redactar mejor tus tuits
>
> 3 millones de trabajadores autónomos: una cifra en aumento.

- **Puntos suspensivos y dos puntos.** No acostumbramos a terminar un titular con puntos suspensivos, pero en las redes sociales, este signo, seguido de un enlace en el que ver más información, anima al lector a hacer clic y a leer el artículo al que se hace referencia.

> No solo de pan vive el hombre...
> página.com/enlace-a-artículo-sobre-alimentación

Los dos puntos, por otro lado, crean un preámbulo y una suerte de conclusión que también anima a la lectura del artículo al que hace referencia.

> La solución para no quemarse este verano: el jugo de papaya.
> página.com/enlace-sobre-la-papaya
>
> Esto es lo que pasa cuando no revisas un texto:
> enlace-a-una-imagen-con-un-error-de-ortografía

98 La distribución del texto que va a ser leído en pantalla

El concepto tradicional de página ha muerto en internet. Su forma no está determinada por el tamaño de un papel sino por la pantalla del dispositivo con el que la leamos. Además, el lector puede regular el tamaño de la letra y esto afecta a la distribución general del texto.

Como se ilustra más abajo, tanto en mensajes electrónicos como en textos publicados en internet se recurre a los párrafos en bandera (justificados por la izquierda y separados entre sí con un renglón en blanco) en lugar del ordinario.

Estas son algunas recomendaciones estilísticas sobre el texto en pantalla:

- Comenzar con un titular de 6-8 palabras que contenga términos clave y pueda descontextualizarse sin problemas.
- Al titular le sigue una entradilla que debe responder el mayor número de interrogantes (5 W).
- La extensión idónea es de unas 400-600 palabras distribuidas en 3 o 4 párrafos. A una media de 200 palabras por minuto, se tardan 3 minutos en leer un artículo de unas 600 palabras. Cuando el texto supere esta extensión, conviene crear intertítulos que separen secciones o bloques temáticos y aligeren la lectura. Crawford Kilian (*Writing for the Web*) habla de dividir el texto en fragmentos de cien palabras, equivalentes a una pantalla. Jakob Nielsen, por su parte, afirma: «No escribir más del 50 % del texto que se emplearía para decir lo mismo en una publicación impresa».
- No hay que sentir *horror vacui*. A veces, dos renglones y una imagen bastan.
- Utilizar verbos directos (*comprar*, *usar/emplear*, *hacer*...) en lugar de circunloquios, como *hacer una adquisición*, *recurrir a*, *proponer llevar a cabo*, *proceder a*, entre otros.
- En artículos necesariamente extensos, incluir ladillos o fotos con pies de foto explicativos.
- Introducir apartados con rayas para llamar la atención sobre partes interesantes (entre 5 y 9 puntos). No numerarlos a no ser que sea relevante el orden en el que se leen o haya una jerarquía, porque, si no, el lector se crea falsas expectativas.

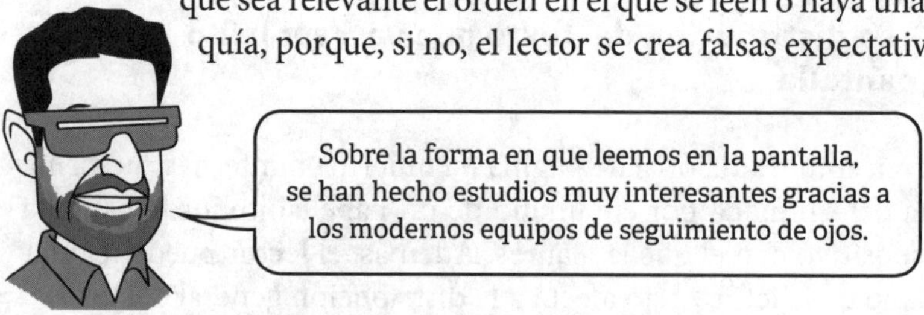

Sobre la forma en que leemos en la pantalla, se han hecho estudios muy interesantes gracias a los modernos equipos de seguimiento de ojos.

- Los gráficos deben ser pertinentes y sencillos, nítidos y coloridos, explícitos y, mejor aún, de creación propia.

La pirámide invertida. Una estructura ideal para distribuir el texto es el de la pirámide invertida. Así, en el primer párrafo estaría la base de la pirámide, más ancha, en la que responderíamos al mayor número de interrogantes (→ 88 El principio de las 5 W) y facilitaríamos la mayor cantidad de información para atrapar al lector. El desarrollo a partir de ahí sería, como en el lenguaje jurídico: «Resultandos + considerandos + fallo». Pero el periodista Álex Grijelmo sugiere una alternativa «fallo + considerandos/resultando». Es decir, adelantamos la conclusión para generar mayor implicación del lector.

Al fin y al cabo, las estadísticas son claras: cuando navegamos por internet, no leemos, escaneamos. Es fundamental atrapar la atención del lector hacia la información que queremos transmitirle.

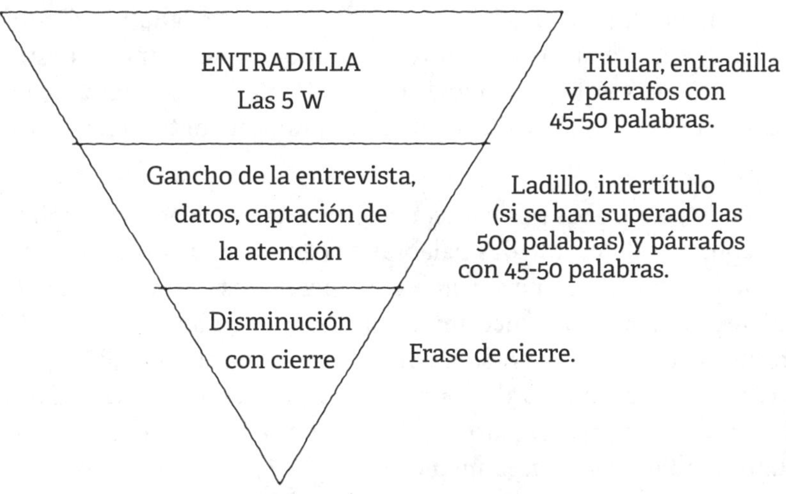

Qué debemos evitar.

- Adjetivos redundantes, que no califiquen: *merecido descanso*
- Adverbios: *rápidamente*, *efectivamente...*
- Solecismos: *es por eso que...*
- Acumulación de monosílabos: *y sí, es que de lo que tú das...*
- Archisílabos y sesquipedalismos: *potencializar*, *educacional*, *multidisciplinario...*

99 Cómo redactar mensajes electrónicos que se lean con gusto

Quizá no te hayas parado a pensar que, a veces, no hay tanta diferencia entre un mensaje electrónico y un artículo periodístico. El asunto del mensaje sería el titular del artículo, y algunos principios de redacción periodística resultan muy eficaces a la hora de redactar mensajes electrónicos.

El correo electrónico es un medio de comunicación que, a veces, está a caballo entre la informalidad de una conversación hablada (o de la mensajería instantánea) y la formalidad de una carta.

El asunto. Cuando se redacta el asunto de un mensaje, un buen consejo sería tratar al destinatario como la persona más ocupada del mundo. Queremos considerarlo como nos gustaría que lo hiciesen con nosotros, así que, para hacerle perder el menor tiempo posible, se recomienda redactar un asunto explícito y detallado, pero conciso (como el titular de una noticia), de modo que cuando nuestro destinatario vea la lista de mensajes pendientes, tenga claro —aun antes de abrirlo— qué es lo que puede esperar y encontrar en nuestro mensaje.

Otra de las razones por la que nuestros asuntos deben ser explícitos y contener determinadas palabras es para facilitar la administración de la correspondencia y su recuperación posterior. Plantéate lo siguiente: si dentro de cinco meses quisieras encontrar un mensaje, pero no recuerdas a quién se lo enviaste, ¿qué palabras usarías para buscarlo en tu programa de correo? Bien, pues esas palabras (clave) deberán constar en el asunto y en el cuerpo del mensaje. Por eso el asunto también debe, en la medida de lo posible, satisfacer los interrogantes más importantes que se mencionaban antes (→ 88 El principio de las 5 W), aunque de manera concisa.

Así pues, no es recomendable redactar asuntos genéricos, inexpresivos o poco específicos como estos:

Asunto:	Hola.
Asunto:	La reunión.
Asunto:	RE: RE: RE: Lo de ayer

Los siguientes asuntos cumplen mejor su función de informar al destinatario incluso antes de que abra el mensaje; algo que hará con predisposición positiva para responderlo:

Asunto:	Confirmado: ensayo con grupo, viernes, 10, 19.30 en local Antonio
Asunto:	Reunión de accionistas. Martes, 2 de mayo
Asunto:	Envío acta reunión de vecinos. Fecha límite: martes, a las 12.15 h.

El cuerpo del mensaje. En ocasiones redactamos los mensajes como si fueran una mera transcripción de aquello que diríamos de viva voz a nuestro interlocutor:

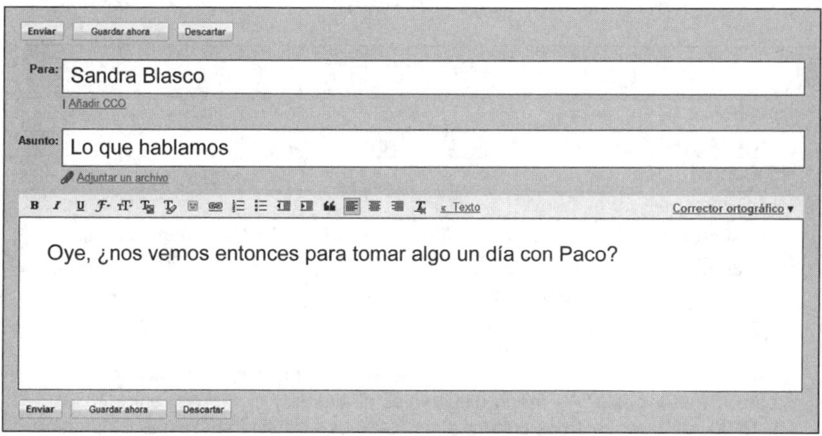

El inconveniente que tiene esta manera de redactar es que resulta desenfadado y directo, sí, pero es extremadamente ineficiente para el remitente y el destinatario. Si ese posible encuentro se concreta, el costo de tiempo será enorme, porque conllevará un intercambio de mensajes que podrían haberse ahorrado con una simple llamada telefónica o una conversación en persona.

En este ejemplo —extrapolable a otros tipos de comunicación— debemos preguntarnos si nuestro mensaje satisface los cinco interrogantes que definen una buena comunicación (→ 88 El principio de las 5 W). Podríamos representarlo así:

Porqué: Deseo disfrutar de una comida con mis amigos Sandra y Paco esta semana.

Qué: Almuerzo.

Cuándo: Yo solo puedo quedar el jueves o el viernes, de 13.30 a 15.00 h.

Dónde: No me importa el sitio, pero Sandra es vegetariana. Hay varios restaurantes con carta variada, como La Cabaña o El 23.

Quién: Sandra, Paco y yo.

Cómo: Aquí sería irrelevante.

Por último, debemos redactar un asunto explícito que cumpla los requisitos que se describían más arriba. Con este esquema en mente, se puede crear un mensaje que comunique más y sea más eficiente:

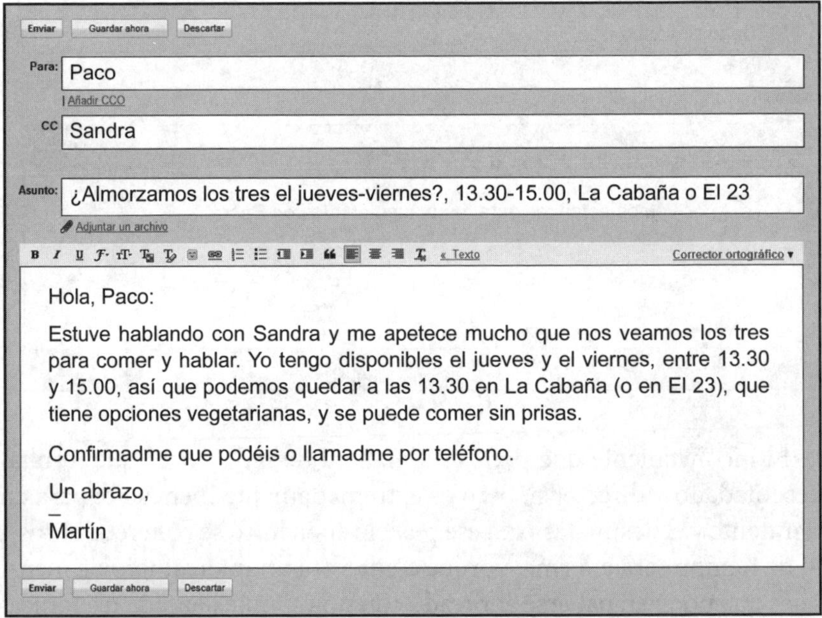

Cómo aumentar la frecuencia y velocidad de respuesta. Como decía antes, en ocasiones cometemos el error de redactar mientras pensamos y de pensar mientras redactamos. En el caso del correo electrónico, esto hace que se produzcan párrafos largos e inconexos:

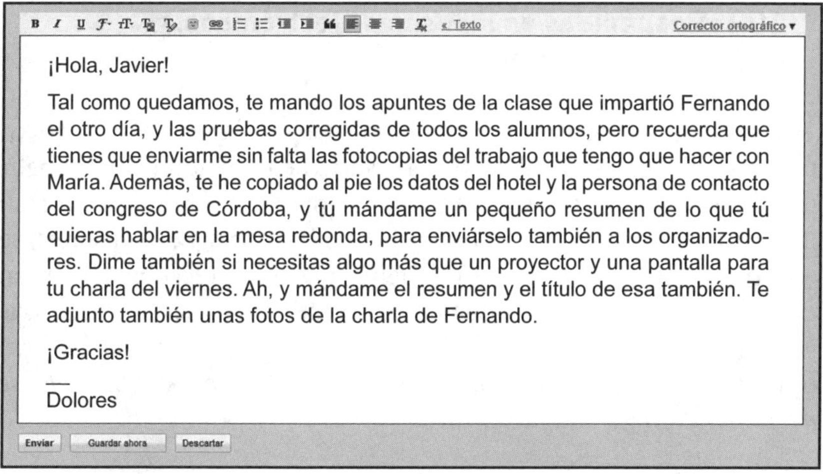

¡Hola, Javier!

Tal como quedamos, te mando los apuntes de la clase que impartió Fernando el otro día, y las pruebas corregidas de todos los alumnos, pero recuerda que tienes que enviarme sin falta las fotocopias del trabajo que tengo que hacer con María. Además, te he copiado al pie los datos del hotel y la persona de contacto del congreso de Córdoba, y tú mándame un pequeño resumen de lo que tú quieras hablar en la mesa redonda, para enviárselo también a los organizadores. Dime también si necesitas algo más que un proyector y una pantalla para tu charla del viernes. Ah, y mándame el resumen y el título de esa también. Te adjunto también unas fotos de la charla de Fernando.

¡Gracias!

—
Dolores

Según Jakob Nielsen (investigador de usabilidad y legibilidad web) es recomendable convertir este tipo de párrafos en apartados con bolos o numerados, porque facilitan la lectura y mejoran la tasa de respuesta. El uso prudente de la negrita también facilita la lectura.

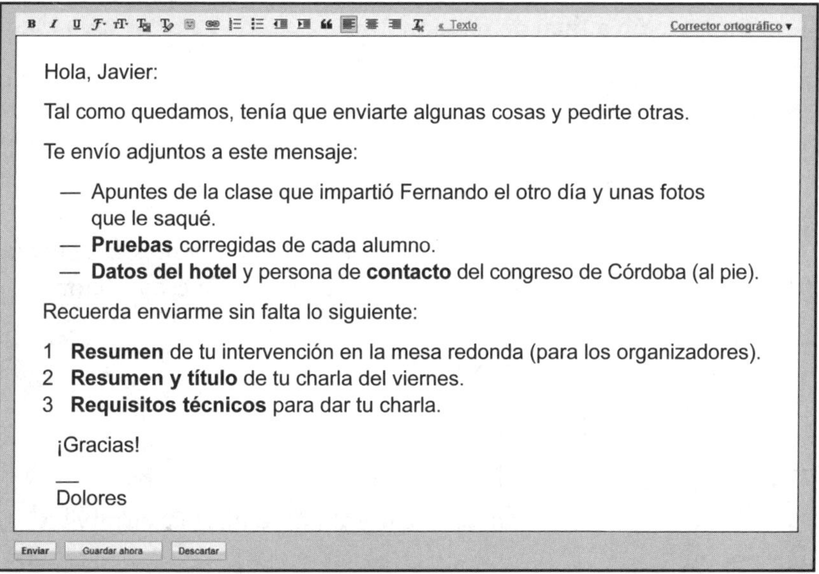

Hola, Javier:

Tal como quedamos, tenía que enviarte algunas cosas y pedirte otras.

Te envío adjuntos a este mensaje:

— Apuntes de la clase que impartió Fernando el otro día y unas fotos que le saqué.
— **Pruebas** corregidas de cada alumno.
— **Datos del hotel** y persona de **contacto** del congreso de Córdoba (al pie).

Recuerda enviarme sin falta lo siguiente:

1 **Resumen** de tu intervención en la mesa redonda (para los organizadores).
2 **Resumen y título** de tu charla del viernes.
3 **Requisitos técnicos** para dar tu charla.

¡Gracias!

—
Dolores

En su estudio *Cómo escribir para la web*, Guillermo Franco concluye que deben limitarse los mensajes, en la medida de lo posible, al tamaño de una pantalla, que equivale a unas 150 palabras.

100 Despedidas en mensajes electrónicos, cartas y documentos

Hay un gran número de fórmulas de despedida para cartas, documentos y mensajes electrónicos, que varían en función de la formalidad, la cordialidad y el tono general que establece el remitente con su destinatario. Algunas fórmulas tradicionales, que siguen vigentes, se escriben en tercera persona, en renglón aparte, y preceden a la firma, que, por lo general, contiene el nombre de quien escribe el mensaje. En estos casos, se cierra la despedida con una coma, por haberse omitido la parte de la oración que contiene el verbo *(Atentamente, **se despide su amigo** Fulano de Tal)*:

> Con cariño,
> Un abrazo,
> Atentamente,

En otros casos, sin embargo, la despedida precede al nombre de la firma sin abreviación alguna, con el verbo explícito, y entonces no lleva puntuación a final de renglón:

> Reciba un cordial saludo de
> Los saluda cordialmente
> Se despide de usted su amiga

Otras despedidas son más informales e independientes de la firma, por lo que llevan punto final o un signo que cumpla esa función.

Y no te olvides de las comas, amor de mis entretelas.

> ¡Hasta pronto!
> ¡Besos!
> ¿Nos veremos algún día?
> Te mando un fuerte abrazo.
> Cuídate mucho y abrígate, hijo mío de mi vida.

La firma. En las cartas, es habitual que la firma (nombre, apellido, título y cargo de una persona, entre otros datos informativos y de contacto) vaya acompañada de una rúbrica. En tal caso, esta suele ir precedida de la abreviatura *Fdo.*, pero en correspondencia no impresa no es habitual incluir la rúbrica.

Los renglones que componen una firma actúan como una suerte de títulos, por lo que no es necesario añadir un punto final:

María Frover de la Fuente
Directora de Personal
Centro Psicotécnico Bigornia
Atocha, 34, 5.º izda. (34745 Cádiz)
Tel. +34 666 465 579
psicobigornia.com
Maria.Frover@psicobigornia.com

No resulta necesario incluir información redundante que se deduzca fácilmente del contexto, ya que así la comunicación es más concisa y fluida. Por ejemplo, esta misma firma, podría hacerse más incómoda de leer si añadimos datos que resultan obvios cuando se leen:

María Frover de la Fuente
Cargo: Directora de Personal
Empresa: Centro Psicotécnico Bigornia
Dirección postal: calle de Atocha, 34, 5.º izda. (34745 Cádiz)
Tel. +34 666 465 579
Web: psicobigornia.com
Dirección electrónica: Maria.Frover@psicobigornia.com

LAVA, PLANCHA Y DA ESPLENDOR: EL ASOMBROSO MUNDO DE LA CORRECCIÓN

por **ANTONIO MARTÍN FERNÁNDEZ**

Introducción

Vamos a ver para qué sirve la corrección, por qué es necesaria, qué tipos de corrección hay, qué no es la corrección, qué hay que saber para camuflarse como corrector, por qué es un control de calidad y algunos consejos para que tu computadora corrija solo a tus órdenes.

Habrá anécdotas, recursos digitales, bibliografía y consejos profesionales para todos aquellos que quieran dedicarse al oficio.

Vamos a descubrir la corrección como lo haría un escultor: quitando lo que sobra. Me gustaría ser academicista en este momento para soltar una definición incontestable, así podríamos construir una imagen del corrector y su oficio partiendo de la limpieza lexicográfica y teórica. No me cabe duda de que todos preferimos ese modelo ideal a partir del cual podemos ir haciéndonos una idea del profesional, pero, lamento ser mundano y terrenal, te quiero llevar al día a día. A estas alturas, tú, que has comprado este libro, o tú, pirata robalibros al que han tentado estas páginas, habrás estado en contacto más o menos cercano con un profesional de la corrección. Tienes ideas preconcebidas sobre el oficio que interferirán en la construcción de un modelo teórico sobre el que ponerse de acuerdo. Por eso prefiero contarlo en directo desde la trinchera, y no desde la Academia, porque aquí es donde las erratas duelen de verdad; las normas estallan unas contra otras y la argumentación es un blindaje que debes forjarte; las balas se cruzan entre autores, traductores, editores, maquetadores y, por supuesto, correctores. Y así, en el humo de la batalla o en el estrés cotidiano no hay demasiado tiempo para formarse una nueva idea de esa persona que tienes delante y que te corrige. Vamos a despejar la niebla y el aire marcial para descubrir a los profesionales que trabajan por la paz de los lectores.

101 Qué no somos los correctores (pero todo el mundo piensa que somos)

En todas las casas siempre hay una oveja negra. En el mundo de las letras, ese bicho raro de mala fama lo ocupa el corrector. Como es un trabajo discreto, invisible, nadie suele resaltar su trabajo, excepto cuando falta. Como tampoco suele tener la oportunidad de entrar en contacto con los otros personajes que habitan sus territorios de caza, es un personaje que se deja ver poco, del que saben poco más que *toquetea* el trabajo de los demás. No parece que aporte nada, como hace un autor o un traductor, ni ilustra ni luce la composición con diseño, imágenes o ilustraciones. Parece que solo existe para molestar, para destacar los errores y afear el arte de los otros. No es de extrañar que no se hiciera mucho esfuerzo en fomentar semejante grupo de profesionales canallas, para un trabajo que muchos han valorado como la puerta trasera de la edición, desde el que se puede llegar a ser algo, pero no para limitarse a quedarse como mero corrector.

Dicho esto, ¿quién querría ser corrector? Esta era la imagen tradicional de los correctores vista por sus compañeros. Claro que hasta que no aparecieron asociaciones como UniCo, en España, Ascot, en Perú, Acorte en Ecuador, o la Fundación Litterae en Argentina, la voz de los correctores la habían tomado otros que ya habían pasado rápidamente por esta función para llegar más alto en esta carrera glamurosa que es la edición. No hay más que ver a ese Jude Law, un flamante *copyeditor* en el filme *The Holiday*. Una vez que los correctores empezamos a hablar con orgullo y satisfacción de nuestro oficio hemos podido desfacer entuertos y empezar a quitarnos esa lana negra ovejuna para que se sepa qué hacemos de verdad, para qué servimos y, sobre todo, para aclarar qué no hacemos.

Por favor, lee estas páginas para conocer nuestro oficio. Puede que descubras el corrector que hay en ti. Y si ya lo eres, seguro que te sentirás comprendido al leerlas y dejarás de sentirte solo. Somos muchos. Estamos por todas partes. Somos los ojos de los lectores, los catadores de venenos de la edición.

102 El mito del «gran cazador» de erratas

Hay quien caza porque posee la peculiar visión de que está practicando un deporte, de caza mayor o menor, y también existen aquellos que cazan para sobrevivir. Son dos actitudes completamente distintas practicadas por personajes que rara vez se entrecruzan. En el mundo del lenguaje existen cazadores de erratas ocasionales y correctores profesionales. En nuestro caso sí que hay contacto, pero la finalidad de esas prácticas sí que difiere, al igual que la de los cazadores.

A pesar de que hay cacerías de erratas —como las que organizan las asociaciones de correctores todos los 27 de octubre, Día de la Corrección—, el trabajo del corrector profesional no es un mero entretenimiento ni un *hobby*. Los correctores no trabajan disparando —con sus cámaras— las erratas que se encuentran por las calles. El trabajo está siempre delante, en papel o en pantalla, buscando minuciosamente, letra a letra, cualquier interferencia entre el mensaje que emite el autor y el que recibe el lector.

Contrariamente a lo que se piensa, cada vez se lee y se escribe más. La población está más alfabetizada —con mayor o menor éxito— aunque no se refleje en el número de ventas de libros que, como se está demostrando, no es el mejor indicador para saber cuánto se lee en realidad. La pantalla en la que vemos internet es el libro que leemos a diario: noticias, consultas, blogs, nuestra vida y la de los amigos, películas y escenas subtituladas de YouTube, e incluso alguna buena historia. En todo ese libro se lee permanentemente, por lo que también se ha tenido que escribir, y de igual manera, con mayor o menor éxito. Son estos lectores los que cada vez detectan más erratas y las señalan entre mofa y crueldad. Son estos cazadores ocasionales, entre los que sí que existen grandes cazadores e incluso tribus de cazadores (como los grupos de Facebook *Ostras, qué perlas* y *Acción Ortográfica*), los que avivan el trabajo de los correctores profesionales, ya que gracias a ellos, son cada vez más las marcas comerciales que demandan servicios de corrección para que su imagen o sus productos no acaben ilustrando las galerías de estos grupos como antes las cabezas de las piezas en los salones del gran cazador.

Y, cómo no, el equipo de un buen cazador de erratas son unos prismáticos, una escopeta y un salacot. Y hay fotos de Antonio con esos artilugios.

103 De qué se ríe un corrector si está llorando

Un corrector es una persona que vive en un estado de desequilibrio permanente. Es lector, pero no disfruta de la lectura en su trabajo. No puede leer ni abstraerse porque su tarea es vigilar la concordancia de los elementos que componen cada frase, el uso apropiado de uno u otro término o que no haya erratas; tampoco puede saltarse ninguna de las convenciones ortotipográficas, entre otras muchas cosas, por lo que los correctores de pruebas no hacemos una lectura convencional. Así, desde luego no aprecias ni por qué doña Teodora se ha impuesto entre la pasión de Carmen y Quintilio ni, aún menos por qué el rotor de cola compensa el desplazamiento de un helicóptero. Tampoco los correctores de estilo disfrutan plenamente de su lectura ya que leen, releen y comprueban lo dicho como en un interrogatorio entre el sentido común y el mensaje del autor.

Tampoco es el autor —nunca debe pretender serlo ni creerse mejor que él—, pero tiene que enfundarse en su estilo como un zapato de cristal, sin romper ni cambiar nada. Y cuando digo *autor*, vale para el traductor.

El corrector adora el lenguaje y la tipografía, pero trabaja en el territorio donde más se les golpea. No somos los únicos profesionales que viven en desequilibrio, pero sí los que habitamos en el lenguaje.

Hace falta una excelente formación para ser corrector. En su ensayo de 1937, *El oficio de corrector*, Pelegrín Melús y Francisco Millá narraban el ascenso de un aprendiz de imprenta hasta el excelso puesto de corrector, al que atribuían la misma categoría que la del editor o la del jefe de imprenta. En este panegírico del oficio atribuían, sin embargo, la desdicha de los licenciados en Filosofía y Letras que, con todo su bagaje, acaban cayendo en la corrección de estilo. Esos dos mundos, el de la imprenta y el de la universidad, aún siguen siendo la fuente de conocimiento esencial para este trabajo: la universalidad del conocimiento, la facilidad para acceder a datos precisos del investigador, la cultura humanista (que a menudo se obceca en ignorar el mundo científico y técnico), el dominio del lenguaje, y, por supuesto, el de la tipografía y el de la edición. Hoy día, dominar todas estas materias en una sola universidad es una utopía. Por eso, para ser corrector se necesita una formación extra a la que habrá que añadir horas de experiencia. Con todo esto se alcanza ese oficio excelso del que hablaban Melús y Millá... pero al toparse con la realidad y el reconocimiento profesional y su remuneración, al corrector se le saltan las lágrimas. Qué menos que reírse, por lo menos, al encontrarse mientras corriges con errores como «la Europa de entreguarras», «el juez ha visto indios [indicios] en su auto» o «murieron dos personas y dos españoles».

104 Por qué pagar a una persona por que te lea un libro

Estimados míos:

Si tenéis la suerte de encontrar a alguien que disfrute haciendo su trabajo, bendecidlo, no lo envidiéis. No le pongáis trabas. ¿Acaso tú serías más feliz si tu mecánico maldijera el día en que le llevaste tu auto para reparar? ¿Te consolaría abonarle una cantidad indecente de dinero (incluso valdría el adjetivo *dantesco* en algunas ocasiones) para que eso aliviara su carga? Sé que resulta inverosímil que haya personas a las que les guste hacer —y bien— su trabajo, e incluso llegan a decir que les fascina que les paguen por ello. Bien. Yo nunca he oído decir a un corrector que no disfruta con su trabajo, pero tampoco conozco a ninguno que haya dicho que le sorprende que le paguen. En todo caso, le puede sorprender que le paguen *pronto*. A los correctores les sorprende que les paguen con adjetivos positivos: *bien, adecuadamente, puntualmente, regularmente*.

Sé que a algunos les ofrecen pago en especie: «Si te *lees* el libro, te regalo cinco ejemplares»; ahí está el primer error, en el uso del término *leer*, ya que quieren decir *corregir*, pero prefieren evitar ese término indeseable con connotaciones mercantilistas y profesionales. Es un trato estupendo, pruebe a hacerlo con su carnicero: «Deme ese lomo y yo le regalaré cinco filetes». Hay personas con un sentido comercial suicida. Pero, a diferencia de los carniceros, lo único afilado que tenemos los correctores es el lápiz y, como ya corregimos mayoritariamente en pantalla, lo único que nos queda afilado es la lengua, que de poco sirve frente a propuestas semejantes.

A mí me gustaría ver a un corrector corrigiendo a sus incorregibles clientes.

Ante una oferta tan poco estimulante, podemos recurrir a nuestra dignidad y, guitarra en mano, recordarle los versos de Raimon: *No, | jo dic no, | diguem no. | Nosaltres no som d'eixe món.* Nosotros somos del mundo donde corregir no es leer. Según el diccionario académico, *leer* es:

leer conjugar

(Del lat. *legĕre*).

Conjug. modelo.

1. tr. Pasar la vista por lo escrito o impreso comprendiendo la significación de los caracteres empleados.

2. tr. Comprender el sentido de cualquier tipo de representación gráfica. *Leer la hora, una partitura, un plano.*

3. tr. Entender o interpretar un texto de determinado modo.

4. tr. En las oposiciones y otros ejercicios literarios, decir en público el discurso llamado lección.

5. tr. Descubrir por indicios los sentimientos o pensamientos de alguien, o algo oculto que ha hecho o le ha sucedido. *Puede leerse la tristeza en su rostro. Me has leído el pensamiento. Leo en tus ojos que mientes.*

6. tr. Adivinar algo oculto mediante prácticas esotéricas. *Leer el futuro en las cartas, en las líneas de la mano, en una bola de cristal.*

7. tr. Descifrar un código de signos supersticiosos para adivinar algo oculto. *Leer las líneas de la mano, las cartas, el tarot.*

8. tr. p. us. Dicho de un profesor: Enseñar o explicar a sus oyentes alguna materia sobre un texto.

Diccionario de la lengua española, RAE (23.ª edición), Espasa, Madrid 2014.

Así que, en ningún caso *leer* equivale a *corregir*. Eso sí, los ejemplos de la acepción 5 describen con asombrosa nitidez esa escena de negociación.

105 Corregir no es un arte, aunque seamos esculturales

El artista tiene oficio e inspiración, una pulsión que lleva a componer, crear, experimentar e incluso, cuando su territorio creativo se agota, romper normas para llevarnos más allá de los límites establecidos. Y por supuesto, también hay artistas que trabajan por encargo, los que dependen del buen hacer de su interpretación del encargo que le piden.

«Corregir es un arte», he oído muchas veces. Sí, como es un arte construir un avión que vuele, un barco que navegue o, por no irnos tan lejos, un botijo que funcione y no gotee ni se rompa. Una de esas acepciones de la palabra «arte» viene a decir que lo complejo exige esfuerzo y conocimiento, un saber hacer que no se aprende de un día para otro; pero eso no es arte, es oficio.

Componer una Biblia con tipos móviles como lo hizo Gutenberg tiene mucho de oficio, y es innegable que ahora la valoramos como una pieza de arte. Las primeras computadoras tenían poco arte y mucha técnica hasta que llegaron los Mac de Apple. No es broma: en el Museo de Arte Moderno de Nueva York se expone uno de los primeros equipos, junto a un bolígrafo Bic y un encendedor Zippo. El arte está en nuestros ojos, en cómo apreciamos el diseño, el color, la forma, los volúmenes, los aromas y tantos otros detalles que pueden convertir hasta un sencillo urinario en una obra vanguardista.

Corregir bien, al igual que traducir bien, hacer una excelente composición, con un papel que se lleve bien con la fuente elegida, son todos oficios que pueden ayudar a ensalzar una verdadera obra de arte.

Un corrector trabaja con una masa de palabras ya creadas, que revisa para que siga siendo armoniosa con la gramática y la composición. Pero no corrige por un impulso espontáneo; un corrector no necesita expresarse a través de su corrección. No hay mensaje en la corrección porque trabajamos sobre el mensaje ya existente.

Los antes citados, Pelegrín Melús y Francisco Millá, llevaban nuestro oficio hasta equipararlo con un arte. Disiento: un artista puede acertar y ser brillante o fracasar completamente siempre bajo su propia y exclusiva responsabilidad. Un artista puede transgredir normas y trabajar a las órdenes de las musas, allá donde lo lleven.

Qué lejos queda todo eso del trabajo cotidiano de los correctores.

Aprecio esa acepción de la palabra «arte» que nos atribuyen, pero, gracias, esto es un oficio.

106 Ama a tu prójimo, pero no trabajes por amor al arte

Como no somos artistas, no trabajamos por amor al arte, como conté en el anterior artículo. Pero aclaro: tampoco somos unas sabandijas que sablean al amigo que pide que le echemos una mano. Es raro que un profesional no pueda costearse una corrección. Precisamente no es lo más caro en la edición y sin embargo es un paso imprescindible. La poca valoración de nuestro trabajo (de la que hablaré más adelante) unida a la tradicional falta de autoestima profesional han contribuido a que la corrección se considere un lujo: lo importante es el mensaje; el resto es secundario. Nada más lejos de la verdad. Uno puede cantar, tener buenas letras y buena música, pero cómo ayudan unos buenos arreglos, un micro que no parezca una chicharra, un estudio decente y un mezclador profesional, un proceso de postproducción, una foto decente para la carátula del disco y —a Jorge le gustará esto— una tipografía que haga aún más atractivo el conjunto.

Igual que en cualquier proceso de edición —cualquiera, desde la impresión en casa y en el trabajo (esos informes que no tienen por qué ser infames, sino atractivos), hasta la edición profesional para distribuir en papel o en digital—, todos los pasos del proceso de edición son imprescindibles. La corrección es imprescindible (lo habría escrito en mayúsculas, pero Xosé me habría emasculado por ello; es así: no lo provoquen).

Es tan necesaria que nadie en su sano juicio deja un producto excelente plagado de erratas, para mayor vergüenza de sus autores. Aquí, en «producto» caben ensayo, novela e, insisto, un informe, un contrato o una horrorosa licitación que tenga que leer cualquier humano alfabetizado sin que le sangren los ojos.

¿Y el descanso que uno siente al saber que su texto ha pasado por un corrector? Uno duerme tranquilo si sabe que no someterán a escarnio cibernético sus errores. ¡Ah, #ponuncorrectorentuvida!

Por eso, como es un trabajo profesional, ejecutado por personas que han invertido horas de formación y lo que parecen siglos de experiencia, ¿cómo van a hacerlo gratis? Si un cliente vuelve a pedirle que trabaje gratis, imagíneselo de nuevo frente al carnicero. No falla.

107 ¿Existe la infantería de la RAE?

A lo largo de estos años he tenido la oportunidad de conocer a muchos detractores de la RAE; y no solo de la RAE, sino de las demás Academias, que también son reales. Y también me he topado con muchos de esos académicos, así como con el personal que ha trabajado para las academias en la elaboración de sus diccionarios. Es un territorio controvertido, ya que las razones que se exponen para forjar una normativa práctica para todos los hispanohablantes no siempre están fundadas en propuestas objetivas —que sería lo deseable—, sino en decisiones subjetivas que se deben acatar siguiendo un modelo jerárquico poco realista. Y los «de letras» no somos precisamente jerárquicos. Entre nuestros males puede haber una arraigada pasión por el tradicionalismo, que puede llevar a convertirnos en puristas y negacionistas de la parte de la evolución que nos toca, pero no somos muy dados a seguir el orden de una cadena de mando; en todo caso, se venera a las autoridades hasta llevarlas a pedestales, ya que, al estar lejos del método científico, el único sistema que se puede imponer en un sistema arbitrario es el del criterio y la argumentación de especialistas. Es decir: no es perfecto. Por eso la idea de una academia del lenguaje llena de especialistas parecía una buena idea, como debió de parecerle a Juan Manuel Fernández Pacheco, allá en los albores del reinado de Felipe V.

Las propuestas de cambio y regularización de esta institución han ido seguidas de réplicas de otros autores, también certeras pero, al no formar parte de la entidad, han quedado como versos sueltos con mayor o menor éxito, como fue el caso de Bello o Casares.

De cualquier modo, a pesar de lo que se diga, ni la RAE ni ninguna otra academia tienen un departamento que persiga a disidentes —por más que estos se sientan víctimas— y mucho menos una infantería que vigile que los hablantes sigan sus reglas. De hecho, los correctores —a quienes se nos ha atribuido en ocasiones ese papel de infantería o apisonadora de la RAE— somos quienes adaptamos las normas académicas y las de los manuales de estilo para facilitar a los lectores un texto comprensible, coherente y unificado. Y también somos quienes comprobamos que las normas que con más frecuencia se incumplen no son precisamente las más polémicas, sino las que la inmensa mayoría de los profesionales del texto mantenemos en común acuerdo: tildaciones, usos de las mayúsculas o usos de la puntuación.

Así, no existe una infantería de la RAE ni comandos Sousa ni liga armada Zorrilla.

108 Nadie corrige el estilo de nadie

«Nadie quiere que lo corrijan, pero le encanta que lo asesoren». Esta es una de mis máximas. Los correctores tenemos un nombre desafortunado porque define con precisión lo que hacemos. Que nadie se llame a engaño: sí, corregimos tus textos. Y eso precisamente es lo que nos echa a perder: nadie quiere ser corregido, es una forma de reconocer que ya te estás equivocando, que hagas lo que hagas va a venir una persona que se considera capaz de destacar tus defectos. Horrible, ¿verdad? Bien, pues para mejorar la cosa, hace muchos años alguien decidió que sería mejor aún que nos llamáramos no solo *correctores*, sino además *de estilo*, lo que hoy día no ayuda en absoluto a granjearse la amistad de un cliente que te necesita pero no sabe exactamente qué haces.

Miremos al mundo anglosajón. Yo lo hago a menudo porque muchas de nuestras incógnitas se resolvieron allí hace tiempo y pienso que reinventar la rueda es un sinsentido. Es verdad que tenemos problemas propios para los que necesitamos soluciones locales. Pero allí no hay *correctores de pruebas* ni *de estilo*, sino *proofreaders* y *copyeditors*: nadie se ofende. Porque si ya es malo que alguien te vaya a corregir, peor aun es que ese alguien toque tu *estilo*.

Para los correctores, el cielo, tan perfecto, ha de ser un perfecto infierno.

Pienso que tendríamos que conseguir lo que hicieron los proctólogos. Mira lo que dice la RAE de ellos: «**proctólogo, ga.** 1. m. y f. Med. Especialista en proctología». Y ya está, nadie se siente aludido porque casi nadie sabe cómo llamaban los griegos a la parte donde termina la espalda.

Copyeditor no está mal, pero no funciona en español. Ese *copy* inglés proviene del francés antiguo *copie* que quería decir algo así como 'cuenta escrita'; este, a su vez, del latín medieval *copia* con el significado de 'reproducir o transcribir'; y este finalmente del latín *copia*, es decir, 'mucho'. *Mucho-editor* o *el-que-edita-mucho* me parecería un excelente desarrollo etimológico; pero claro, mis notas en la asignatura de Historia de la Lengua Española dejan mucho que desear.

En realidad, los correctores de estilo nunca (y este término tampoco lo escribiré en mayúsculas mientras la presencia de Xosé se siga manifestando en este libro), repito, nunca *corrigen* el estilo de nadie. Recibimos ese nombre porque antiguamente, en esa primera lectura, además de corregir había que ajustar el texto a las normas de composición del manual *de estilo* de la imprenta o editorial.

Yo pienso que deberíamos borrar este nombre del mapa y llamarnos *asesores lingüísticos*. Recuerda: nadie quiere que lo corrijan, pero adora que lo asesoren.

109 ¿Es posible poner un texto bonito?

No he tenido la oportunidad de trabajar más que en otros cuatro o cinco oficios más, pero solo en este me piden que haga una versión *bonita* de algo. Trabajé en una librería-papelería y, francamente, ahí sí que descubrí que los clientes podían pedirte cosas raras: «Un libro grande y rojo» (sin citar autor, título o editorial); «Lapiceros de esos de dibujar» (hay seis del tipo B y cinco del H más una serie de intermedios que hacen las delicias de los puristas de las definiciones); o «Un cuaderno *normal*» (a lo que seguía un interrogatorio mayor que el de un Starbucks). Me ahorraré narrar otros trabajos indeseables de mi pasado para que no lo tengas en cuenta y sigas pensando que tengo algo que contarte sobre mi oficio esencial: la corrección.

Cuando ofrezco una corrección pregunto hasta dónde quieren que corrija, qué nivel de intervención consideran que precisa el texto, si quieren que tenga en cuenta tal o cual manual de estilo, enciclopedia, terminología, etc. Y la respuesta puede ser: «Tú ponlo bonito». Sé que no soy el único. A otros correctores también les ha pasado esto. Si eres uno de los nuestros, aquí encontrarás consuelo.

Puedo *poner bonito* un texto con guirnaldas adhesivas, con luces de colores o enmarcarlo con su paspartú crema y su moldura en wengué, pero sé que ese no es el *bonito* que me piden. Si se lo dejaran a Jorge, él podría enseñarles lo que es el *documentismo* y cómo conseguir que un texto sea sugerente y apetecible; pero tampoco están pensando en esto, porque *bonito* significa «quiero que elimines las erratas, que apliques normalizaciones o que unifiques allá donde no llegue una norma, que revises la composición, que todo sea coherente, que apliques tus conocimientos y experiencia de años y que, además, por todo ello me cobres una miseria por la que te sientas agradecido». No, nuestro diccionario favorito no dice nada de esto bajo la acepción *bonito*, pero el oído del corrector obra prodigios interpretativos.

De cualquier modo, nunca te quedes satisfecho con esa instrucción: eres un profesional que necesita ejecutar una serie de instrucciones de limpieza, unas referencias de estilo, unas pautas y unos límites. Sí, señor: somos disciplinados y minuciosos hasta para ser capaces de distinguir un punto en redonda o en cursiva. Por eso, cuidado: comprueba que ese *bonito* cae efectivamente en el terreno de la corrección y no en el de la redacción, pues puede que te estén sugiriendo que mejores, arregles y embellezcas un texto que no son más que los mimbres de la idea que atisbaba su redactor. Y aunque puede que redactes de maravilla, las tarifas de redacción y el tiempo para hacerlo son considerablemente distintas del trabajo de corrección.

Puede que *poner bonito* un texto sea una invitación a bailar en un campo de minas.

110 La corrección milagrosa o el 2 en 1

Un texto necesita, como poco, dos correcciones que corresponden a dos lecturas propias de los correctores. Si hay más, bienvenidas sean, pero con dos, por lo menos nos aseguraremos de que el barco flota y se aleja del desastre.

Me gustaría partir de un trabajo ideal —que existen y escasean como la ancianita y rica heredera que está deseando casarse conmigo para dejarme su indecente fortuna—, pero la realidad es terca y no suele dar la oportunidad a que el mundo idílico y platónico se aparezca ante nosotros. Así, me gustaría trabajar con un texto que ya ha tenido una revisión de contenido, porque yo solo podré corregir con mi visión y conocimientos de corrector, hasta donde llegue mi cultura general. No podré verificar, ni debo, la autenticidad y veracidad de lo que cuente el autor. Tampoco es mi tarea *valorar* el trabajo de la traducción: mis correcciones son monolingües. Y ojalá me dieran la oportunidad de revisar si los cambios que he propuesto han sido introducidos o no en el texto con las segundas y terceras pruebas. Y también de cómo se ha hecho. Me contento con que haya dos: una de estilo y otra de pruebas.

Un texto publicitario, un folleto, un pequeño catálogo apenas tiene una masa de textos considerable y, por lo general, estos textos ya suelen aparecer compuestos ya sea para papel o digital: puedo aplicar una corrección de estilo y de pruebas; es decir, leeré para detectar errores que afecten a la expresión, al propósito del autor, a la adecuación del mensaje al lector, y tras ello, vigilaré que la composición y las normas de estilo, ortotipografía incluida, son coherentes y consistentes, y que no queda una errata viva. Sí, puedo hacerlo sobre un documento tan pequeño como un folleto, y además muy rápido. A la vez, no: primero una corrección y luego otra.

Un documento extenso, de más de 50 páginas (lo que equivaldría a 100 000 matrices o 16 000 palabras), por lo menos necesita en primer lugar una corrección de estilo. Después de que se introduzcan los cambios, ese texto se habrá compuesto según las normas de estilo de la casa y solo entonces le llegará el turno a la corrección de pruebas.

Suena bien, ¿verdad? Ese es el ideal, que debería ser lo normal, lo que promulgan las asociaciones de correctores. ¿Por qué no se puede hacer a la vez? Porque no puedes hacer una corrección de estilo y mientras tanto otra de pruebas ¡sobre un texto que aún no se ha compuesto! Y aplicar una corrección de estilo sobre un texto maquetado es atentar contra la salud del maquetador, el flujo de trabajo y el sentido común: alguien tendrá que desmontar todo lo compuesto en la página para meter, como sea, tus correcciones.

Y digo yo: ya que hay *matarratas*, ¿porqué no inventamos un *mataerratas*?

No, no es sensato trabajar con el 2 en 1.

111 «Como se escribe muy mal, los correctores tendréis mucho trabajo»

Si este fuera el caso, hasta sospecharía que la enorme cantidad de erratas que nos encontramos se debe a la intervención de otra inmensa cantidad de correctores interesados en aumentar su trabajo. Si echan la culpa de los virus a los proveedores de antivirus, por esa misma razón las oleadas de erratas diarias bien podrían deberse a una razón similar.

Pero déjame que te confiese una cosa: llevo más de 20 años trabajando entre correctores, por lo que puedo asegurarte que hay poca capacidad conspirativa. Bastante sería con que llegaran a un acuerdo sobre una de sus denominaciones profesionales (corrector ortotipográfico, tipográfico o de pruebas) como para que ejerzan de mano negra que controle el floreciente y dominante mercado de los servicios de corrección.

Es una lástima, pero la cantidad de errores que existen se deben simple y llanamente a la falta de conocimiento, a la dejadez y, sobre todo, a la poca valoración que atribuimos a nuestra imagen escrita.

Habrá más trabajo cuando se extienda la idea de que tu imagen escrita debe ser correcta; de que los errores lingüísticos dañan tu reputación tanto como si en una exposición pública mostraras manchas en la ropa, los dientes sucios o un insoportable mal aliento; cuando se comprenda que es mejor que te entiendan con facilidad y claridad que andar ocultando tus ideas tras ristras de palabras, frases redundantes y composiciones llenas de fuentes tipográficas tan horribles como Algerian (*delenda est algerian*, que diría Jorge).

Hay una tira de Calvin&Hobbes que explica muy bien nuestra situación: Calvin ha montado un pequeño puesto de atención al público en la calle, con su silla y su mesa. Allí ofrece dar una patada en el culo por solo un dólar. El tigre Hobbes le pregunta cómo le va el negocio. Calvin, sorprendido, le responde que fatal y que no lo entiende, ¡con la necesidad que tiene la gente de mi producto!

Algo parecido nos ocurre. El día que dejemos de ofrecer nuestros servicios como «cuidadores del lenguaje» y seamos más asesores lingüísticos, nos valorarán mejor: tendremos más posibilidades de que nos dejen hacer bien el mismo trabajo, pero con una mayor retribución y reconocimiento.

Mi amiga Jesse Tomlimson propone algo más audaz para explicar a qué se dedica: *Word Surgeon Syntax Strategist* ['Estratega Sintáctico Cirujano de las Palabras', y que me perdone por mi libre traducción]. Desde luego, solo al ver la palabra *cirujano* ya sabría que estaría hablando con un profesional de primer orden al que debería estarle agradecido solo por que se dignara a mirar mi texto.

112 La corrección se paga al peso

Si has superado la lectura del artículo anterior, demuestras que eres un lector sin miedo, dispuesto a arriesgarse con cualquier giro imprevisto que pueda tomar la narración. Y haces bien, porque este artículo sigue la estela del anterior. Si antes decía que los correctores no tenemos más trabajo porque haya un vergel de erratas a nuestro alrededor, sino por la valoración que se hace de nuestro trabajo, en este caso lo que propongo es que borres de tu cabeza la idea de que solo pagarás por las erratas que cometas.

Entramos en el espinoso terreno de las tarifas y del valor profesional. Por una parte, tenemos que valorar qué se mide en una corrección, cuál es el producto por el que se paga, cómo se calcula su volumen, su tiempo y su precio. Por otra parte, si a los correctores se nos pagara por las erratas encontradas, te aseguro que encontraríamos errores con los que nunca habrías soñado: puntos en cursiva, puntos de íes no del todo redondeados, ajustes de interletraje no del todo dignos o comas de toda condición que justificarían un ingreso más en nuestro balance.

Podríamos valorar nuestro trabajo por horas, como otros profesionales, lo que nos sería mucho más rentable; de este modo quedaría claro desde el principio de la relación comercial cuáles son los límites aceptables para trabajar dignamente con un profesional muy cualificado. Afortunadamente algunos correctores ya utilizan este método con lo que dejan claro que no piensan trabajar, en algunos casos, por menos de 20 euros la hora. Otros optan por el sistema de cálculo tradicional —el recuento de matrices o palabras—, ya que su productividad les permite incrementar sus ganancias con unas tarifas aparentemente comunes.

En algunas profesiones deberíamos tener algo similar a un taxímetro. Y que haga «¡CLIC CLAC!» sobre la mesa de nuestros clientes.
TAXI

Prueba a proponerle a tu cliente que valore tu trabajo por horas si no acepta tus tarifas. ¿Se atrevería a pagarte lo mismo que a un profesional de la limpieza o de la hostelería? ¿Pondrá su texto bajo la responsabilidad y el riesgo de una persona a la que valora como a otra sin cualificación profesional, como un aprendiz?

En el delicado asunto de las tarifas entran en juego varios factores: el volumen de trabajo y el tiempo, tus habilidades digitales en edición, la metodología que apliques, así como los errores que había en el texto y su complejidad —una variable desconocida hasta el final del trabajo—.

Lo más razonable es que calcules tu trabajo con una cifra tangible: el volumen de palabras o de matrices (caracteres con espacios), aunque en verdad uno no corrige solo palabras, sino su relación entre ellas, su composición, etc. Esa cifra nos sirve para estimar cuánto tiempo puede tomarnos un encargo: a la hora se puede llegar a corregir unas 6-10 páginas (de 2000 matrices cada una) para la corrección de estilo y unas 12-15 la de pruebas. Divide el volumen total de matrices del encargo entre 2000 y tendrás el número de páginas; divide ahora ese número entre los máximos y mínimos de páginas, y obtendrás las horas de trabajo básicas (nunca te olvides de añadir las horas de normalizaciones y unificaciones, las horas de consultas, y esas horas de gestión con presupuestos y facturas que también son tu trabajo).

Ahora tienes dos opciones: calcula el importe de tu corrección según una tarifa por millares de matrices. Luego, comprueba si esa cantidad te satisface por todas las horas de trabajo calculado.

La facturación no es solo un cálculo: es la satisfacción de hacer bien tu trabajo para que te motive y siga siendo uno de los oficios de tu vida.

DE PROFESIÓN, CORRECTORA

113 A quién le importa la corrección

Al lector, sin más rodeos. Los lectores no pedimos que haya correctores; *suponemos* que hay corrección en lo que leemos. He comprobado que en el rico imaginario del lector se sobreentiende *libro* como *novela*, y *editorial* por *editorial de novelas*. Así, no queda muy lejos de esa ficción el editor que fuma en pipa y recibe a los autores en su despacho en su sillón de orejas tapizado en verde mientras se sirve una copa de whisky. Conocen esa escena. La siguiente consiste en que el original manuscrito se transforma en el libro que copa los escaparates de todas las librerías. Y en algún momento indeterminado de esa fantasía, el libro ha sido editado, maquetado, impreso, distribuido y del mismo modo mágico, corregido. Me parece un planazo. Yo me apunto. Y al whisky, también.

Pero la realidad sigue otro camino. Las editoriales españolas le dedican un buen porcentaje a la literatura (incluyendo la infantil-juvenil), pero nada comparado con el resto de ediciones donde abunda el libro de estudio (desde el colegio hasta la universidad), libros científicos y técnicos (que engloban todos los ensayos y estudios que van desde la mecánica hasta la biología pasando por la medicina) y cómics, libros de arte y religión. La industria editorial es enorme. Y ya no se mide tanto por la producción nacional, sino por la de los grupos internacionales, que en cualquiera de ellos puede ser más grande que la de muchos países.

Pero toda esta industria, a la que habría que añadir las publicaciones impresas —revistas, periódicos y todo tipo de publicaciones— podríamos verla desde la perspectiva de un mero soporte de la comunicación entre un autor y el lector. Así, el lector quiere leer sin interferencias, sin ruido, con claridad.

El acabado final de un texto necesita un profesional que sepa algo más que leer: precisa un técnico de control de calidad que suprima errores, que compruebe que todo lo relacionado con la lectura (lo que le da sentido a esa industria) se está haciendo correctamente, y por eso tiene que intervenir desde la entrega del texto hasta la revisión de las últimas pruebas.

Por todo esto deberíamos preguntarnos a quién le importan esos lectores —y ahora deberíamos incluir también a los lectores de blogs, de manuales, de prospectos, de anuncios y de letreros callejeros— para saber a quién debería importarle la corrección.

114 Del rey al lector, un poco de historia

¿Que antes se editaba mejor? ¡El síndrome de Jorge Manrique cabalga de nuevo! A juzgar por la anécdota que nos regala Julián Martín Abad, recogida en el *Diccionario Biográfico Español*, parece que desde Felipe II seguimos con los mismos problemas.

«Una provisión de Felipe II, fechada en Madrid a 12 de noviembre de 1572, dirigida a autoridades de Toledo, Burgos, Medina del Campo, Salamanca, Sevilla, Granada y Valladolid, y al rector de la Universidad de Alcalá de Henares, en la que el monarca indica que tiene noticia de que en los talleres de imprenta se trabaja mal, debido a la deficiente preparación de los diversos operarios, y señalando que, consecuentemente, los libros presentan mil erratas y errores, se propone poner remedio a la situación. Ordena para ello que en esos lugares se designen a las personas adecuadas para que puedan ofrecerle un informe pormenorizado. La visita de los talleres complutenses se realiza en un solo día, el 15 de diciembre de 1572, un tanto precipitadamente, según muestra la documentación conservada. Uno de los talleres visitados fue el de Juan de Villanueva y Juan Gracián [...], quien declara que sólo cuenta con dos prensas y para hacerlas funcionar paga salario a cuatro cajistas, dos tiradores y dos batidores, ninguno de ellos extranjero, aunque no todos castellanos, y, por supuesto, se trata de operarios capacitados. Declara que "podía ymprimir qualqyer libro de latín y romanze y que las diferencias de letras que tiene e se ymprimen son las siguientes: petid canon, canon grande, testo antiguo, cursiba de testo antiguo, atanasia, zízero, breviario antiguo y el grifo, [...] y que qualquyera otra manera de ella que fuese necesaria entiende que la podrá aver con facilidad y que en lo que toca a ynprimir libros a su costa dixo que no se atreverá a ymprimyr ninguno que pase de cincuenta o sesenta pliegos adelante por el poco cabdal que tiene pero que se atrevería a ymprimyr cualquier libro de latin y de romanze y de griego porque fuese como fuese ayudado con cabdal para ello". Este último detalle justifica su matizada respuesta a las preguntas que se hicieron a los propietarios de los talleres: "la caussa de salir los libros en España con herrores es por falta de los correctores", pues no hay los suficientes y además no están adecuadamente remunerados"».

Qué tiquismiquis
de rey. A esas alturas,
la misma ortografía
era un desastre.

¿Cómo se puso remedio a esta situación? ¿Qué hizo Felipe II con estos informes? Lo ignoro; Flandes se levantó en armas, Juan de Herrera se hizo cargo de las obras de El Escorial y Fray Luis de León fue encarcelado. 1572 fue un mal año para acabar con las erratas.

115 En el nombre del corrector (y los que miran el dedo en vez de la Luna)

Antes de que descubramos los distintos tipos de correctores y qué labores se les encomiendan, veamos una particular guerra entre estos profesionales invisibles, que, como tales, sostienen batallas invisibles que nada aportan, ni oficio ni beneficio. Si ya teníamos problemas de cara a la galería con la denominación *corrector de estilo*, resulta que la del otro corrector causa malestar entre algunos profesionales (una riña doméstica), que llegan a desdeñar innecesariamente a sus colegas por no sé muy bien qué repentina urgencia academicista que les pierde en este asunto, mientras se necesita contar con la unidad de los correctores frente a problemas realmente serios. En estos casos, las principales asociaciones de correctores han estado trabajando para dar soluciones, como en el caso de la Ley de libro en España (en la que los correctores ni tan siquiera aparecían en la cadena de valor del libro); las extrañas tareas de los correctores según el Instituto Nacional de Cualificaciones; la penalización por asesorar a los profesionales sobre cómo presupuestar sus trabajos; o cómo conseguir la unidad entre los correctores hispanohablantes. Mientras los correctores profesionales plantamos cara a estos problemas, unos pocos decidieron entretenerse mofándose del uso de la denominación *corrector ortotipográfico,* como si esto fuera un sacrilegio, por no llamarlo *tipográfico*. Actitudes comprensibles entre hinchas futboleros, pero no para unos profesionales del lenguaje, acostumbrados a usar y respetar distintos términos como *computador*, *computadora* u *ordenador*.

Llamémoslo *corrector de pruebas* si se quiere consenso, porque bien puede ser *ortotipográfico* o *tipográfico*, como antes también se le llamaba *de galeradas*.

La argumentación está basada en autoridades y tradición, y por esta misma razón, la historia y sus personajes oscilan entre estos términos e incluso añaden el de *corrector de imprenta*, sin que la sangre llegue al río. El libro de Oriol Nadal, *Manuales tipográficos para compositores, correctores e impresores*, recorre la obra de Juan Caramuel, *Syntagma de arte typographica* (1664); la de Alonso Víctor de Paredes, *Institución y origen del arte de la imprenta y reglas generales para los componedores* (1680); la de Joseph Blasi, *Elementos de la typographia* (1751); y las de Juan José Sigüenza y Vera, *Mecanismo del arte de la imprenta* (1811) y *Adición al Mecanismo* (1822). En todos ellos hay referencias obligadas al corrector y solo en dos casos se refiere al adjetivo *tipográfico*. Y mientras tanto, nuestro san Google particular reconoce que aparecen 7000 casos con el apelativo *ortotipográfico* frente a los 2000 *tipográficos*. Con estos datos, ¿a quién quieres más?

Mucho más doloroso es que se agrupe bajo el nombre de *corrector de estilo* a los dos tipos de profesionales porque no nos beneficia en absoluto, ni a los que defienden un término ni a los otros: si nuestros clientes piensan que los correctores hacemos dos trabajos a la vez (por el precio de uno), mal vamos.

En esta batalla, elige y defiende bien tu postura para ser del Frente Judaico Popular o del Frente Popular de Judea; mientras tanto, los romanos te habrán cercado. Esa es la situación.

116 Tipos y tipas de corrección

El mejor método para clasificar las correcciones es hacerlo por el momento que ocupan en el proceso de edición. Y entendamos por *proceso de edición* tanto el que atañe al texto que escribes en tu casa, compones e imprimes, como al industrial de McGraw-Hill. También podríamos hablar de *correctoras* pues hay un dominante 80 % de mujeres en el sector (*Radiografías de la corrección*, UniCo, 2007).

1. **Fase de creación.** A grandes rasgos se puede decir que un proceso de edición empieza cuando el texto aparece —redactado o traducido—. Aquí es donde el autor puede revisar su texto antes de entregarlo al editor, donde tienen lugar las revisiones conceptuales. Y si se deja, deberá aceptar los consejos de su editor o de su agente literario: «Este personaje no es verosímil», «Aquí no tienes la misma garra que en los otros párrafos», «Púleme estos adjetivos», etc. Después deberían llegar las revisiones de contenido, esenciales para textos técnicos y científicos y para todos aquellos que vayan a utilizarse para el estudio. Solo un experto puede responsabilizarse: su trabajo es contrastar la información expuesta, nada de tocar estilo, giros o expresiones. Para el traductor, o más bien la traductora —también mayoritarias en el sector—, llega la hora de que otro traductor le revise su trabajo, tal y como se establece en las normas de calidad en la traducción como la UNE EN-15038:2006. Con el texto original y el traducido delante, valorará si ha seguido los criterios y procedimientos pautados, la terminología, el respeto a la idea original y usos del autor. Si todo ha ido bien, llega el turno del corrector de estilo, el primero de los dos profesionales que cuando llegan a una fiesta sí se presenta sin pudor como corrector, como un profesional de pies a cabeza. En este caso ya es una corrección monolingüe. Esta correctora (o alguno de los escasos correctores)

buscará que las ideas del autor se estén transmitiendo con claridad; que la expresión se ajuste al nivel de su lector; que no haya errores de léxico ni que atenten contra las normas de estilo que (crucemos los dedos) se deben de estar aplicando. Hacen esto y unas cuantas cosas más que veremos en el siguiente artículo.

Todas estas correcciones tiene que leerlas el autor o el traductor para que dé su visto bueno. Solo entonces el editor autorizará la incorporación de los cambios.

2. **La composición.** En esta segunda fase, un maquetador o diagramador unirá el texto y las imágenes con esmero y lucimiento tan solo para que un corrector de pruebas llame para molestarlo con cientos de errores que inconcebiblemente han superado todos los filtros anteriores. Un corrector de pruebas (o llámalo *tipográfico* u *ortotipográfico* si quieres buscarte enemigos) tiene tres objetivos: limpiar (quitar todas las erratas menos una, que siempre regala a su editor), normalizar (ajustar las irregularidades a la norma de estilo propuesta) y unificar (toda irregularidad, es decir, lo que no se recoge en alguna norma, debe solventarse siempre del mismo modo). Si alguien mete esos cambios en la maqueta y hacen una nueva corrección, eso se llamará *segundas pruebas*, a cargo del mismo corrector, donde se comprueba que han introducido todos sus cambios, que alguna errata se había escondido, y que la que se reserva para el editor sigue agazapada. Hay editoriales que siguen teniendo el raro gusto —y el tiempo— de sacar terceras, cuartas y quintas pruebas, pero están en proceso de extinción por lo que la ONU y David Attenborough deberían tomar cartas en el asunto.

En su texto original,
Antonio escribió:
«Quita todas las erratas
menos una». No pienso
decírselo a nadie, je, je...

3. **La impresión o distribución.** Y así llegamos a la tercera fase, en la que las comprobaciones quedan en manos de otros controladores de calidad del sector de artes gráficas o de especialistas en libro digital. Como no son exactamente correctores, dejémoslo estar.

Como puedes ver, conducir un texto desde su comienzo hasta las manos del lector es tan complejo como conseguir un queso de un rebaño de cabras. Por favor, no me cites nunca si vas a utilizar alguna vez esta frase.

117 Subespecies de la flora correctora

Cuando se habla de corrección en el ámbito profesional, seguro que se está hablando —con aciertos y errores— de estos dos correctores: el de estilo y el de pruebas. El resto también son profesionales esenciales, pero se les atribuyen otros nombres: *revisores* para la traducción; *responsables del cotejo*, *revisión de concepto o de contenido*, *peer-review*, para otras tareas. Los correctores-correctores son estos dos, y lo repetiré una vez más: los de estilo y los de pruebas.

Las de estilo tienen una tarea realmente compleja: ser el primer lector, y como tales, entender al autor. Puede que no lo entiendas por varias razones: porque no eres experto en la materia; porque no te gusta nada lo que cuenta; porque no soportas cómo escribe; porque, en confianza, te cae mal. Eso es muy humano, pero no justifica que no lo entiendas, sino que no lo quieras entender. En ese caso, el corrector interviene si la construcción de ideas —a través de párrafos construidos por frases repletas de palabras— presenta problemas formales en las estructuras más esenciales: no respeta el binomio causa-efecto, el orden cronológico o la estructura sintáctica básica. Tampoco es aceptable que se salte la estructura formal del discurso exigido, y no hablo de genios que logran excepciones: un informe debe serlo con todos sus elementos localizables con facilidad. Todo lo que dificulta la comprensión y la adaptación del mensaje al tipo de lector al que está destinado, debe ser comprobado para recuperar la idea original del autor.

Las correctoras de pruebas (¿ya he dicho que sois mayoría?) son la otra gran subespecie. Aquí también es más fácil comprender la tarea de su trabajo por eliminación: cuando leen, no tienen que comprobar si está o no bien traducido (ya existen revisores); si el contenido se ajusta o no al lector (ya habrá habido una corrección de estilo); si esta es o no la palabra más adecuada... Deben poner su atención en que no quede ni una sola errata de teclado, ortográfica ni ortotipográfica; que la composición es consistente: que los epígrafes siempre usan los mismos estilos en los mismos casos; que la distribución del espacio asignado a cada elemento es coherente a lo largo del documento; que se mantenga, en definitiva, la consistencia en todos los puntos que dicta el manual de estilo utilizado.

Esas son las dos grandes subespecies de nuestra fauna correctora. A partir de ahí, la evolución sigue su curso y aparecen las especializaciones: de textos de medicina y farmacia, técnicos, jurídicos, científicos, etc. Y cada uno con su bagaje y pertrechos para cada campo: recursos en línea con diccionarios especializados; programas de tratamientos de fórmulas; presentaciones de bibliografías según normas de Vancouver, APA, etc.

Cada corrector es un espécimen tan raro, tan adaptado y tan especializado como un colibrí. Cuídalos.

118 Por qué la corrección es un control de calidad

¿Ya te he dicho que sería mejor que nos llamáramos *técnicos de control de calidad de los textos*? Sería estupendo acabar con estas discusiones estériles sobre nuestro nombre con algo tan frío y desapasionado como *técnico de nosequé* de textos. Podríamos acabar siendo algo así como *tecnitextos* con lo que acabaríamos con el *malditismo* de ser personas-que-te-van-a-corregir-porque-presuponen-que-te-equivocas.

¿Pero qué *calidad* controlamos? ¿Qué hace que un libro sea bueno bueno? ¿Qué es esa cosa de la calidad?

Si uno se fija con detalle en un proceso de edición, en el desglose de esas tres fases que antes propuse, se descubrirá que, desde el momento en que la idea —no el texto— estaba en el departamento de márquetin hasta que el libro está en tus manos, siempre habrá habido personas en producción (trabajando con el texto y las imágenes, con su composición, su impresión, empaquetado y distribución) y unas pocas personas controlando que los errores se minimizan o desaparecen en cada fase. Que no haya errores es esencial. Cualquier error que surja en una fase obliga a repararlo en las siguientes si no se subsana antes, y eso solo trae problemas: es más fácil corregir estilo en Word que en un texto ya maquetado. Seguro que así lo entiendes mejor:

¿Los que se dedican al control de calidad de los textos usan batas blancas? Les daría un aire más científico, ¿no?

es mejor asegurarse de que todos los cuadernillos que componen un libro están en orden y bien impresos que descubrirlo cuando los libros llegan a los clientes y son estos los que descubren los errores. Un lector también es un cliente y puede devolver un producto —o libro— defectuoso. Uno no es demasiado problema, pero la devolución de una tirada con errores es ruinosa. Por eso hay que detectarlos antes de pasar a la siguiente fase. Las personas que chequean que todo está en orden son los controladores de calidad. Al comienzo del producto pueden evaluar que la editorial sigue las normas ISO que pautan su sistema de producción; se puede verificar que los cálculos de la viabilidad del proyecto son correctos; que el personal contratado para hacer la traducción, maquetación, corrección e impresión es idóneo; las imprentas cuentan con sistemas de verificación de colores y hasta de paletización (o la empaquetación en palés de cajas de libros); así que, ¿cuál es entonces la verdadera ocupación de un corrector? Formar parte del equipo de controladores de calidad. En este caso, los que verificamos que el texto es apto para el consumo sin intoxicaciones graves.

Sé que este punto de vista echa por tierra el ilusionante papel de ser defensores de la lengua española, la infantería de la RAE y salvadores del idioma, pero para el día a día, es más práctico, claro y concreto. No inventamos la rueda: somos parte del equipo de controladores de calidad.

Pero, ojo: el coste del error se asume siempre que sea menor que el de la reparación. Para algunas editoriales es más barato montar una web para *atender* (para bloquear, más bien) las quejas y propuestas de los lectores, que pagar una corrección. Como los lectores no nos quejamos y no devolvemos los libros con erratas, la reparación sería aparentemente más cara que el error, ya que aunque el producto se venda defectuoso, no hay por qué repararlo (corregirlo) si las ventas del libro no se detienen.

119 Quién corrige: correctores y conversos

Pongamos que has estudiado Filología o Humanidades, que no sabes desde cuándo te gusta leer o escribir; que no puedes resistir señalar una tilde que falta en un cartel en la calle incluso a sabiendas de que tu advertencia no le interesa a nadie de los que te acompañan (sí, es duro); digamos que eres de esa clase de personas que valoran más la dicción que el traje, corbata o peinado de quien nos habla, o peor aún, nuestra dicción que nuestro aspecto (esto nunca lo hagas). Sí, vives en un entorno difícil y espinoso. Quizá una de tus opciones sea pasar a la línea del frente y acabar de una vez con todas esas erratas que se te pongan a tiro. Tienes mucha voluntad, pero ¿seguro que ya sabes todo lo que necesitas para empezar a corregir?

Cuando yo era estudiante de Filología trabajaba para revistas locales y universitarias. Pensaba que, como ya me había leído varias gramáticas y un número anormal de libros, yo ya podría corregir como un profesional. Entonces no sabía —entre otros muchos saberes— que había distintos tipos de comillas, ni criterios para usar unas u otras, y qué hacer ante los usos de la cursiva frente a los de las comillas (los títulos de una obra que aparecen en el título de un artículo, ¿van en cursiva, redonda, comillas simples, latinas, inglesas...?). La ortotipografía era una isla ignota que jamás habíamos visto en las aulas. Y sabíamos mucho de norma, pero muy poco de errores, de diccionarios o de terminología (¿es lo mismo *advertir de que* que *advertir que*?). Entonces, ante la duda, la única solución era el purismo, la norma superior, el ideal platónico de la lengua. Si eres un filólogo de 22 años, con barba, gafas y fumas en pipa y sabes citar con propiedad a los académicos y gramáticos, tienes asegurado que tu palabra estará llena de autoridad... pero no de razón.

Con el tiempo, me he vuelto a encontrar ese arquetipo en distintos lugares: profesores cargados de sabiduría pero poco flexibles que solo conocen una norma, y no todas las que hay y todos los contextos posibles; lectores envidiables que recuerdan todas las obras que leyeron y gozan de un vocabulario rico y voluptuoso, pero les falta comprender qué es un error y qué es la ortotipografía; lingüistas con más normas que armas un boina verde, metidos en selvas de palabras de las que solo saben salir a tiros, más que con razones. Los textos que se corrijan con esos criterios van a salir dañados. Corregir no es una cuestión de fe en la norma. Ser corrector no consiste en vigilar que se cumplan las normas, sino en preocuparse por que el lector comprenda lo que el autor le quiere contar en ese momento, en ese contexto. Y para conseguirlo hay que descubrir el lado humano de la corrección.

No suelo ponerme místico —solo llegué a monaguillo— pero hazme caso: si tienes el perfil que vimos en el primer párrafo, pequeño saltamontes, que la pasión no te ciegue; condúcela, porque eres un profesional de la corrección en potencia.

120 Radiografía de los correctores

¿Y cómo es él? ¿A qué dedica el tiempo libre? ¿Y cómo se pueden saber tantas cosas sobre los correctores? Bien, excepto responder a la pregunta «¿En qué lugar se enamoró de ti?» podemos saber de todo esto y mucho más gracias a la iniciativa de la asociación profesional de correctores de España, la Unión de Correctores, que en 2009 creó la encuesta *Radiografía de la corrección*, que sigue lanzando cada dos años. Gracias a ella hemos ido descubriendo el perfil, las manías, las costumbres y los gustos de los correctores... o más bien de las correctoras, ya que más del 78 % son mujeres, autónomas, de las que casi la mitad desempeñan otros oficios: traductoras, maquetadoras, editoras, profesoras e incluso profesiones aún más raras, como pilotos de avión, celadoras o biólogas. Lo podríamos llamar *intrusismo*, pero en el fondo nos llevamos muy bien con quien desarrolla o compagina este trabajo siempre que lo haga con respeto a la profesión y dé un resultado más que aceptable. Se les exige una licenciatura en *letras* (y aquí cabe desde Filología hasta Periodismo) a pesar de que en ninguno de estos sitios se enseña a corregir, pero se presupone que la exposición continuada a los libros debe facilitar algún tipo de contagio con las habilidades de la edición, aunque sea por ósmosis.

La mayoría tiene ya más de cinco años de experiencia en la profesión y un porcentaje nada desdeñable ha dejado incluso más de diez años en el oficio. Es decir, son muchas las que tienen la corrección como medio de vida a pesar de que sus padres les pidieran que se dedicaran a algo más productivo. No solo no les hicieron caso, sino que persistieron y encontraron su lugar en el mundo disfrutando de la reconversión de su excelente bagaje lingüístico.

> Si hubiera que sacar la fotografía de un corrector sería —pura estadística— una mujer sentada ante la computadora. Y un termo de café por adarga; un lápiz rojo por espada.

Es decir: hay vida en la corrección; no es un paso para llegar a otro puesto, como veremos en la siguiente receta.

El modelo de la *Radiografía* de UniCo ya se ha utilizado también para conocer la situación de los correctores en Perú, Ecuador, México y Colombia. Por eso, si trabajas en la corrección o en la edición, te interesa estar al tanto: si quieres conocer más sobre estos datos, consulta en www.uniondecorrectores.org. La recopilación de datos suele llevar meses, por lo que no dudes en participar en la siguiente encuesta; piensa en lo que decía Perales en su canción al principio de este artículo, y seguía diciendo...

Mirándote a los ojos juraría | que tienes algo nuevo que contarme. | Empieza ya mujer, no tengas miedo, | quizá para mañana sea tarde.

Seguro que tienes algo que contarme: usa la *Radiografía*.

121 La corrección como droga, o cómo superar los vicios de la juventud

La corrección no es un paso hacia otro puesto *mejor* ni *superior*. No es un cargo para hacer méritos, es un oficio como otro cualquiera, que requiere mucha dedicación y con el tiempo, especialización. No se puede uno marchar a mitad de su carrera, cuando el corrector empieza a madurar como un buen vino de crianza. Justo cuando estás adquiriendo la flexibilidad necesaria para alejarte de las garras del plácido y simplista purismo, sin caer en la desidia de que te parezca que cualquier norma vale en cualquier contexto, justo en esos momentos no puede uno abandonar para *llegar a algo más*. ¿Por qué digo esto? Bueno, al leer las vidas de editores —editores que admiro— me he topado con que la mayoría nos cuenta que casi siempre trabajaron como correctores antes de *llegar a ser* editores. Lo celebro, sí porque la corrección ayuda a tener una idea global del proceso de edición. Y si ha tenido que trabajar también como maquetador, mejor aún. Esos editores que se han recorrido todos los oficios de la edición suelen ser los mejores. Pero llama la atención que cuando se les pregunta por esa época respondan con cierta vergüenza, que no modestia, como si hubiera sido una etapa pasajera, una etapa en la que todos, a cierta edad, se ven envueltos, pero que pasa rápidamente de camino a un destino brillante. Cuando a Paul McCartney le preguntaron si había consumido algún tipo de droga, su respuesta vino a ser la misma: era un momento confuso, todos pasamos por aquello, pasó pronto...

Si este oficio fuera un trámite desagradable que superar o una prueba iniciática para que se te revelen los misterios de la edición, ya no quedarían muchos correctores que pudieran ostentar su nombre con orgullo, o, sin ir más lejos, que un amigo pueda decirlo sin reparos ni vergüenza cuando en una barbacoa te invitan a un trago.

122 Quién quiere a los correctores

Esta es una buena noticia: hay procesos de edición en los sitios más insospechados. Y no hablo solo de editoriales, revistas, publicaciones y el mundo de las artes gráficas: aquí edita todo quisque. ¿Te has leído el manual de tu ordenador? ¿NO? Lógico: ni eso ni el de la lavadora, batidora, DVD, etc. Y no la harás hasta que busques en sus páginas una respuesta para resolver un problema que ya no tendrá solución. Ese manual, redactado, traducido a diez idiomas —con mayor o menor éxito—, maquetado, corregido y convertido a PDF o impreso, está editado por una empresa de ordenadores, lavadoras o batidoras, no por una editorial. Necesitan a profesionales como tú.

¿Y los departamentos de comunicación, de publicidad y de imagen de grandes corporaciones? Te están buscando: no quieren que su imagen se resquebraje a golpe de tuits porque a nadie se le ocurrió revisar el texto de la última campaña («Cine X 1€» [¿querían decir «Cine X *a* 1 euro» o «Cine *por* un euro»?]); que no haya bromas en el balance anual del banco («Somos los líderes de los cerditos personales» [no son los reyes de la piara, sino de los *créditos* personales]); o que se siga respetando a una fundación *sinónimo de lucro* (sin *ánimo* de lucro).

Nadie quiere poner en riesgo su imagen escrita, pero ¿a quién recurren? Antes vimos que hay conversos, talibanes y mucho valiente que se echa al ruedo de la corrección sin un capote decente, o simplemente, a alguien que pillaron leyendo en la oficina y por eso le cae encima la tarea de revisar cualquier texto. No es fácil encontrar un corrector, y no porque no haya, sino porque con ese nombre nadie nos busca. Los publicistas, los grandes blogueros y comunicadores, los que editan sin saber que editan con riesgo para su imagen y otros tantos te están buscando. Vamos a darles alguna pista para que te descubran.

Lo más difícil de sobrellevar es que los amigos o los conocidos te pidan el «favor» de que les corrijas sus textos y den por supuesto que eso se hace *gratis et amore*...

123 No me corrijas, solo asesórame

Fuera del mundo editorial y de las artes gráficas, pocas personas saben qué es un corrector. En el mundo del estilismo, y hablo de maquillaje, se sabe de sobra lo que es un corrector y para qué sirve; no son especialmente caros. (Si no sabes de lo que hablo, es indudable que eres un hombre. Déjalo, no lo vas a entender).

Más allá no existen los correctores. Si te presentas como tal, con ese nombre, probablemente no solo no consigas clientes, sino que tratarán de evitarte, por mucho que necesiten tus servicios. Los correctores tenemos un nombre controvertido. *Controvertido* es una palabra suave para que no se irriten los más puristas, porque probablemente el peor problema de nuestro trabajo es el nombre que tenemos. [En la receta 108 te conté esto mismo refiriéndome a los proctólogos: tienen un nombre muy técnico que camufla perfectamente lo que hacen. Podríamos decir que han tenido mucho tacto.]

En nuestro caso, *corregir* implica que alguien se ha equivocado (empezamos mal) y tú lo vas a enderezar (peor aún). Mentar a un *corrector* es tocar el orgullo propio sin profilaxis: es reconocer que hay y que va a haber errores. Mal asunto y mal negocio.

Por eso recomiendo *asesor*. Es una palabra neutra; no menciona los errores: nadie se ha equivocado. Solo los grandes profesionales tienen sus asesores: asesores fiscales, de imagen, de estilo. Tener un asesor (además, con este verbo: *tener*) implica mantener una relación profesional de altos vuelos, como una duquesa, un actor, una ministra. Por este motivo se relaciona la palabra *asesor* a un trabajo muy especializado, alguien a quien confiar tu situación para que te dé una solución discreta y una factura no tan discreta.

Como *asesor lingüístico* podrás trabajar como siempre, con todas tus habilidades de corrector, pero con la diferencia de que te contarán con confianza sus errores: «Aquí nadie tiene ni idea del asunto este de los malditos acentos y no podemos permitirnos hacer el ridículo ante los clientes». Tu opinión, tu tiempo y tu remuneración serán recompensados como jamás soñaste cuando solo eras corrector. Disfruta de tu lado Dr. Corrector y Mr. Asesor. Pruébalo. Busca nuevos clientes. Diseña tu nueva tarjeta de presentación como asesor lingüístico. Date *glamour* y créetelo, porque aunque a veces te cueste creértelo, como asesor o corrector, siempre has sido y serás un experto en lenguaje y edición, y en cómo dar la solución más adecuada en cada contexto.

124 De la tablilla a la imprenta y de la editorial a casa

La evolución actúa en todo lo que se mueve en este planeta, por lo que los correctores también hemos evolucionado. No sé cómo dirían *corrector* en egipcio antiguo o en lo que hablaran en Mesopotamia, pero seguro que entonces ya existían: nadie se jugaría el cuello a anotar leyes en una tablilla de barro o a esculpir jeroglíficos sin revisarlo antes unas mil veces. No me extrañaría que una errata pudiera costar una mano. Los copistas medievales también corregían los errores que el diablo Titivillus colocaba entre sus letras a los copistas más ociosos, pero al no usar Word ni Tipp-ex recurrían al raspado de la tinta para corregir. De hecho, frente a la escasez de papel o pergamino se recurrió al raspado del texto para reutilizar este material en nuevos ensayos, leyes, historias. Imagina el jolgorio que se organizó en el siglo XIX cuando descubrieron que usando potasio y amonio podían recuperar esos textos (palimpsestos) que habían desaparecido y habían dormido durante siglos.

La llegada de la imprenta nos deja testimonios de la necesidad de una figura profesional de la corrección, que persiste un siglo más tarde, como nos contaba el preocupado Felipe II. A partir de entonces los correctores están estrechamente ligados al mundo de la imprenta, por lo que nuestra imagen queda asociada a la de un tipo maduro, que pasea por la imprenta cubierto con un guardapolvos sucio con manchas de tinta, con gafas gruesas sobre un bigote amarilleado de nicotina... que se ha convertido en una caricatura que dista mucho de la imagen de la *freelance* que trabaja hoy desde su casa con la mirada fija en pantalla.

Yo sí sé cómo llamaban al corrector en griego: *diorthotes*.

Llegó un momento en el que la edición se dividió entre el puro trabajo de gestión editorial, trato con los autores, preparación del original, tratamiento del texto, y el trabajo de la imprenta; esa división llegó a ser física hasta desligarse por completo para convertirse, en la mayoría de los casos, en dos negocios independientes. Los correctores podíamos ir de un lado a otro, pero acabamos desapareciendo de las imprentas hasta el punto de que ya es tan raro ver un corrector en una imprenta como a uno trabajando en una editorial. Aún persiste la imagen de que las editoriales y los periódicos tienen sus correctores en las oficinas, en alguna especie de despacho para correctores, pero no: en España son contadas las editoriales que aún cuentan con un corrector en nómina, por no mencionar los escasos periódicos y publicaciones que mantienen a alguien que se encargue de esas tareas, sea o no corrector.

Evolucionamos, sobrevivimos, siempre junto al texto, desde la tablilla hasta la tableta.

125 El corrector automático o el autocorrector

No sé si te habrás dado cuenta, pero el prefijo *auto-* lo estamos acoplando a muchas palabras para que aporte el significado de *automático*. Pero según el DRAE «Significa 'propio' o 'por uno mismo'. *Autosugestión, autobiografía, automóvil*» (y, ojo, que esta es una de esas 427 veces que aparece la palabra *significa* en una definición). De hecho, *autocorrector* suele aparecer marcado en rojo en Word por una razón delirante. Abróchate, que vienen curvas: la palabra que Word sugiere para reemplazarla es *auto corrector* y, si tienes dudas, te recomienda que consultes su *Autocorrección* (!). Es decir, Word te viene a decir que está mal, pero observa cómo él (o ella o ello o eso) también la utiliza para nombrar nada menos que una de las funciones más controvertidas y psicóticas del procesador de textos.

A Word no le gusta por la misma razón que a mí: sigo interpretando ese término como un corrector que se corrige a sí mismo. Ya sé que tengo la batalla perdida y más aún desde que aparecieron los autocorrectores en los teléfonos inteligentes para sembrar la confusión en el mundo. Por otra parte, se han convertido en el chivo expiatorio para cargarlo con todas las culpas de los errores de nuestros textos. Cuando afearon a un partido político en España porque en su informe hablaba de *hinundaciones*, responsabilizaron a Word del cambio, quien, por su parte, precisamente no te permite escribir esta palabra con la letra hache. Compruébalo.

El autocorrector es un corrector automático que parece estar fuera de control. Te recomiendo que empieces a borrar ese concepto de tu cabeza: todo lo que hay en tu ordenador es programable y reprogramable; no solo lo puedes parar, controlar o adaptar, sino que puedes darle la vuelta por completo para comenzar a automatizar las correcciones. Que sepa tu ordenador quién manda en ellas. Pero esta es otra historia que debería contarla el Dr. Macro.

126 Correctores del mundo, ¡uníos! (jamás seréis *vencíos*)

Te pondré mi ejemplo favorito: la pesca. Has aprendido a pescar. Vas a ser todo un profesional de la pesca, con tu barquito, aparejos y (vaya, ya iba a decir «toda la pesca») redes. Puedes organizarte por tu cuenta y riesgo para tratar de adquirir toda tu experiencia a base de prueba y error. Otra opción es incorporarte a una cofradía donde conocerás a los más veteranos y a toda tu competencia. ¿Cuál es la ventaja?: la colaboración, la solidaridad, la experiencia, los recursos, la comprensión e incluso la compañía.

Por eso recomiendo que te afilies a cualquier asociación profesional de correctores, como UniCo (www.uniondecorrectores.org) en España; Ascot, los correctores de textos de Perú; los de Ecuador, con Acorte, o la Casa del Corrector, de Buenos Aires. ¿Para qué te sirve pertenecer a un grupo de profesionales como tú? En primer lugar, porque es mejor estar dentro que fuera. En segundo lugar, porque entre otras muchas razones vas a poder encontrar a una persona que te aporte un criterio documentado para averiguar por fin cuál es el gentilicio de los habitantes de Beijing (*beijineses*, no *beijingneses* ni *beigiñeses*); es decir, vas estar entre personas que se topan o ya se toparon con tus mismas dudas y te van a ayudar en cuanto se lo preguntes.

¿Pero no era «Divide y vencerás»? Ah, claro, *División de Correctores* no suena bien; aunque tendría un acrónimo simpático: DIVIDECORRE.

En tercer lugar, por orgullo profesional: porque hace falta esa unidad, esa necesidad de identidad. Y por último, para tener algo de comprensión, compañía y cariño: nadie soporta mejor las manías de un corrector que otro corrector.

127 El corrector: fantasma o invisible

En español, *fantasma* tiene como quinta acepción 'persona envanecida y presuntuosa', acepción a la que obviamente no me refiero al hablar de los profesionales de la corrección. El objetivo de nuestro trabajo es precisamente que no se vea nada, lo que luce muy poco.

Podemos alardear entre compañeros de las erratas que cazamos, pero a la hora de la verdad no te gustaría ver ninguna en el libro que entregas a tu editor.

En ocasiones me han preguntado si los correctores deberíamos exigir aparecer en la página de créditos. Sería una buena idea: la lista de profesionales que intervienen en la creación de un libro puede que no sea tan extensa como la de una película, aunque también es cierto que no añadimos a quien nos suministra grapas, bolígrafos ni quien nos prepara el café que corre por nuestra venas. Pero, pensándolo mejor, no es tan buena idea: ¿sabemos si han introducido todas nuestras marcas o han tenido en cuenta nuestros comentarios? Si no fuera así, no puedes asumir que se te responsabilice de la corrección del libro ni que tu nombre aparezca en los créditos.

Un fantasma siempre es peyorativo si se usa para calificar tu profesión; *invisible* es aceptable. Tiene hasta su punto de encanto y magia, pero sobre todo ayuda a recordar que no estás muerto ni desaparecido. Eres invisible en la obra, pero te sustanciarás para avisar del retraso en la factura. Invisibles, pero no tontos.

MAMÁ, QUIERO SER CORRECTORA. LO QUE HAY QUE TENER PARA SER DEL OFICIO

128 Compendio de saberes del corrector

Todos tenemos conocimientos, habilidades y destrezas. Entre las de los correctores se encuentra un bloque sólido que conforma los cimientos (ahora lo llamarían *el core, horreur*) que le dan sentido a tu oficio.

El lenguaje: ¿qué sabes de gramática? La gramática tiene muchas ramas, como la propia historia donde intervienen el latín, el griego, el árabe, el francés y el inglés o los préstamos entre variantes o lenguas vecinas; la sintaxis, que propone un orden lógico de elementos hasta que una suerte de excepciones interminables te hace sospechar de esa lógica; la morfología, una taxonomía llena de mutantes; la semántica, que debería ser una rama del misticismo. Esas normas presentan variantes según las autoridades que las presentan, por lo que la idea de correcto o incorrecto suele ser más complicada de lo que parece en los casos que se salen más allá de un **tí* con tilde. Puedes añadir a esta lista materias como Lingüística pura y dura, o habilidades de análisis del discurso.

También está todo el trabajo con el léxico: las palabras que valen o no según se han construido, según la acepción a la que se refieran y si hay alguna autoridad que documente la validez de ese uso en ese contexto. Por eso no solo basta con saber muchas palabras, sino de cómo y por qué se están usando. Si quieres saber si una palabra existe o no, pregúntaselo a Alberto.

Un saber indispensable: la ortotipografía o por qué usamos convenciones arbitrarias de signos y recursos diacríticos para aportar más significado a la lectura. Xosé ya te habrá contado bastante sobre el asunto como para que pueda contarte algo nuevo. Es el conocimiento puente entre el lenguaje y la edición. De aquí se puede pasar a la tipografía, pero ahí es Jorge quien más puede contarte sobre este asunto.

Tienes que conocer el mundo de la edición y de las artes gráficas: es como geografía para un explorador. Los procesos de edición y composición son el terreno que pisas, ya trabajes para una editorial, una revista o seas el asesor de un publicista.

¿Y qué habilidades? Debes saber dudar, para que vayas detectando tus debilidades y eliminarlas cuanto antes; no te preocupes si tardas años: así estamos todos. Tienes que ser un Sherlock: investigar es saber buscar en diccionarios, manuales de estilo, en listados de terminología, enciclopedias, o el universo de Google. Y para ayer. Entre las cosas raras que no se enseña habitualmente al corrector está el saber contextualizar: quién escribió el texto, para quién, para qué, cómo y en qué soporte. Sé resolutivo y pragmático: ofrece soluciones concretas para una errata, no discursos sobre el método. Y hablando de método, la metodología: un trabajo pautado te servirá para ser productivo y más eficiente.

¿Y cuántos años hacen falta para llegar a convertirse en una mujer o un hombre orquesta de ese calibre?

Añade también una colección de habilidades informáticas, contabilidad, márquetin o gestión y verás que este trabajador invisible es inmensamente rico, en conocimiento.

129 Lo correcto y lo incorrecto

Todo corrector que comienza a trabajar sueña con una normativa que dé respuesta a todos los problemas. De hecho, lo ideal es que todo lo que se salga de la normativa sea un error, pero la vida siempre viene a contradecirnos. Nuestro sueño de ángel exterminador que, con una espada de fuego salva y condena las palabras, se desvanece. Por ejemplo, la palabra *pichicha* no aparece en los diccionarios de referencia, pero si te la encuentras en un texto de una revista de vinos castellanomanchega, te aseguro que los paisanos que la lean la considerarán correcta: sabrán que es un vino de restos de cosecha, hecho con las uvas que quedaron en las cepas, las que no se recogieron entonces por no estar aún maduras. Se podría decir que significa que, si este vino es pichicha, «no está mal sabiendo con qué materiales se ha hecho». Una palabra de una precisión asombrosa. No es precisamente un neologismo ni mucho menos un barbarismo o un anglicismo. Esa palabra puede llevar siglos circulando y funcionando como un reloj. Se parece mucho a *pichancha*, 'cosa apreciable que se adquiere a poca costa' que usan en Argentina, Uruguay y Paraguay, con la diferencia de que allí es un sinónimo de *ganga* (lógica relación con *pichicha* si sabemos que las uvas que quedan en la cepa tras la cosecha te las puedes llevar sin pagar por ellas).

Por no contar con un número apreciable de registros escritos —ni tan siquiera aparece en el Google Ngram Viewer—, esta palabra no ha llegado más allá de su contexto local. Pero un corrector no puede suprimirla alegremente. Debe documentarse y preguntar al autor qué quiere decir ese término; sugerir al responsable de la edición que explique esa palabra al lector.

Permíteme un símil para nuestra argumentación sobre lo correcto y lo incorrecto: qué está mal y qué está bien es como trazar una línea de costa para saber dónde está el mar y dónde la tierra. Una sólida roca en un promontorio nos sirve para tener la seguridad de que ahí tenemos suelo firme, y unos metros más allá, sobre la cubierta de un barco, podremos asegurar que estamos en el mar rodeados de agua. Los problemas de los límites los encontraremos en las playas, con las olas, las mareas: donde por la mañana hundes tus pies en la arena, por la tarde buceas entre peces. Aún más: donde de pequeño pescabas calamares, ahora hay un puerto deportivo con su centro comercial. Los límites cambian que es un barbaridad, en la playa y en nuestra lengua.

130 ¿De dónde salen las erratas? El oficio de Titivillus

Vamos a ver por qué aparecen las erratas. Se me ocurren cuatro buenas razones:

- **Descuido** o falta de atención, prisas, poco interés, etc. A pesar de contar con una buena planificación o incluso con un buen texto de partida, el trabajo se puede echar a perder si los profesionales que intervienen lo descuidan.

- **Desconocimiento** sobre problemas de ortografía, sintaxis, tipografía, léxico, normas propias del cliente... El corrector debe estar al día de toda la normativa general y específica, tanto de la utilizada en los procesos comunes de edición, como de la particular que siga su cliente. Si el corrector duda, debe resolver su problema recurriendo a fuentes bibliográficas especializadas, como las que aparecen en el apéndice final (págs. 275-284) de este libro. También puede ocurrir que detectes que tanto el autor como alguno de los profesionales que intervienen en el proceso desconocen una regla determinada, por lo que cometerán el mismo error cada vez que vaya a darse ese caso. En una ocasión, un autor y un editor, ambos españoles, prepararon un libro que también se pretendía promocionar en Buenos Aires. No sabían que palabras como *currar*, *coger*, *pija* y otras tienen un significado muy distinto en Argentina.

Igual que el vitíligo despigmenta, el Titivillus desluce el texto. No sé si esto venía a cuento, pero alguien tenía que decirlo.

- **Falta de rigor o de planificación** del orden de la obra, de los esquemas, de los contenidos, de los títulos o unas *normas de estilo poco concretas*. Un libro que no ha sido planeado con el suficiente detenimiento y al que no se le ha dedicado ningún cuidado tipográfico puede dar la sensación de confusión en su estructura. En muchos casos es al corrector a quien —¡llegados ya a la fase de corrección!— se le encarga establecer esta unidad en el texto, lo que supone una responsabilidad mayor y un esfuerzo extra en su trabajo.

- **Falta de comunicación,** una cuestión vital que, desafortunadamente, se suele dejar en segundo plano. Si no existe un diálogo fluido entre los profesionales por cuyas manos va a pasar el texto, es posible que el trabajo de unos se vea trastocado por el trabajo de otros que, sin ninguna voluntad de cambiar la labor de los anteriores, puede que hayan entendido las cosas de distinta manera. Por ello, es importante que todas las personas implicadas en la edición sigan unos criterios comunes (definidos en la guía de las normas de estilo) y mantengan vivos unos canales de comunicación establecidos de común acuerdo.

131 ¿Quién quiere una tipología de erratas?

¡Marchando una! Te servirá para saber que en las pruebas que vayas a corregir podrás encontrarte con cierta regularidad o causas precisas en las erratas. Esto significa que ya podemos ir centrando parte de nuestra atención en algunos errores que sabemos de antemano dónde y cómo se van a producir.

Por ejemplo, si sabemos que un libro se está editando con prisas, podremos deducir que habrá mayor *cantidad* de errores por descuido o prisas; si observamos que ciertos errores ortográficos o gramaticales (en el uso de la tilde, por ejemplo) se *repiten* con cierta frecuencia, sabremos a qué elementos de la redacción de la obra debemos dedicar más atención, probablemente porque el autor o el editor no conocen a fondo la normativa o la última regularización de la RAE; o si vemos que se ha realizado una numeración irregular en los epígrafes, lo tendremos en cuenta como un hito especial para prestarle aún más atención a lo largo de la obra. Pero ¡cuidado!, no permitas que estos detalles te distraigan y acaparen tu atención. A menudo el corrector novel se centra solo en descubrir los errores que ha previsto encontrar, por lo que podría descuidar las erratas comunes, que siempre son imprevisibles.

Por otra parte, esta clasificación también te sirve para que detectes cuáles son las destrezas de corrección que dominas, pero sobre todo para que descubras en cuáles flaqueas. De este modo podrás solucionar cuanto antes aquellas dudas que te impiden corregir con criterios sólidos. No olvides que en todas las correcciones que realices siempre podrá quedar alguna errata; esto es algo conocido y asumido por todos. Sin embargo, si después de haber concluido tu corrección —con una perfecta unificación y numeración de epígrafes, así como un uso excelente de las tildes—, alguien supervisa tu trabajo y detecta que no has marcado letras o palabras repetidas, tu esfuerzo no habrá valido la pena. Por eso, recuerda que siempre debes leer meticulosa y pausadamente.

132 El caso de las biacentuales

Llega el momento de marcar en rojo. ¿Está mal escrito *acoje*? Sí. No hay duda. Cárgate esa jota sin piedad. ¿Por qué no hay duda? Porque tenemos una norma muy muy clara en la que no hay variaciones. Sigues corrigiendo y te encuentras con *reuma*. Hmmm. ¿No es *reúma*, con tilde? Un momento de duda. Recuerda que dudar es excelente: te encuentras en terreno pantanoso y no sabes dónde hay suelo firme para seguir avanzando. Para drenar esa laguna en tu conocimiento, hay que buscar argumentación aceptable. Cuando consultas el DRAE descubres que es una voz biacentual: *reuma* y *reúma*. La primera entrada es la que prefiere la RAE, aunque nunca sabremos por qué ya que no nos ofrecen bibliografía de sus estudios, ni para este caso ni ningún otro. De hecho, en España, sin tilde se usa mayoritariamente en Galicia, mientras que en el resto del país, suele usarse con tilde: no tengo más argumentación que los años que llevo preguntando a los paisanos cómo pronuncian esta palabra. Miras el *MELE* de don José Martínez de Sousa y descubres que él prefiere la opción con tilde —a pesar de su origen gallego. En español puede haber más de doscientas biacentuales registradas, pero según hemos ido descubriendo en el *Libro rojo de Cálamo*, esto puede complicarse al añadir nombres y topónimos, además de unas cuantas palabras fruto de derivaciones (por ejemplo, las palabras que terminan en *-mancia* o *-mancía*); por no mencionar cuando, como no podía ser de otra forma, reconocemos el alcance de las variantes del español. Así tenemos palabras como *chófer* o *vídeo* que no aparecen en las listas oficiales pero son biacentuales

En Buenos Aires conocí a un chino que hablaba un poco de español con acento porteño. Definitivamente, era un biacentual.

desde un punto de vista panhispanista. Prueba con Google Ngram Viewer. Pero atención, te dará datos del español en todas sus variantes. Es el único método para obtener resultados documentados fiables para el caso de las biacentuales.

¿Qué hace un corrector en estos casos? Tienes que saber en qué contexto y en qué área geográfica va a aparecer publicada esa palabra para optar por la versión local, que es a la que estarán acostumbrados sus lectores. Y al tiempo, analizar qué está eligiendo el autor, si sabe que es voz biacentual y se ha mantenido uniforme en su uso a lo largo de todo el documento. Si comete irregularidades, tú debes optar por la forma local; si no tienes referencia de preferencias locales de esa palabra, opta por la que el autor haya preferido en la mayoría de las ocasiones.

Con esto no solo habrás resuelto un problema más: habrás aprendido a resolver el misterio de las biacentuales.

133 Ortotipografía o lo que diga Xosé

Si eres corrector, sabes lo que es la ortotipografía; y si no, lee con detenimiento lo que cuenta Xosé en sus artículos. Como no tiendo a ser muy canónico, te diré que para mí la ortotipografía es el condimento secreto y esencial de la cocina del lenguaje. ¿Te imaginas cocinar sin sal o que no tuvieras acceso a un buen manojo de albahaca fresca o un ramillete de cilantro? Las convenciones ortotipográficas no son meros destellos o notas de sabor, son aportaciones de significado que condicionan una lectura. Las pautas para el uso de las diacrisis tipográficas como la cursiva, comillas, negritas, la familia y tipo de fuente, su color, las normas de composición de elementos tales como índices, bibliografías, notas o los estilos de los epígrafes, entre otras muchas opciones, ayudan al lector a entender, por ejemplo, que la palabra «Quijote» en redonda hace referencia al personaje, pero si la vemos en cursiva debemos entender que menciona la obra de Cervantes. No está nada mal como aporte de significado para una simple cursiva.

Las normas son arbitrarias. No son un descubrimiento de la ciencia que defina cómo funcionan estas normas en todos los idiomas. Cada idioma tiene sus variantes, e incluso hay variantes dentro del mismo idioma. Las razones para escribir el título de una exposición en cursiva o entre comillas variará según lo consultes y, por lo común, cada consulta corresponde a una autoridad, por lo que aparentemente todos tienen razón o sus razones para preferir uno u otro uso. A algunos los ampara la tradición: siempre se hizo así y así lo seguiremos haciendo. Otros recurren a la analogía con otras normas, para simplificar criterios, aunque se rompa el uso que la tradición recomienda, como es el caso de la sangría inglesa del primer párrafo. Aquí ya son bastantes los heterodoxos que, basándose en el principio de «no uses nunca dos recursos en un mismo caso», no añaden una sangría en el primer párrafo puesto que es obvio que está al principio y que ya hay espacio en la línea anterior para destacar que este es un párrafo nuevo, como el del comienzo de un capítulo o un nuevo artículo.

La actitud del corrector, como hemos visto en casos anteriores, es la de preservar la lectura; que el lector no se distraiga ni se confunda. La ortotipografía es un conjunto de convenciones generales (las de un manual de estilo), específicas (un libro de estilo de un periódico, por ejemplo) o particulares, como las de una colección de libros de una editorial. El corrector tiene que atender el caso en su contexto, pensar en el bien del lector más que en las normas. No se trata, por tanto, de que apliquemos normas como una apisonadora, sino de que comprendamos hasta qué punto esas normas ayudan a mejorar la comprensión de lo que le quiere contar al lector en ese libro concreto. Cuanto más se ajusten esos usos a las normas generales, menos cambios sufrirá el lector cuando cambie de libro, revista o web.

134 Y la tipografía ¿qué pinta aquí?

Nuestro concepto de *letra*, como 'unidad mínima del lenguaje', es muy académico. Pero si dejamos de lado esta terminología, cuando piensas en una letra ¿en cuál piensas? ¿qué aspecto tiene? ¿es una manuscrita cursiva como la de los colegiales? ¿es una Q en Times New Roman? La tipografía se preocupa del aspecto de los caracteres que usamos para comunicarnos, el modo de relacionarse entre sí y entre las masas y volúmenes de textos que originan sobre una página, donde tiene que combinarse con el invisible y omnipresente espacio en blanco, imágenes y otros elementos gráficos.

Un corrector sabe que el lector necesita esa relación de armonías entre los elementos que componen el texto en una página para poder tener una concepción general del discurso del autor, para saber desplazarse y no perderse en un bosque de letras. Veamos un ejemplo de hasta dónde llega la tipografía en nuestra lectura cotidiana.

El texto está lleno de localizadores espaciales (número de página, partes de la página como notas, encabezados, pies) y conceptuales (numeraciones de capítulos, secciones, imágenes, esquemas) que necesitan destacarse del texto principal. En un sorprendente caso de suspensión temporal de la realidad (aunque de la *abstracción* sería más apropiado), el lector se guía por estas señales sin perder el hilo del discurso de lo que lee. De hecho, hace una lectura extra con estos recursos tipográficos, bien armados, coherentes y consistentes que no tienen significado, pero sí funcionalidad: son las señales de tráfico de la lectura.

135 Un poco de composición. De Buen, ponga orden

Que las letras no te impidan ver el texto. Uno de los principios básicos de la composición es la distribución del espacio, porque este tiene su propio significado. Unos márgenes amplios siempre van a expresar elegancia y generosidad frente al *horror vacui* de quien aprovecha avariciosamente el espacio hasta casi consumir los márgenes.

Veamos algunos ejemplos: la longitud de las líneas y el tamaño de la fuente que las componga, así como el interlineado determinarán la legibilidad del texto. El texto de una carta administrativa, fría e impersonal como la de un informe o un balance, no tiene por qué matar de aburrimiento en líneas de más de 75 caracteres con una fuente de 12 puntos (como si no hubiera más espacio libre) al tiempo que usa interlineados de 1,5 líneas o dobles, como si de pronto la composición quisiera alardear del espacio que le sobra mientras el lector sigue desconcertado.

Las sangrías de principio de párrafo son una cantidad de espacio que aparecerá dada en el estilo que le asignen. Pero si el autor las señala con tabulaciones, la función del corrector consistirá en eliminar, con nuestro Word, todas esas entradas de tabulaciones. Si no lo hiciéramos, comprobaríamos que cuando el maquetador aplique los estilos en su programa de composición, ese espacio de sangría se verá ampliado innecesariamente por el espacio extra de la tabulación. Un efecto desagradable que se puede suprimir con facilidad.

Buscamos equilibrio como lectores: que el espacio mantenga una coherencia. Somos los correctores los responsables de mantenerla. El diseñador y el maquetador habrán seguido sus directrices, por lo que los correctores, como primeros lectores, no podemos hacer más que verificar la consistencia de su uso a lo largo del documento.

136 El santoral de los correctores

Al tener tantas y tan abundantes fuentes, cada cual acaba optando por sus referentes: porque ha encontrado todas las explicaciones en sus páginas, porque su manera de explicar y argumentar los convence y seduce, porque es lo que la tradición manda. Piensa quiénes son tus referentes y compáralo con esto: yo quiero pensar que tengo una jerarquía, que sigo los principios de la RAE —aparentemente con el consenso de 21 academias más, lo que daría bastante confianza a cualquiera—, aunque para consultar uso una web externa como www.goodrae.es: imprescindible si quieres responder a Xosé cuando te pregunte qué significan cada una de las palabras que aparecen en la definición de la palabra «feminela». Y luego, si busco una buena explicación para justificar el leísmo de persona recurro a De Sousa o a Manuel Seco. Para mí son como de la familia. Desde que empecé a corregir hasta hoy siempre consulto sus páginas, aunque reconozco que Leonardo Gómez Torrego se explica con una facilidad asombrosa que me lleva a desear haber sido su alumno. Pero en otras ocasiones compruebo que en la Fundéu han dado con una respuesta más convincente para saber cómo debo escribir «hackatón» o «hackathon», caso para el que ni la RAE ni ninguno de ellos han tenido tiempo de encontrar una solución (o quizá sea cosa de Gómez Torrego, que cuentan con él en el consejo asesor). Y sin salir de la Fundéu, también ha sido Javier Bezos quien, con su *Tex y Tipografía*, me ha dado una argumentación más sólida para escribir «Gorbachev» en vez de «Gorbachov» y otras variantes.

Como en la Antigua Grecia, los amantes de la lengua adoramos a varias deidades; según como venga la mano. Yo tengo a Pepe Martínez de Sousa en una peanita con luz.

Pero si se trata de usos mexicanos —para los que no estoy capacitado para corregir, pero sí para dudar—

tengo que consultar a Raúl Ávila, sin dudarlo, al igual que me guiaré por lo que mande Alicia Zorrilla si la duda es de un uso argentino. Y buscaré entre las páginas de Fernando Navarro para saber si en el contexto médico he de usar el término «stent» o «estent».

Estos son algunos de mis santos a los que imploro un poco de su sabiduría cuando me llegan las dudas, porque no hay una norma única ni exclusiva, ni un poder todopoderoso que se haya anticipado a resolver cada uno de los problemas que nos encontraremos. Organiza tu santoral y mantenlo actualizado.

137 Vicios, purismos y otros cócteles de Alberto

Sé que entre las costumbres de mi amigo Alberto existen algunas dignas de contar públicamente: ante todo, su habilidad coctelera y su saber enciclopédico de licores, destilados y amargos; su generosidad y su mundología. Que es un *dandy* es tan obvio como que es una *autoridá* del lenguaje, pero pocos saben que recopila palabras malditas y prohibidas, palabras que fueron perseguidas obstinada e infructuosamente por personas como él, cuando fueron puristas.

¿Y cuáles son mis costumbres que no deben contarse en público? ¡Ah!, ¡y muchas gracias por lo de «dandy», Antonio!

Todos hemos sido puristas alguna vez. Es muy práctico. ¿No sería ideal que existiera un número limitado de palabras con unos significados concretos recogidos en un único diccionario? Todo lo que se saliera de lo que allí se dijera sería erróneo. Así de sencillo. Pagaría por ello. No existiría la corrección: una máquina que siguiera las instrucciones de ese diccionario solucionaría cualquier error.

En algún momento hemos pensado que así debería ser y hemos perseguido usos que considerábamos incorrectos: voces biacentuales, palabras con doble grafía o términos que no conocemos por la sencilla razón de que ni los usamos ni aparecen en nuestros diccionarios. Son términos como estos que ahora recopila Alberto y otros que no nos quedan tan lejos: *elite*, que no se reconoció como biacentual (*élite*) hasta que lo decidió la RAE en el 2010, aunque la mayoría de los hispanohablantes españoles así lo usábamos desde hacía años.

El lenguaje evoluciona, se transforma y se adapta. Hay corrientes y tendencias que parecen moverse al ritmo de las placas tectónicas. Nadie acepta como correcto un participio acabado en *-ao* (**acabao* o **terminao*) ni deseamos que esta norma cambie aunque lo oigamos más a menudo de lo que nos gustaría. Pero puede que un día no muy lejano esta norma de contención salte como estalla un volcán, sin previo aviso. Espero no verlo, ni al volcán ni a esos participios. También hay una tendencia a que los impersonales concuerden en número (como en «*Hubieron muchos daños») por la que Xosé y yo no apostaríamos, pero pregúntales a Alberto y a Jorge: están predicando su llegada.

El lenguaje, ya lo mencioné en otro artículo, se mueve como las mareas: tiene tendencias que van y vienen, que lentamente socavan espigones, diques y muros. Y los últimos en luchar contracorriente son los hablantes más obstinados, pero nosotros también desapareceremos, y con nosotros nuestro más profundo deseo de purismo.

138 Aprender a leer otra vez

Quizá no te lo haya comentado hasta ahora, pero los correctores de pruebas leemos de una manera rara (iba a decir «peculiar», pero tengo que darle diez euros a Xosé cada vez que la uso: se está forrando a mi costa).

Usamos una técnica que podríamos llamar como «de doble pasada»: una vez que leemos y reconocemos una palabra, volvemos a leerla para comprobar que contiene todas las letras que debería tener; que concuerda o no en género y número; que si usa un recurso diacrítico, lo hace ajustado al manual de estilo en uso. Sí: le damos varias vueltas, y bastante rápido.

Si te topas con la palabra *perfectamenente*, como lectores, tú yo, vemos un grupo de letras al principio de esa palabra que forman un *perf*..., le sigue un número impreciso de caracteres pero reconocemos *f*, *e*, *c*, *t*, *a*... y termina con el grupo de letras que forman lo que tu cerebro ya ha reconocido como ...*mente*. Pero un corrector revisa cada letra y frena el ímpetu de reconocer y anticiparse las palabras. De hecho, la palabra anterior, si la has leído muy rápido, no habrás detectado que no es tan perfecta como parece. Vuelve a leerla, ahora como un corrector, y verás la errata.

Que pueda haber pasado desapercibida no significa que puedas leer plácidamente un texto lleno de erratas, sino que tu cerebro hace lo posible por adaptarse para entenderlo. Prueba a leer esto:

> Un corretcor ortotiporgáfico ebde lere deteindametne toads y acda una de las martices qeu froman un tetxo. Se ah demotsrado qeu poedmos etnender prefectametne un tetxo en el qeu no toads las lertas de las palarbas etsán en el luagr qeu les corresopnde perciasmente porqeu no leeoms toads las lertas qeu froman una palarba, sino úniacmetne las pirmears y las útliams.

Lo has conseguido, pero una lectura así no es aceptable más allá de este juego.

Con algunos nombres complejos aceptamos el engaño de nuestro cerebro, pues pensamos que tanto da que «el volcán islandés impronunciable» sea *Eyjafjallajökull* o *Eyjiafiallajökul*, *Schopenhauer* o *Schoppenhäuer*, o como el otro filósofo, *Schwarzenegger* o *Schwartzenneger*. A un corrector no puede darle igual: tiene que comprobar cuál es el uso correcto y unificar todos los casos en que aparezca. Por cierto, solo las primeras formas eran las correctas.

139 Neologismo, anglicismo, barbarismo y malabarismos

Te vas a enfadar conmigo, pero voy a romper una lanza por estos ismos. De acuerdo: yo tampoco entiendo qué quiere decir «Conscious» en el escaparate del H&M de la Gran Vía de Madrid. Me resulta tan raro como si escribieran «Sarandonga» porque, como vimos antes, me falta contexto: una palabra en inglés y aislada no ayuda mucho. No solo eso; no te pierdas la escena: si tengo que entrar en la tienda a preguntar por el significado, trataría de pronunciarla y me saldría un /consius/. Como no me entenderían, torcería el morro para decir algo como /conchius/, y quizá el dependiente comprendiera que estamos hablando de lo que él llama /conziu/. ¿Era necesario este sufrimiento?

Vivimos rodeados de expresiones en inglés, como los íberos con el latín. No es incómodo usar nuevas palabras cuando aportan definiciones precisas. No se me ocurre una palabra o una expresión que sustituya a la efímera *flashmob*. Para cuando se nos ocurra, habrá pasado de moda. Ahora bien, cuando entra en nuestra lengua —literalmente—, se topa con nuestra peculiar fonética, por lo que no tardará en convertirse en /flasmó/ o /flamó/.

A lo largo del siglo XIX puedes encontrar unos cuantos manuales de puristas horrorizados por la invasión de expresiones francesas, como «asuntos a resolver», que hasta hace un rato eran galicismos perseguidos y condenados. Ya conviven en paz entre nosotros, pero «es por eso que» sigue sin asentarse del todo.

Dudo mucho que frases como «Este Sarturday hay party» y similares boberías vayan a sobrevivir. Pero no se pueden poner barreras reales al gusto y uso de los hablantes, por poco que nos satisfaga, entre otros, a los correctores. Solo el uso las regula. No me imagino una regularización forzosa de la terminología musical y del baile para eliminar términos foráneos, ya que no solo conviven palabras como *house* o *grunge*, sino también *allegro* o *jeté*. Tampoco me gustaría que el *sushi* se transformara en «pastelitos de arroz con pescado» o que para jugar al golf se usaran «palitos para la bola» en vez de *tees*. El barbarismo que trae aire fresco puede asentarse y vivir feliz entre nosotros. Si no te lo crees, pregúntale a Alberto por la historia de palabras tan poco sospechosas como «jamón» y «aceite». Que aproveche.

140 Te estás haciendo mayor: cada vez se escribe peor

Si eres de los que piensan que cada vez se escribe peor, que no te quepa duda: te has hecho mayor. No creo que pienses esto porque sea una conclusión lógica, sino más bien porque tienes muchos años, has adquirido un bagaje enorme con una gran experiencia que te permite apreciar con mucho más cuidado el significado real de una palabra.

No creo que se escriba ahora peor. Lo que pasa es que ahora se escribe en un día lo mismo que se escribió en todo el siglo XV. No mejor, pero tampoco peor. Es raro el país hispanohablante que esté por debajo del 90% del nivel de alfabetización. Somos millones con acceso instantáneo a todo tipo de comunicaciones que usan el texto constantemente, por lo que en esa cascada de texto es más que lógico que se cometan errores.

¿Qué podemos entender entonces por «escribir peor»? Que el verdadero sentido de una palabra se corresponde, en la mayoría de los casos, con una experiencia real. Veamos algunos ejemplos: no es lo mismo leer *El olor de la papaya verde* si nunca has olido una papaya verde. No es lo mismo leer de crío *Nuestras vidas son los ríos | que van a dar en la mar, | que es el morir* que cuando lo lees con 50 años. Esas palabras tienen relevancia. Algo de esto intuimos en nuestros primeros versos cuando tratas de decirle cómo quieres a tu primer amor: por lo general, la palabra *amor* se nos queda muy corta, queremos decir mucho más y necesitamos más palabras. Pasado un tiempo —ay, esos amores de verano— también comprenderemos qué significa *desamor* o *abandono*.

> El *pisero*, *embaldosador* o *tailero* me mandó un mensaje: «Profe noepodido ir pork a estado yubiendo diario yocreo k asta el jueves boy». Peor era cuando no podían escribir.

No es de extrañar que al tiempo que adquirimos un vocabulario más rico, más detallado, más certero, vayamos enriqueciendo nuestra experiencia vital y sepamos qué significan en realidad determinadas palabras.

Por eso, si sumamos al torrente de escritura que nos rodea el factor de la experiencia, es lógico pensar que los que vienen detrás de nosotros escriban peor. No lo hacen tan mal: están aprendiendo.

TRUCOS DEL OFICIO: QUE TRABAJEN ELLOS

141 Haz que tu ordenador trabaje para ti

La razón de que exista la informática no es otra que automatizar tareas repetitivas. No sé cuándo se nos olvidó esto. Todo tu ordenador está pensado para ayudarte. Tienes que exigirle lo máximo, y no al contrario. Para lograrlo tienes que conocer a la perfección tu ordenador y los programas que usas.

Ya no se trata solo de Word, sino del explorador de archivos, de la gestión del correo, de la compresión de archivos, de las comunicaciones a través de Skype, Telegram o WhatsApp, o del navegador. Es decir, las tareas con el ordenador no se limitan solo a tu área productiva (InDesign para maquetadores, Trados para traductores o Word para todo quisque), sino a las de gestión, relación, investigación o promoción. Somos una máquina inteligente conectada a múltiples dispositivos rapidísimos, pero tontos: no tienen criterio y están a nuestras órdenes. Si piensas que los ordenadores son muy inteligentes, te confundes: procesan más rápido que cualquier humano, pero carecen de criterio para tomar decisiones.

Está en tu mano controlarlo. Tienes que adaptarlo a ti y no al revés. Para empezar a dominarlo debes conocer la configuración básica de cada programa que usas a diario. Es esencial que uses todos los atajos de teclado que puedas. Por ejemplo, en Windows, acceder directamente al escritorio o que aparezca la ventana del explorador de archivos lo puedes conseguir pulsando la combinación de teclas [Win] + [D], y [Win] + [E] respectivamente.

Aquí verás cómo conseguir agilizar tareas de edición con Word, pero que también existen en otros programas. Empieza a pensar que el ordenador trabaja para ti. Gracias a ese equipo podrás conseguir ser mucho más productivo: si automatizas tareas, reducirás las horas de trabajo. No solo tus tarifas serán más rentables, sino que podrás recuperar horas de tu vida.

Como dice Paul Beverley, el *Señor de las Macros*, el ordenador no es más que la parte estúpida (pero rapidísima) de tu equipo. Sé inteligente y sácale provecho.

142 Word, el programa que hace cosas raras

Ese tendría que haber sido el verdadero eslogan para promocionar el procesador de textos más utilizado en el mundo. Desde luego eso es lo primero que se le viene a uno a la mente cuando lo nombra. Pero, ¿por qué hace cosas raras? Porque se lo permites; porque no sabes por qué lo haces; porque no sabes decirle que deje de hacerlo. Básicamente, lo que nos pasa con Word es un problema de pareja: discutimos, acabamos a gritos y mantenemos una relación distante en la que cada uno se soporta.

Yo no soportaba que Word me transformara en una lista cualquier número que escribiera tras un salto de párrafo, ni que me escribiera en mayúscula la inicial de los días de la semana, ni que creara tablas por su cuenta y riesgo cuando añadía tabulaciones en un texto...

Pero tengo buenas noticias para ti: Word te quiere. De hecho, te quiere tanto que se obstina en ayudarte precisamente cuando no lo necesitas. Por eso tienes que llegar a un acuerdo con él, ella o ello. Eso sí, te desaconsejo que este primer paso lo practiques con tu pareja real, porque lo que te voy a pedir es que le practiques una lobotomía, con mucho amor, eso sí.

Para que tu Word deje de hacer cosas raras, sigue estos pasos:

Ve a la función *Opciones*, que en tu versión 2007, 2010 o 2013 para PC está requetescondida en la ventana que aparece cuando pulsas el botón de Office, allá arriba del todo a la izquierda. Los maqueros la tenéis en el menú *Word / Preferencias.*

Selecciona en el PC las opciones de *Revisión.* Ahí tendrás el botón de *Opciones de Autocorrección.* A los maqueros os aparece a primera vista bajo el grupo de opciones de *Herramientas de edición y corrección.*

Ahora ponte los guantes, que comienza la intervención. Tanto para PC o Mac las opciones son las mismas: tienes cuatro pestañas; olvídate de esa que se llama *Etiquetas inteligentes* o *Acciones* y, si puedes, entra ya en esa pestaña y desactiva todo. Haz lo mismo con la de *Autocorrección matemática*: desactiva todo. En *Autoformato mientras escribe* y *Autoformato* desactiva todas las opciones que tengan que ver con listas, estilos o formato. De hecho, si lo desactivas todo, no notarás una gran diferencia, excepto que Word dejará de hacer cosas raras, irá mucho más ligero y solo tendrá ojos para ti.

Si nos enteramos de que usas Word sin hacer caso a lo que dice Antonio aquí, vamos a tu casa a hablar contigo. Con un tutú. El que avisa no es traidor.

143 Controla los cambios

Seas traductor, corrector, editor, maquetador, profesor, redactor, periodista o administrativo te va a llegar la hora de corregir un documento para que otra persona supervise tus cambios. Tradicionalmente hemos sido los correctores quienes hemos compartido un sistema más o menos uniformado de marcas y llamadas para señalar los errores detectados. Un sistema muy útil para el trabajo sobre papel, pero obsoleto e incómodo para la edición en pantalla.

Cualquier procesador de texto, como cualquier programa de maquetación, incorpora un sistema para resaltar los cambios. En Word se llama *Control de cambios* y se encuentra en la pestaña *Revisar.*

Ahora, cada vez que añadas una letra o una palabra, aparecerá de color azul y subrayada en el mismo color. Si suprimes, el texto no desaparece, sino que se mantiene en su sitio, eso sí, de color rojo y tachado (cualquiera que haya ido al colegio sabe lo que significa tachado y en rojo). Si cambias una palabra de redonda a cursiva o a negrita, te aparecerá de otro color, preferentemente en verde. También te resaltará en otros colores el párrafo que muevas o las celdas de una tabla que cambies de lugar. Puedes elegir este sistema de llamadas o el de *globos*: una imitación a la marca que se haría manualmente desde el error hasta una llamada circular o en forma de globo en el margen del documento.

Te aseguro que es más fácil y más claro el sistema de llamadas de colores.

Ahora, quien vea tu documento podrá ver con claridad dónde están tus cambios.

¿Cuál es la gran ventaja de este sistema? Que los cambios ya se han introducido. En el papel solo se puede indicar dónde está el error y cuál es su corrección para que un maquetador o un editor de mesa lo acepten e introduzcan el cambio: una pérdida de tiempo innecesaria para los documentos que se editan en un procesador de textos.

Si tu tarea es precisamente aceptar o rechazar estos cambios porque estás supervisando tu traducción, tu artículo o las correcciones de otro corrector, tu tarea es mucho más simple: basta con que recorras el documento poniendo tu atención en los textos que presenten un cambio de color. La mayoría de los cambios que te encuentres serán acertados, por lo que no será necesario que tomes ninguna decisión en ese momento; déjalos hasta que llegues al final de documento. Solo cuando te encuentres con los que no estás de acuerdo deberás pulsar el botón *Rechazar*. De este modo, cuando termines solo te quedarán resaltados los cambios que podrás aceptar, todos a la vez, pulsando el botón *Aceptar todos*.

144 El mundo PDF o el pensamiento analógico en el mundo digital

Se puede corregir en PDF casi del mismo modo que se corrige en Word. Algunos usan el sistema de añadir comentarios al estilo post-it, pero es una pérdida de tiempo, ya que es más fácil añadir o suprimir palabras con el teclado que andar paseando con el botón para añadir notas amarillas que luego alguien tendrá que ir abriendo y cerrando.

La corrección en PDF solo es útil cuando se trabaja sobre unas pruebas de un documento compuesto en un programa de diseño o composición como Illustrator o InDesign; es decir, se espera que el documento ya haya sido corregido antes, cuando estaba en un formato editable en un procesador de textos. De este modo, la mayoría de las erratas ya habrán desaparecido cuando se revisen las pruebas de maquetación.

La ventaja principal de corregir en PDF frente al papel es que se ahorran los costes y tiempos de impresión, envío y devolución; casi nada: puede suponer hasta un ahorro limpio de dos días completos.

La aparición y multiplicación de las tabletas ha abaratado su coste, lo que ha facilitado su compra a la mayoría de los profesionales. Pero esta evolución digital no se ha desprendido de su uso analógico: se vuelve a corregir *a mano*, con un *stilus* o con la punta del dedo, sobre las pantallas de las tabletas.

Los PDF vuelven a quedar pintarrajeados con el secular sistema de llamadas y marcas, porque se puede volver a corregir tan rápido como lo hacíamos con nuestro bolígrafo rojo. Pero no hay que dejar llevarse por la aplicación de nuestro pensamiento analógico en un proceso digital, ya que nos perderíamos las ventajas que tiene el trabajo profesional con un PDF: un sistema de control de cambios más claro, las posibilidades para buscar un término en este y documentos similares, o hasta añadir un comentario de viva voz en nuestro PDF. Volver a corregir como si fuera papel no es un sueño ni, mucho menos, un triunfo.

Entonces, el que corrige un PDF sobre una tableta electrónica con un estilo, ¿es un genuino corrector de estilo?

145 Lo que se esconde tras el teclado: Unicode

No te voy a dar la charla sobre lo que significa el consorcio Unicode: hazte a la idea de que son quienes rigen los destinos de los símbolos, códigos, números y toda clase de chirimbolitos que ves en la pantalla. Pregúntale a Google y descubrirás un mundo. Vamos a ver para qué te sirve. En ocasiones te habrás encontrado con que necesitas insertar nuestras comillas [«»] (si dices tres veces «comillas latinas», Jorge de Buen se te aparecerá y hará un sangría, en el primer párrafo). Habrás comprobado que esas comillas no están en tu teclado. Pensarás que la solución es usar la función *Insertar símbolo*: para casos puntuales, no está mal, pero en el fondo, para signos y símbolos cotidianos, es volver a la velocidad de trabajo de cuando se componía con tipos móviles, e incluso entonces se movían más rápido en su chibalete que nosotros en nuestra selección de símbolos.

Prueba esto en tu PC, con Word, siempre que tengas un teclado con bloque numérico: mantén pulsada la tecla ALT, la que está a la izquierda de la barra espaciadora y mientras la pulsas, teclea 174 en tu bloque numérico. Suelta el botón ALT, y, alehop, tendrás tu comilla de apertura allá donde tengas el cursor.

¿Cuál es la ventaja de aprenderse unos cuantos códigos? Que podrás tener disponibles esos símbolos en cualquier ordenador, y no solo para Word, sino para Excel, PowerPoint, InDesign, tu correo y cualquier programa. Funcionan perfectamente desde hace más de dos décadas y lo van a seguir haciendo. En cambio, es difícil que nuestro Word pase más de dos años sin que algo le pase y se borren nuestros atajos de teclado: una actualización, un virus, un formateo, etc.

Prueba a usar estos códigos para conseguir estos símbolos:

las comillas Alt + 174 [«], +175 [»]

la raya Alt + 0151 [—]

el aspa (para multiplicar, no la "x") Alt + 0215 [×]

Un consejo para recuperar el tiempo de esas largas esperas al teléfono o en reuniones improductivas: mantén pulsada la tecla Alt vete introduciendo códigos. Empieza por el 1 y tendrás sorpresas: ☺

146 Las joyas de la corona de Word

Una vez que has mejorado tu relación personal con Word tras practicarle esa pequeña lobotomía, llega el momento de descubrirse mutuamente. No te voy a engañar: Word sabe muy poco de ti y solo con eso te adora, te es fiel y leal y está a tu disposición en cuanto se lo pides. Ahora, con más confianza, pídele a Word que te enseñe su *Buscar* y *Reemplazar* (B&R entre nosotros). Con esta sencilla herramienta, Word pone en tus manos el acceso y control del texto que estás editando como nunca antes lo habías hecho. Sé que suena demasiado personal, pero pídele *Más*, un botón que desplegará todas las opciones de esa herramienta. Ahora, B&R ya no es solo una función que te sirve para arreglar simples errores repetitivos (*en base a* por *según* o *truhán* por *truhan*), sino que puedes localizar «secuencias» tales como los malditos dobles espacios, espacios a principios de párrafo o esos dichosos saltos de línea que aparecen cuando conviertes un PDF a Word. Siguiendo esa línea tan íntima que estás alcanzando con Word, es momento de que le guiñes un ojo y le pidas algo muy *Especial*: pulsa el botón *Especial*, y verás que puedes pedirle que busque elementos del texto tales como saltos de párrafo, tabulaciones, pies de nota, etc.

Por ejemplo, si sitúas el cursor en *Buscar* (al que llamaremos *B:*) puedes pedirle en el listado de *Especial* que te busque espacios en blanco; entonces, te aparecerá un acento circunflejo seguido de una uve doble: ^w. Sitúa ahora el cursor en *Reemplazar* (*R:*) y simplemente pulsa la barra espaciadora una vez. No lo dudes: pulsa sobre la opción *Reemplazar todos*. De tu documento habrán desaparecido todos esos malditos dobles, triples y hasta óctuples espacios que alguien usó para centrar un título.

¿Quieres quitar algún espacio que se ha quedado a principio de párrafo, a modo de una tímida e inútil sangría? Con el cursor en *B:* pide en *Especial* un *salto de párrafo* (^p) y añade un espacio. Después, con el cursor en *R:* teclea ^p y luego pulsa el botón de *Reemplazar todos*. Adiós, espacios a principio de párrafo, adiós. No te cortes: en ese PDF mal convertido, atrévete a pedirle B: ^l R: (espacio). Averigua para qué sirve.

Nunca dejará de asombrarme esa relación tan íntima entre Antonio y Word... ¿Estarán enamorados?

Estáis hechos el uno para el otro. Solo os queda descubriros, tocar botones que nunca habías probado antes y fantasear con nuevas opciones. Sí, es sexy, pero sobre todo es muy productivo: estás quitándote horas de trabajo aburrido. Y lo vuestro no ha hecho más que empezar.

147 Palabras mágicas y comodines

Word es tuyo. Llega el momento de la entrega total. Pero para dar ese paso tienes que hacer un esfuerzo por adaptarte al lenguaje de Word. Esto te será familiar: empiezas a encontrarte con que le pides más a tu Word y no te hace caso. Seguramente no se lo estás pidiendo como le gusta. No es un caso de cabezonería: aprende a decírselo como pueda entenderlo. Por ejemplo, para pedirle que reemplace esas odiosas comillas rectas [“] por comillas fetén (lo diré una sola vez y bajito para que De Buen no me oiga: comillas latinas [«»]) podríamos empezar a buscar todos los casos en los que puedan aparecer esas comillas en posición de apertura (tras un salto de párrafo, tras espacio, tras símbolos de apertura, etc.) y luego todos los casos de cierre. Buf: un trabajazo. Pero ¿y si se lo pides en su idioma? Dentro de las opciones de B&R tienes una opción llamada *comodines*. Púlsala. Ahora le vamos a pedir que nos busque de otra manera todas esas dichosas comillas rectas. En *B:* escribe <. Este comodín significa ‘a principio de palabra’. Buena idea, ¿verdad? Es decir que si le pides en *B:* < “ y en *R:* « te reemplazará todas aquellas comillas que estuvieran en posición de inicio de palabra o <. Solo resta pedirle esto para rematar la faena, *B:* >” y *R:* », porque > significa ‘final de palabra’. A ser feliz: de una sola instrucción te ha hecho un trabajo que te iba a tomar, como poco, diez minutos.

¿Puede hacer más cosas? Muchas más. Estás descubriendo que Word le asigna un código a cada elemento del texto, como has visto en *Especial*, y ahora puedes darle instrucciones mucho más específicas para localizar errores porque cuando tienes activada la opción *comodines*, el botón *Especial* te ofrece nuevas posibilidades: comodines para pedirle que te busque rangos de letras ([A-z]), como solo mayúsculas ([A-Z]) o solo minúsculas ([a-z]), solo números ([0-9]), o cualquier cosa menos una coma ([!,]), entre muchas otras posibilidades. Esto que parecía el último escondrijo de Word resulta que es la puerta a un mundo nuevo, una tierra de Oz de la edición donde puedes liberarte de la carga de horas inútiles de trabajo. Ahora solo te queda volar: tienes que conocer las macros de Word.

148 Hazme feliz, hazme una macro

Llámalo *programar sin dolor* porque no le puedes temer a esta función, a tu oportunidad de liberarte de horas de aburrido trabajo de tratamiento de textos y, mejor aún, de que tus tarifas sean mucho más rentables.

Yo sigo la *Doctrina Powers-Wilson* (de los editores Hillary Powers y Dan. A Wilson) enunciada por mi maestro Jack Lyon:

> La tercera vez que te encuentres pulsando la misma serie de teclas, conviértelo en una macro.

Una macro es una *macro*operación, de ahí ese aparente error de concordancia. Ponte en la situación de disfrute con la limpieza que vimos en los artículos anteriores: quitas dobles espacios, sustituyes comillas, quitas espacios tras los párrafos y, si sigues las normas de la RAE, quitas las tildes de *sólo*, *guión*, los demostrativos y unas cuantas más. Solo ejecutar estas operaciones en cada documento con el que trabajas te puede tomar más de diez minutos, y eso ya te habrá ahorrado mucho más tiempo del que te tomaría localizar cada reemplazo a simple vista mientras corriges.

Imagínate que en tu idílica relación con Word decidís dar un paso más: pídele a Word que trabaje por ti. [Nota: no hagas esto en tu relación personal; el amor no es abuso de confianza.] ¿No sería estupendo que Word tuviera un botón que hiciera exactamente todas esas operaciones de B&R que tú haces para limpiar un documento? Word lo puede hacer por ti: hazle una macrooperación.

Es muy fácil: en la pestaña *Vista* encontrarás el menú *Macro*, y aquí, la opción *Crear nueva macro*. Te aparecerá una ventana con un par de opciones. A partir de ahora Word te acabará haciendo tres preguntas:

1) ¿Cuál es nombre de esta macrooperación? Escríbeselo pero, ojo, no añadas espacios entre las palabras; por ejemplo, «limpieza_de_textos».

2) ¿Desde dónde se va a ejecutar? Elige la opción del *botón*. En ese momento desparece esa ventana y aparece la de P*ersonalizar*. Basta con que selecciones la macro que estás preparando (en

la columna izquierda) y la *añadas* a la lista de comando que ya tienes (en la columna derecha). En cuanto aceptes, se cerrará esa ventana y al cursor del ratón lo perseguirá el dibujo de un casete: Word está a la espera de que le des instrucciones para grabarlas. Es entonces cuando llega la tercera pregunta:

Es curioso que, en muchos programas, los iconos para grabar sean un casete o un disquete.

Los menores de treinta años han de hacerse cruces sobre qué demonios son esas cosas.

3) ¿Qué quieres que pase cuando tú pulses el botón que has llamado «Limpieza_de_textos», corazón? Si bien es cierto que Word nunca se pone tan tierno, sí es verdad que ahora solo tienes que hacer todas y cada una de las instrucciones de tu lista de B&R, una a una. Word está grabando. Cuando hayas terminado de darle instrucciones, vuelve a la pestaña *Vista* y en el menú *Macros*, elige *Detener la macro*. Has terminado. Ahora tienes un superpoderoso botón de limpieza. Y sabes crear más: ¿por qué no le encargas a Word que unifique la voces biacentuales, las palabras que tienen una o dos formas de escritura, o variantes de mayúsculas y minúsculas? Con tu Word eres invencible. Mejor que eso: tu Word es rentable.

149 Cómo corregir un eBook

Como cualquier otro libro o documento. A poder ser, que se arregle todo lo que se pueda antes de que llegue a convertirse en un eBook. A partir de ahí, ya no pueden quedar erratas; en todo caso, algún problema derivado de la transformación a este formato. Un corrector debe tener claro que lo que no puede buscar son problemas propios de correcciones previas como errores de contenido o de estilo. Y de la corrección de pruebas tiene que olvidarse de buscar calles, líneas viudas o huérfanas, múltiples guiones, cajas y otros errores de composición clásicos, que en un eBook son incontrolables.

Pero surgen nuevos obstáculos, básicamente de estructura o de restos de composición. Ruega por que a nadie se le haya ocurrido hacer un guionado a mano, es decir, que hayan partido palabras con guiones a final de línea introduciendo un guion *a mano* en vez de uno opcional. Tendrás que poner en caza y captura esos guiones que ahora correrán sueltos en medio de una palabra por cualquier parte del texto.

Es absolutamente necesario que compruebes que toda la organización del texto se mantiene en orden: que los epígrafes están donde deben, así como las notas y las referencias cruzadas. Como cuando se revisan unas pruebas, tienes que verificar la coherencia y la consistencia de los estilos: que el aspecto de los encabezados, títulos, notas siempre sea el mismo y estén siempre en el mismo nivel. Y una cosa más: es esencial que sus tamaños sean proporcionales. La idea de un epígrafe con una fuente a 14 puntos no tiene demasiado sentido si tenemos en cuenta que el contenido digital se debe adaptar a la pantalla de múltiples dispositivos y que el usuario puede ampliar o reducir la fuente que se muestra. Por eso, hay que probarlo. Si se detectan problemas llega el momento de entrar en código XML y ver qué tripa se le ha roto al estilo que da errores.

Que los correctores aprendamos XML empieza a ser una exigencia tan lógica como tener unas sólidas bases de tipografía y composición. Quien no se adapte, no entrará en el juego. No te preocupes: más difícil era manejar un tipómetro.

COMPONGAMOS TEXTOS QUE OTROS QUIERAN LEER

por **JORGE DE BUEN UNNA**

Text appeal

Para el lector común, la puesta en página es casi un fenómeno natural. Fuera del mundillo de la edición, un lector no suele detenerse a analizar el tipo de letra, la anchura de los márgenes, el número de caracteres por renglón, el interlineado o la disposición de los folios. Es como si esas cosas no pudieran ser de otra manera, como si las letras de imprenta, atrapadas, no tuvieran otro sitio a dónde ir.

Acompáñeme a hacer un experimento mental: supongamos que usted desea comprar una novela antigua y famosa; por ejemplo, *El Quijote*. Va a la librería, se dirige a los fondos, aparta las telarañas, espolvorea los lomos y encuentra, con suerte, una docena de ediciones. Descarta un par de volúmenes lujosos, demasiado caros, y otros dos de cubiertas tan horrorosas, que ni siquiera se atreve a abrirlos. Le quedan ocho volúmenes cuyos precios se ajustan al presupuesto, ¿cuál de ellos se lleva?

Aquí es donde las cosas se ponen interesantes. El texto es igual en todos los libros, pero algunos parecen más agradables, dan más ganas de leerlos. Si usted no tiene un entrenamiento en diseño editorial, tal vez no pueda enumerar los atributos que hacen que ciertos ejemplares sean más atractivos que otros. Hay solo una suerte de embeleso que, quizás, lo está enamorando de uno en especial. Esto es a lo que llamo *text appeal.*

La labor del diseñador editorial es, justamente, dotar a sus textos de *text appeal.* Para ello tiene que equilibrar perfectamente todos los recursos que tiene a la mano, recursos que no se limitan a las cosas impresas, sino también a lo que ha de quedar en blanco: los márgenes, los espacios entre letras, palabras y renglones. En el mundo del diseño editorial funcional, es decir, en el que se hace pensando en la comodidad y mayor beneficio de los lectores, todos los elementos gráficos se eligen con el mayor esmero, y, no obstante, se cuida que ninguno destaque sobre los demás.

Lo más interesante es que todo lo que funciona en la composición de los buenos libros sirve también en el diseño del más simple de los documentos. Una carta de presentación, una corrección, una traducción, un presupuesto, un currículo, un informe, tesis o trabajo escolar serán mucho mejor recibidos si tienen un arrollador *text appeal*. De eso y algunas otras cosas más se tratará mi participación en este libro. Procuraré ayudarlo, querido lector, a que sus documentos no desaparezcan sumergidos en la pila de papeles de su cliente, contratante o profesor. En resumen, haré lo posible porque el *text appeal* no sea más aquel viejo *je ne sais quoi*.

150 El texto

Nada de lo que yo diga en las siguientes páginas le servirá de mucho si usted no cuenta con un buen texto. ¿Sabe cuánto le costaría hacer redactar o revisar ese informe tan especial, ese presupuesto tan esperanzador, ese sencillo artículo para la revista interna de la compañía? Muy poco. En cambio, ¿sabe cuánto le costaría que por un mal texto lo tacharan de ignorante o inculto o que un negocio se le echara a perder por culpa de una frase tergiversada? Piénselo, piénselo...

Redactar bien es muy difícil; tan difícil, que si usted ha dicho alguna vez «Yo redacto *más* o *menos* bien», seguramente lo hace mal. Solo un redactor hábil y experimentado es capaz de escribir un texto fácil de leer, lúcido, sin ambigüedades accidentales, persuasivo e inolvidable.

Tome en cuenta, también, que todos los textos, incluso los bien redactados, deben pasar por las manos de un corrector, dado que el autor es prácticamente incapaz de corregir sus propios escritos. La lectura —ya lo veremos más adelante— es un proceso adivinatorio complejo. En muchos casos suponemos más de lo que vemos, puesto que nuestros ojos se fijan solamente en unas cuantas letras de cada renglón. El autor, por lo tanto, tiene la desventaja de que puede «adivinar» mejor que nadie sus propias frases, ya sea porque se las aprendió de memoria mientras las escribía, revisaba y volvía a escribir, o simplemente porque las ha dotado de un estilo bien conocido para él. Esto hace que se salte muchas más letras que cualquier otro lector. Los expertos llaman a este fenómeno *ceguera de autor*.

Por otra parte, si necesita trabajar con lenguas extranjeras, llame a un traductor. Sí, sí, todos tenemos una sobrina, un hijo o un vecino que ha pasado dos veranos en Londres o que habla el inglés como si hubiera nacido en Chicago. Hablar dos idiomas o más con fluidez no nos convierte en traductores. Por cierto, si usted nunca ha contratado a uno de estos profesionales, seguramente se sorprenderá de lo económicos que pueden ser sus servicios.

¿Podemos acuñar de una vez el término «erotomanía textual»? Por favor, Jorge, te lo pido.

En el ligue, la apariencia física es muy importante para establecer el tono y la disposición del primer acercamiento. Sin embargo, ya en corto, si la otra persona no tiene un buen rollo que soltar, no hay nada que hacer. Pues lo mismo pasa con los documentos. Los siguientes consejos pueden ayudarlo a hacerlos atractivos, pero de nada sirve si no están bien redactados o tienen faltas de ortografía.

151 Documentismo

Le ahorro la visita al diccionario: la palabra *documentismo* no está ahí (lo que no quiere decir que no «exista», como bien ha dicho Alberto). He tenido que inventarla para describir una mezcla de ciencias y técnicas que, con frecuencia, convergen en el quehacer de muchos de mis colegas.

El nacimiento de lo que ahora llamo *documentismo* puede datarse en los años ochenta, cuando los programas de autoedición comenzaron a florecer. Entonces, por primera vez en la historia, una persona, con un mínimo de entrenamiento en artes gráficas, podía, desde su oficina o casa, hacer una compleja composición tipográfica y dejarla lista para la imprenta.

Por culpa de la autoedición, las casas editoriales comenzaron a despoblarse de correctores y diseñadores, pues esos trabajos ya podían hacerse fuera de los talleres y sin ejercer presión sobre los salarios ni actuar como sobrecargas laborales. Eso sí, tuvieron que pasar algunos años para que las editoriales pudieran balancear ahorros con calidades, porque el cambio de los métodos fue muy rudo para los lectores exigentes. En ese lapso, no obstante, algunos diseñadores aprendieron a corregir y algunos correctores aprendieron a diseñar. Una consecuencia es que hoy podemos contar con diseñadores que son correctores muy competentes, así como con correctores capaces de hacer maquetas editoriales de primera calidad.

De modo que la industria editorial moderna demanda hoy la formación de documentistas, una nueva clase de profesionales que son el resultado de combinar ciertos ingredientes de la filología con algunos del diseño gráfico orientado a la comunicación. Se trata de gente capaz de dar lustre tanto al texto como a su apariencia. Quizás algunos de estos documentistas no puedan explicar con precisión qué es una oración impersonal refleja, pero sabrán aplicarle correctamente el tiempo verbal que corresponda; tal vez no tengan ni los conocimientos ni la habilidad suficientes como para encarar un proyecto de identidad corporativa, pero podrán dotar al documento más ordinario de un montón de *text appeal.*

El documentismo, además, lleva las técnicas de la comunicación escrita y el diseño gráfico a campos donde prácticamente nunca habían estado: cartas comerciales, presupuestos, informes técnicos, instructivos, memorandos, actas, instrumentos judiciales, páginas web y mucho más. Es curioso, pero a la mayoría de los empresarios a quienes he ofrecido estos servicios nunca se les había ocurrido que podrían necesitarlos; sin embargo, en cuando se percatan de cuánto puede cambiar un documento, de cuánto puede ganar en atractivo y claridad, no se explican cómo han podido sobrevivir sin ellos.

152 El tipo

Perdone el lector amante de las letras lo prosaico de esta comparación, pero las letras son como los perros. Ahora, por favor, antes de enfadarse y pasar la página, permítame explicarme:

¿Alguna vez ha visto a un perro bergamasco? Es un simpático can originario de los Alpes italianos que recuerda mucho al tío Cosa (aquel personaje todo pelo de *Los locos Addams* [en España, *La familia Addams*]), solo que en versión rastafari. Pues bien, si usted se encuentra por ahí uno de esos animalitos, no lo confundirá con una ardilla ni con Bob Marley. Sabrá muy pronto que es un perro.

Se cree que nuestros maravillosos cerebros pueden reconocer los rasgos individuales que distinguen una cosa e integrarlos para elaborar un concepto. Si ese concepto ('perro raro') se amolda a otro gran concepto unificador ('perro') almacenado previamente en la memoria, el nuevo elemento se integra en el expediente general; si no, se procede a crear un nuevo casillero. De esa manera, los seres humanos tenemos la grandiosa capacidad de reconocer e identificar muchísimas cosas que jamás hemos percibido.

Si bien el bergamasco es un animal extraño, usted pronto descubriría que se mueve como perro, que tiene cuatro patas, una cabeza y una cola de can y que, a fin de cuentas, se comporta como un can. Lo almacenará cómodamente en la carpeta «perros», y, sin embargo, se abstendrá de tenerlo como modelo de la especie. Por ejemplo: si, caminando por las llanuras de Marte, un marciano lo abordara para preguntarle cómo es un perro terrestre, usted seguramente descartaría la idea de sacar la foto de su bergamasco favorito y optaría por la de un pastor alemán, un pointer o algo así.

Con las letras sucede algo parecido: hay una estructura o concepto ideal para cada carácter, y, a partir de ese concepto, suceden muchos miles de variantes estilísticas. Esas variantes pueden ser tan grandes y tan radicales, que ciertas letras son reconocibles solo si se cuenta con un montón de información contextual; otras, en cambio, son perfectamente identificables, aun tratándose de tipos enteramente nuevos. Este segundo grupo representa la «zona de seguridad» del diseñador editorial: el grupo de letras que los tipógrafos clasifican como «de texto».

Sobra decir que, en la composición de buenos documentos, salirse de esa zona de seguridad es altamente riesgoso. Se preguntará, entonces, por qué se hacen tantos textos con tipos que se apartan de las estructuras ideales. La respuesta es simple: porque, a los no especialistas, todas esas letras de texto les parecen iguales. Algunos se sienten hastiados porque, a su juicio, son signos que carecen de *glamour*; otros ven preocupados que su composición no parece tener ningún rasgo de individualidad y luce como si no hubiera sido diseñada.

¡Vaya, hombre! Ahora me entero de que hay razas
de letras y de que algunas tienen pedigrí y otras no...
También habrá, supongo, letras callejeras, producto
del cruce imprevisto entre una de alto rango
y otra sin nombre conocido.

Con todo, dentro de un estrechísimo rango de variaciones posibles, los tipos son capaces de transmitir toda su personalidad: el período histórico y la zona geográfica que dieron inspiración al diseñador, el propio estilo del autor, los atributos que procuran lograr ciertos objetivos de legibilidad, fuerza, histrionismo, suavidad, severidad, en fin...

La primera gran lección de tipografía es que nunca hay que subestimar la sutileza.

153 Una letra con doce siglos de experiencia

A finales del siglo XIV, algunos intelectuales italianos ya se quejaban amargamente de la letra gótica. Decían que era ilegible no solo por la abundancia de ligados y abreviaturas con que se pergeñaban los manuscritos, sino también por los rasgos. Así que, bajo esta y otras influencias, los copistas italianos del siglo XV comenzaron a usar un estilo caligráfico que había sido olvidado tres o cuatro siglos antes: la letra carolingia.

Lo curioso es que la carolingia, en el siglo IX, ya había venido a redimirnos de un pecado semejante: la anárquica explosión de estilos caligráficos gradualmente esparcidos por el continente desde la época de los romanos. Se puede decir que, al comenzar el reinado de Carlomagno, había cuatro grandes familias estilísticas en la escritura: la lombarda, en el sur de la península itálica; la visigótica, en la península ibérica; la merovingia, en la parte central-poniente de Europa, y la insular, en las islas británicas. Junto con estas había, por supuesto, muchísimas variantes regionales. Algunas de ellas solo son legibles, y no sin dificultad, a los ojos de los expertos.

Era tal el relajo, que Carlomagno tuvo que exigir la instauración de un estilo obligatorio dentro de su enorme imperio. Preveía, entre otras ventajas de esta normalización, que los poderosos terratenientes súbditos suyos dejarían de hacerse patos bajo la muy usada excusa de «No pude leer tu carta, mano». Y bien, se copiaron con la nueva letra muchísimos textos contemporáneos y antiguos, con lo que se preservó un extenso caudal de conocimientos.

De manera que, ya en los albores del Renacimiento, cuando los copistas italianos se dieron cuenta de que la letra gótica se había estilizado hasta la exageración y se había convertido en un verdadero desastre —hoy diríamos que un «bello desastre», pero desastre al fin—, miraron hacia el pasado en busca del último estilo funcional. Lo que encontraron fue, justamente, la letra carolingia, así que la pusieron al día con los instrumentos de la época. La verdad es que no la mejoraron en absoluto; al contrario, la dejaron bastante feúcha, si hemos de ser francos. No obstante, sentaron las raíces de lo que en el futuro se conocería como *letra romana*.

Según se cree, algunos impresores que habían aprendido el arte en los talleres del mismísimo Gutenberg huyeron de Maguncia, ciudad aquejada de graves dolencias políticas y económicas, y pusieron rumbo al sur. Su objetivo era instalarse en Roma o Venecia, entre otras ciudades que se encontraban en plena ebullición económica, cultural y social. Al llegar ahí y montar sus imprentas, se dieron cuenta de que, en Italia, su letra gótica textura estaba francamente *out*, o sea, nada *fashion*, y de que había que probar otro *look*. Adaptaron entonces sus diseños hasta crear un híbrido entre gótico y romano, bastante ramplón, que pronto fue reemplazado por un estilo abiertamente carolingio. Este último, que Jenson y otros tipógrafos trataran con absoluta maestría y dotaran de una belleza y eficacia excepcionales, es el que dio origen a las letras que usted está leyendo en este momento.

Si hacemos cuentas, pues, nuestras letras de texto tienen solera para regalar. Se originan a finales del siglo VIII o principios del IX, de inspiración claramente insular, y renacen con influjos romanos y venecianos en el siglo XV para no volver a cambiar hasta nuestros días.

¿Quiere decir esto que son inmejorables? En absoluto; estoy convencido de que podríamos hacer un nuevo alfabeto y superar a los anteriores en todos los atributos. Sin embargo, la instauración de ese nuevo alfabeto sería dificilísima. Piense, si no, en el intento de quitar las tildes a los pronombres *este*, *ese*, *aquel*, etcétera, y al adverbio *solo*. Las normas que pretenden suprimirlas datan de los años cincuenta, y aún no han podido imponerse. Piénselo.

154 Tipos con carácter

Que veamos a todos los chinos iguales significa, tan solo, que conocemos a pocos chinos. De igual modo, que seamos incapaces de distinguir entre diversos tipos de letras, incluso entre los más comunes, quiere decir que estamos familiarizados con pocos tipos de letras.

Debo reconocer que, aun para los expertos, es muy difícil identificar un tipo, especialmente si los caracteres son pequeños. Además, los estilos se cuentan por miles, y cada día la lista crece más y más. De hecho, en el gremio de los tipógrafos se repite la misma pregunta: ¿vale la pena seguir diseñando letras? La respuesta también es casi siempre la misma: un sí rotundo.

Los tipógrafos tenemos algunos sistemas de clasificación, que suelen basarse en los grandes cambios de estilo que han sucedido desde la invención de la imprenta. Algunos autores, como Robert Bringhurst, incluso han basado los nombres de sus categorías en períodos estilísticos: *renacentistas, barrocas, neoclásicas, modernistas...*

La clasificación más reconocida es la que ha adoptado la Asociación Tipográfica Internacional (ATypI). Arranca con las primeras letras romanas (descartando las góticas de la protoimprenta), las *humanistas*, y va a través del tiempo reconociendo hitos que, en general, se distinguen por una deshumanización progresiva del diseño. En términos generales, desde el Renacimiento y hasta el siglo XX, las letras fueron perdiendo los rasgos que las emparentaban íntimamente con la caligrafía.

En las últimas dos décadas del siglo pasado, no obstante, el auge de las computadoras personales ha traído consigo un florecimiento exponencial del diseño tipográfico. Las explosiones de súbita popularidad como esta —ya lo hemos visto en la historia— traen consigo mucho desorden y chabacanería, hasta el punto que quizás nunca sabremos cuál es el estilo tipográfico del primer cuarto del siglo XXI. No es raro, por ejemplo, que un tipógrafo diseñe este año una letra modernista del siglo XIX; el año que entra, una garalda del siglo XVI, y un poco más tarde, una paloseco *grunge* de los noventa.

Y si buscas pareja,
busca siempre un tipo
que, aunque no concuerde
con el texto, esté repleto
de dinero.

Hoy, algunos de mis colegas se sonríen candorosamente cuando ven un libro de neurociencias avanzadas compuesto en tipos Garamond, una letra del siglo XVI. No hay nada de malo en ello, ¡qué va!, pero debemos reconocer que las letras tienen cierto temperamento, y esa personalidad refleja una época, un modo de pensar, un ámbito social, tal o cual realidad tecnológica y más.

Uno de los escritores más influyentes en el mundo de la tipografía y el diseño editorial, Robert Bringhurst

(*The Elements of Typographic Style*), aconseja: «Escoja un tipo cuyos ecos y asociaciones históricas armonicen con el texto», para prevenirnos contra el uso de una letra barroca en una obra renacentista; o «Permita que el tipo hable en su lengua natural», para que no utilicemos un tipo inglés en una novela francesa. Pero la advertencia «Escoja tipos cuyo espíritu y carácter individual concuerden con el texto» se vuela la barda con la siguiente argumentación:

> Las asociaciones accidentales rara vez son buena base para una selección tipográfica. Los poemarios del poeta judeoestadounidense del siglo veinte Marvin Bell, por ejemplo, a veces han sido compuestos en el tipo Bell —el cual es dieciochesco, inglés y presbiteriano— solo por el nombre. Estos juegos de palabras son divertimentos privados de los tipógrafos. Sin embargo, una página tipográfica tan bien diseñada que llegue a brillar con luz propia debe basarse en algo más que chistorete.

Definitivamente, Bringhurst también es un tipo con carácter.

155 El surtido tipográfico

El número de signos con que cuenta un compositor tipográfico ha sido siempre una cuestión meramente técnica. Se dice que Gutenberg produjo 288 matrices para hacer su Biblia de 42 líneas, aunque los estudios más recientes afirman que fueron muchas más. Esto es lógico, porque en el amplio surtido del maguntino había varias versiones de las letras más comunes, solo que fundidas en diferentes espesores. Ese era el secreto de Gutenberg para lograr la justificación sin modificar los espacios entre las palabras.

En español tenemos 29 letras, dice la RAE. Véase, si no, la definición de *zeta* en el diccionario de la corporación: «Vigésima novena letra del abecedario español, y vigésima sexta del orden latino internacional...». Las tres que tenemos de más con respecto al «orden latino internacional» son la *ch*, la *ll* y la *ñ*. Las dos primeras son letras en lo oral, pero dígrafos en lo escrito. Con respecto a la eñe, hace siglos también era un dígrafo, *nn*, pero la segunda letra se escribía frecuentemente como una rayita (llamada *virga*) encima de la primera. De modo que, en mi cuenta personal, hasta aquí llevamos veintisiete.

Lo que no se entiende es qué hacen en ese grupo la *k* y la *w*. La única explicación, para mí, es que la *w* sirve para que los españoles puedan escribir los nombres de sus reyes godos y, de paso, torturar así a sus niños de primaria, que deben aprendérselos de memoria. Y la *k*... Dígame usted qué tiene que ver con nuestro idioma la pobre *k*: ¡nada! Está en el alfabeto porque la traían los latinos, que sin ella no podían escribir *kirie* o *kyrie* ni *kalendas*.

En fin, aun preservando las normas ortográficas, para escribir en español podríamos arreglárnoslas muy bien con tan solo veinticinco letras minúsculas, veinticinco mayúsculas, diez números, un puñado de signos de puntuación, cuatro signos de entonación y un moderado conjunto de caracteres auxiliares. El problema es que este surtido no lo aprobaría una adolescente con telefonito. Ella, para expresarse como quiere, necesita sus caritas, corazones, bailarinas, perritos... Por cierto, yo también.

Los compositores tipográficos también necesitamos montones y montones de chirimbolos. De las familias tipográficas para libros podríamos decir que deben abarcar variaciones diacríticas y variaciones estilísticas. Entre las primeras estarían las redondas, las cursivas y las versalitas; entre las segundas, una gama de «pesos» que reconocemos con palabras no estandarizadas, como *extrafina*, *fina*, *normal*, *de texto*, *negrita* o *negrilla*, *gruesa*, entre muchas.

A fin de cuentas, para la composición de buenos documentos solo son indispensables las variaciones diacríticas de un estilo básico; las estilísticas pueden dejarse para los títulos y otros efectos estéticos.

156 Compre una buena letra

Aunque la tecnología tipográfica nos permite hoy almacenar en un solo archivo muchos miles de letras, un surtido normal de redondas suele ser de unos cuatrocientos a quinientos caracteres. Si en el mismo archivo digital se incluyen las versalitas, como sucede con muchos buenos tipos en el formato Open Type, el conjunto sube a unas ochocientas o mil piezas. Las cursivas, que son un archivo aparte, duplican la suma, pues debe haber un carácter en cursiva prácticamente para cada redondo, versalitas incluidas.

Con un surtido así, podemos editar documentos en casi todas las lenguas de Europa; pero, si se tratara de libros de matemáticas, misales, diccionarios con etimologías o revistas del corazón con horóscopo, nos veríamos obligados a echar mano de una segunda fuente tipográfica. A menudo, esta segunda fuente resulta estéticamente incompatible con la principal. En las publicaciones no faltan palabras en griego compuestas con un tipo romano antiguo y un tanto ornamental en medio de una página hecha con un sobrio y moderno paloseco. ¡Uf, se ven muy mal!

Cualquier libro o revista, si no es ya parte de una colección, es, en potencia, la primera pieza de un conjunto. Entonces, si el diseño editorial de ese producto singular ha de admitirse como el modelo de partida, al encargarnos de su diseño sentamos las bases de muchos volúmenes más. Un diseñador editorial debería siempre ampliar su visión y tomar en cuenta numerosas hipótesis, si no quiere que el destino lo atrape con los dedos tras la puerta. Lo que les recomiendo, para comenzar un trabajo, es que se hagan con un buen tipo de letra: deben asegurarse de que tenga todas las variaciones necesarias y, si es posible, de que incluya también una amplia colección de signos auxiliares.

La compra de una buena letra completa es una de las inversiones más útiles que pueda hacer un diseñador de documentos. Un tipo elegido así no solo nos viene como un traje hecho a la medida; con el tiempo, podemos llegar a conocerlo y usarlo con una maestría notable. Muchos grandes diseñadores han sido reacios a cambiar de fuente tipográfica a lo largo de los años. Se dan cuenta de que con un tipo bien equilibrado pueden emprender prácticamente cualquier proyecto. Para otros, sin embargo, el encanto del diseño con letras reside en combinarlas virtuosamente.

En la tipografía, como en los cortejos fúnebres, nada resulta tan elegante como la sobriedad.

157 La textura tipográfica

Un texto bien compuesto forma una textura uniforme, de ahí que algunos nos refiramos a la columna como el «rectángulo gris». Sin embargo, las letras de nuestro alfabeto son objetos muy disparejos. Analícelas con cuidado y descubrirá fácilmente que las similitudes son opacadas por las diferencias. El diseño de letras es una disciplina difícil porque se trata de crear conjuntos monótonos a partir de unidades desiguales.

Para algunos grandes tipógrafos de la historia, la mayor homogeneidad entre caracteres fomenta la legibilidad; otros, en cambio, creemos que las letras del alfabeto deben compartir entre sí la menor cantidad de rasgos para distinguirse bien. No obstante, en lo que estamos de acuerdo todos es en que, independientemente de las formas que tengan las letras individuales, la textura tipográfica debe ser perfectamente regular.

Dotar de homogeneidad al texto es, sin duda, una gran manera de contribuir a la belleza de la página —algo, por cierto, de mucho mérito—. Sin embargo, la meta más importante de la uniformidad es evitar los accidentes tipográficos. Todos los textos están llenos de signos desbalanceados, de rasgos que rompen la alineación, de regiones más negras que otras, de espacios y signos de puntuación que se encadenan formando blancos lastimosos…, así que uno de los deberes del diseñador de letras de texto es procurar que estos tropiezos tengan el menor efecto posible en la textura de la página. La razón es simple: los accidentes tipográficos llaman la atención del lector, cuando el autor es el único responsable de llamar la atención hacia alguna parte del texto. Si el autor no acierta a destacar lo cardinal mediante su propio recurso, que es la prosa, no será —no debería ser— el compositor tipográfico quien le enmiende la plana con unas negrillas.

158 Tono

«¿A quién va usted a creer, a mí o a sus propios ojos?». Cita de Marx, pero vale para la tipografía.

El buen compositor editorial procura que las columnas de texto sean texturas perfectamente uniformes. Este ha sido el ideal casi desde la invención de la imprenta y, si me apura, incluso desde antes. Las columnas de la Biblia de 42 líneas de Gutenberg, por ejemplo, son un modelo de homogeneidad tipográfica. De hecho, el impresor maguntino enfrentó dificultades técnicas muy importantes en su afán de lograr esa uniformidad.

Las separaciones entre las palabras, la geometría y el grosor de los trazos de las letras, el espacio entre renglón y renglón y el equilibrio entre blancos y negros contribuyen a producir superficies grises monótonas. Si esto se lleva al extremo, el diseño editorial se reduce al arte de acomodar rectángulos grises en las páginas, como si estas fueran obras del neoplasticismo.

El tono gris depende de los factores que he venido mencionando, y entre ellos destacan el grosor de las astas (los trazos que constituyen las letras) y la geometría de los caracteres. En general, las letras de astas gruesas y, en particular, las negrillas, originan los rectángulos más oscuros. No es esta, sin embargo, una regla general, toda vez que los espacios interiores de las letras, las separaciones entre unos caracteres y otros, la interlínea y la longitud de las astas ascendentes y descendentes, entre varios factores, contribuyen a aumentar o reducir los blancos.

Con todo, los grises tipográficos suelen ser muy pálidos: de un ocho a un quince por ciento de negro, aproximadamente. Por lo tanto, cuando queremos producir contrastes muy notables, los diseñadores editoriales no tenemos más remedio que recurrir a letras blancas sobre fondos de color. El resto del tiempo debemos conformarnos con diferencias de tono que rara vez sobrepasan el 10 %.

Lo curioso es que los lectores no se dan cuenta de que las diferencias son así de sutiles. A la mayoría de mis alumnos, estudiantes avanzados de diseño editorial, les cuesta mucho trabajo identificar el verdadero tono de gris de un texto. Comienzan convencidos de que la columna es mucho más oscura de lo que es en realidad. Si les pido que reemplacen el rectángulo de texto de una revista con un rectángulo gris del mismo tono y dimensiones, escogen, por lo general, grises que van del 40 al 80 %. Esta es una de las razones por las que resulta tan difícil hacer un buen diseño editorial: cuando se trata de letras, nuestra percepción sensorial se mofa de nosotros, y este no es el único fenómeno que lo demuestra.

159 La lectura

Como cualquier acto cognitivo, la lectura es algo sumamente complejo. Veamos: tome en cuenta que los críos son inducidos a leer desde muy temprana edad, por ahí de los seis añitos, y que, antes, casi todos ellos han tenido acercamientos informales a la lectura. No falta, por ejemplo, quien les mete en la cuna juguetes con letras, les cuelga baberos de animalitos alfabéticos o etiqueta su cuarto y sus pertenencias con grandes caracteres de colores.

Después, en los tiempos de la educación formal, los niños pasan una buena parte de la jornada escolar aprendiendo a leer o adquiriendo información a través de la lectura. De ahí en adelante, y hasta bien entrados en sus carreras universitarias, muchos irán extendiendo paulatinamente esos tiempos diarios de lectura, a los que, en el mejor de los casos, añadirán novelas, poesía, cuentos y otras fuentes de placer literario. Imagínese que, en vez de poner todo ese tiempo en la lectura, lo dedicaran a jugar al tenis: ¡serían unos fenómenos de la raqueta! Ahora, por favor, no se me vaya por las ramas ni se me deprima; evite hacer cuentas de lo que gana un buen lector comparado con lo que gana un buen deportista, incluso uno analfabeto.

Cuando reflexiono acerca de cuánto tiempo y esfuerzo dedicamos a la lectura, me doy cuenta de que se trata de la proeza más grande que puede lograr un humano.

En esencia, la lectura es una toma de información parcial. Esto es porque no vemos las palabras completas, sino que nuestros ojos saltan de un punto del texto a otro pasando por alto, más de la mitad de la información. El cerebro completa el sentido mediante pronósticos que se verifican o corrigen en las siguientes *sacadas*, que es como se conocen esos movimientos oculares. En la medida en que vamos integrando palabras y giros gramaticales a nuestro léxico, el proceso de adivinación se hace más fácil, rápido y exacto.

160 Use letras convencionales

La mayoría de la gente —y aquí incluyo a muchos notables del diseño tipográfico y editorial— cree que, en la medida en que mejoramos nuestras habilidades lectoras, dejamos de reconocer las letras como signos individuales y comenzamos a leer sílaba por sílaba. Conforme acumulamos habilidades, dejamos atrás las sílabas para reconocer las palabras completas y, luego, en el colmo de la destreza, llegamos a identificar frases familiares en un simple golpe de vista.

Hasta hace poco, esta era también la teoría de los especialistas en el campo de las neurociencias. Sin embargo, las investigaciones han llevado a desechar este modelo del reconocimiento de grupos por uno de identificación de rasgos. En resumidas cuentas, la teoría más aceptada dice que ni siquiera leemos letra por letra, sino que alcanzamos apenas a reconocer los rasgos —las astas—como si fueran piezas individuales. En un nivel aún más alto, asociamos unas astas con otras para formar las letras, y, más adelante, son ciertas asociaciones de letras las que invocan a las palabras que tenemos almacenadas en el lexicón de la memoria.

El acto de distinguir los rasgos constitutivos de cada signo debe de ser tremendamente efectivo, puesto que tenemos muy poco tiempo para escanear el punto donde los ojos se fijan. Ese tiempo cortísimo suele durar entre un cuarto y un tercio de segundo, y, no obstante, tiene que ser suficiente para que identifiquemos los rasgos de unas cinco letras, así como para calcular en qué punto del texto debemos hacer la siguiente fijación.

Los ojos, durante la lectura, actúan al máximo de su capacidad. Por lo tanto, cualquier error, distorsión o falla en el texto pueden estropear el acto de leer. Así que, si deseamos dar al lector un texto que pueda disfrutar relajadamente y descifrar con precisión, debemos usar un tipo de letra sumamente convencional. Sí, este puede ser el consejo más aburrido y desalentador, sobre todo cuando en el mercado hay miles y miles de tipos fascinantes.

¡Qué gusto da leer esa explicación y ese consejo de Jorge! Nos invita a ir a lo sencillo, a lo convencional, para lograr más elegancia y efectividad. ¡Olé!

Si lo que usted busca es que las páginas resplandezcan por su salerosa personalidad, no ponga ese gravamen en las letras (a menos que el texto no tenga la menor importancia). Mejor, escoja sus tipos en un catálogo de letras para texto —aun si son aburridas y demasiado familiares— y suéltese el pelo con los titulares, las imágenes y demás elementos.

161 La medida

Cuando los ojos se nos cierran con el libro en las manos, marcamos la página donde hemos dejado la lectura y cerramos el volumen; pero, antes de dejarlo en la mesita de noche, lo vemos de canto y nos alegramos por lo mucho que hemos avanzado. Sí, porque la sensación de avanzar es uno de los estímulos más importantes en la lectura. La percibimos conscientemente al terminar un capítulo, al dar la vuelta a una página e, incluso, al terminar un párrafo largo; inconscientemente, también sentimos ese efecto alentador en progresos más sutiles, como cuandio llegamos al final de un renglón. Avanzar y, al mismo tiempo, estimar con emoción lo que falta para concluir la tarea son premios de la mayor importancia a la hora de leer.

Por eso, una de las principales cualidades de un texto bien compuesto es la *medida* justa, es decir, la adecuada longitud de los renglones. Veamos: cuando la medida es demasiado extensa, el lector debe pasar mucho tiempo en cada renglón. Esto no solo hace que la estimulación suceda con parquedad, lo cual ya es bastante malo, sino que, cuando el párrafo es más o menos extenso, el lector pierde frecuentemente el renglón continuador. Créame: un texto de geometría complicada podrá ser espectacularmente bello, pero será siempre muy fastidioso de leer. Ahora bien, si los renglones son demasiado cortos...

La mayoría de los textos se componen justificados, es decir, alineados por ambos lados de la columna. Por regla general, la justificación se consigue abriendo los espacios entre palabra y palabra, con lo que algunos renglones quedan un poco más espaciados que otros. Mientras esas diferencias no sean muy acusadas, la composición se verá bien. Por lo tanto, el compositor del texto debe determinar un rango admisible de espaciamiento —de cierto mínimo a cierto máximo—, uno que, a su juicio y de acuerdo con las condiciones del texto, haga que las diferencias entre renglón y renglón sean apenas perceptibles y no molesten al lector. El mayor problema surge cuando las palabras se separan en demasía. Se produce entonces un *renglón suelto* o *flojo*, que es un defecto muy pero requetemuy feo.

Lo malo de los renglones sueltos no es solo su gran fealdad, sino las perturbaciones que generan en la lectura. Esto se debe a que, más allá del punto de fijación, aprovechamos la información visual periférica para programar los subsiguientes saltos sacádicos. Como somos máquinas de hacer predicciones, esa información borrosa y muy fragmentada sirve para que hilvanemos mejores hipótesis del sentido. Dicho de otro modo, tener una vislumbre de lo que vamos a leer nos ayuda a entender lo que ya hemos leído. En resumen, si las palabras están demasiado separadas, se rompe el ritmo de la lectura y el lector pierde la posibilidad de aprovechar la información visual periférica.

162 ¿Cuántas palabras por renglón?

Cuando se trata de hacer recomendaciones sobre la longitud del renglón, cada autor sale con sus propios numeritos. Por ejemplo: Josef Müller-Brockmann nos recomienda que pongamos siete palabras por línea, y si el texto es largo, diez; Emil Ruder, de 50 a 60 letras; Eric Gill, doce palabras; Robert Bringhurst, 66 caracteres (con un mínimo de 45 y un máximo de 75), aunque admite líneas largas de 85 a 90 caracteres; los editores angloamericanos en masa se decantan por las siete palabras, y la lista puede seguir largamente...

La verdad es que no tiene mucho sentido estandarizar medidas, porque los lectores se diferencian tanto como las circunstancias y elecciones del compositor. Por ejemplo, no es lo mismo componer un libro para niños de ocho años que uno para niños de doce; o componer en alemán —con esos aglutinamientos de sustantivos y adjetivos que parecen chorizos léxicos— que en francés, español, inglés o portugués; o una tesis de filosofía que el instructivo de una lavadora o de un taladro; o el artículo de una revista del corazón. Hay lectores que se fatigan, distraen o aburren con veinte renglones de 45 caracteres, así como los hay que no se arredran ante un tocho así de gordo con páginas de sesenta líneas y 90 golpes por renglón.

De modo que lo único sensato, desde el punto de vista del compositor tipográfico, es tomar en cuenta tres variables: la pericia del lector, el idioma y la geometría de la letra. De ellas, la primera es, con mucho, la más importante.

Hay cierta relación entre la longitud de una línea de texto y el tiempo que el lector tarda en surcarla. Obviamente, los lectores novatos invierten más tiempo que los expertos en gestionar un renglón, así que el premio del cambio de línea les llega con menor frecuencia. Por otro lado, tal parece que el recuerdo (en una memoria de muy corto plazo) de las palabras de la izquierda nos ayuda a orientarnos y a encontrar más rápidamente el renglón continuador. Por lo tanto, cuando pasamos demasiado tiempo en la gestión de una línea, ese recuerdo se borra, la orientación se pierde y la lectura se hace un poco más difícil.

La influencia del idioma se da tanto en la longitud media de las palabras como en la facilidad o dificultad de dividirlas al final del renglón. Siete palabras en alemán —que, desde el punto de vista de la estética editorial, significan tan solo seis espacios— suelen contener muchas más letras que en español o en inglés. Si un alemán nos incita a que metamos siete o diez vocablos por renglón, eso, en nuestro idioma, carece de sentido. En lenguas como el inglés, por otro lado, la división a final de línea es morfológica, mientras que en español es silábica, con la consecuencia de que en nuestro idioma contamos con más puntos de división. Dadas dos composiciones excelentes, una en español y otra en inglés, la nuestra se verá mejor.

En cuanto a la geometría de la letra, lo que debemos tomar en cuenta es el grado de expansión o contracción horizontal del tipo con respecto a un modelo medio. Dado un número determinado de caracteres, las letras anchas generan medidas más extensas que las letras estrechas. Por lo tanto, dentro de un límite razonable, cuando usamos una letra estrecha podemos meter más letras que cuando usamos una ancha, puesto que el ojo no se aparta tanto del margen izquierdo como lo haría si el renglón fuera más largo.

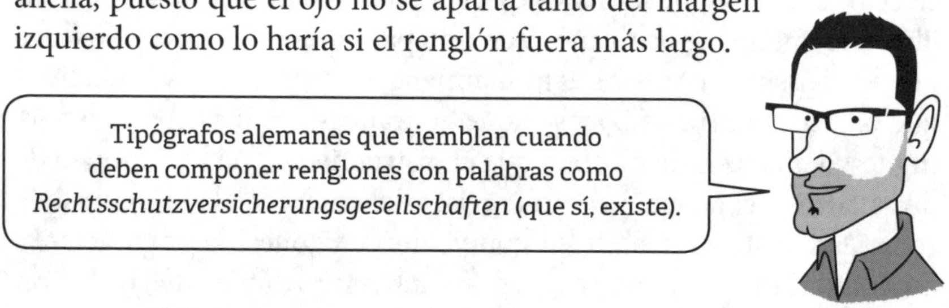

Tipógrafos alemanes que tiemblan cuando deben componer renglones con palabras como *Rechtsschutzversicherungsgesellschaften* (que sí, existe).

163 Haga pruebas

Cuando mi hijo mayor era aún muy pequeño como para ir a la escuela, ya tenía la capacidad de reconocer ciertas marcas comerciales que veía en anuncios callejeros. Como siempre ha sido una persona muy normal, puedo figurarme que la mayoría de los niños pequeños son también perfectamente aptos para reconocer ciertas marcas, aunque, en realidad, no sepan leerlas. Lo verdaderamente notable de aquellas observaciones era que las distancias a las que esos anuncios estaban solían ser grandes y, por lo tanto, Jorge Pablo podía reconocer signos o símbolos muy pequeñitos. Esto es solo una constatación de que los niños, desde que empiezan a leer, son perfectamente capaces de identificar letras diminutas.

A pesar de ello, los libros para niños siguen imprimiéndose con caracteres enormes.

Según me han informado algunos colegas, los editores y diseñadores están convencidos de que los niños *necesitan* esos caracteres grandes para leer bien. Bueno, para no meterme en enredos, simplemente diré que no hay ninguna prueba fehaciente de que eso sea cierto. De hecho, los investigadores médicos afirman que nuestro sentido de la vista está plenamente desarrollado desde el octavo mes de vida, así que un niño, a los cuatro años, tiene la misma agudeza visual que tendrá a los dieciocho.

Estoy convencido de que un crío de primero de primaria puede entendérselas perfectamente bien con letras del cuerpo 9 o 10; pero, a decir verdad, en un libro infantil, tres renglones de cuatro palabras en el cuerpo 10, debajo de un dinosaurio descomunal que confiesa sus miedos a una valiente mariposa, son una ridiculez. Por lo tanto, si algo justifica que usemos letras de dieciocho puntos en las blanquísimas hojas de papel cuché en que se suelen imprimir los libros infantiles, es el diseño, y no la habilidad lectora del niño.

Entre adultos también tenemos prejuicios: por ejemplo, que los libros deben componerse con letras de tal o cual tamaño. Casi siempre, el rango de cuerpos que puede leer cómodamente la gente con vista normal o corregida es mucho más grande de lo que se dice por ahí.

Los compositores editoriales suelen subordinar la medida del renglón al tamaño de la letra. Eso no es un error, si bien me parece más acertado hacer las cosas al revés: decidir primero la medida en términos de caracteres por renglón, y, después, ocuparse del cuerpo, es decir, el tamaño de la letra.

Comience usted haciendo experimentos: tome un texto de prueba, componga una columna de unos cuarenta caracteres e imprímala (el tamaño de la letra no es relevante; escoja, por ejemplo, una de once puntos). Enseguida, ensanche la columna hasta que quepan unos cuarenta y cinco caracteres por renglón e imprima de nuevo. Vuelva a ensancharla hasta que aloje unos cincuenta golpes e imprima una vez más. Siga haciendo esto, aumentando sucesivamente unos cinco golpes por línea, hasta tener impresiones desde los cuarenta hasta unos ochenta u ochenta y cinco caracteres por renglón.

Si el proyecto es un documento impreso, no vale tomar las decisiones en la pantalla. Así que distribuya las pruebas encima de una mesa. Enseguida, póngase en el lugar de sus lectores, viviendo sus edades, intereses y habilidad lectora. Con esa perspectiva, observe atentamente las pruebas impresas y descarte pronto las columnas que le parezcan demasiado estrechas, así como las demasiado anchas. Al final se quedará con unas tres. Despreocúpese, escoja la de en medio.

164 El método aditivo

La creatividad parece estar reñida con los métodos. Al menos, eso era lo que yo pensaba cuando comencé mis estudios universitarios, allá por 1976. Enseñarnos a diseñar aplicando un método era casi un suplicio, una forma de limitar nuestras ganas —naturales en estudiantes nuevecitos— de inventar de la nada, un modo de impedirnos poner nuestros cerebros en un productivo modo «caos». En fin, no me fue fácil pasar por ahí y no puedo, ahora, presumir de que sea un sobreviviente fortalecido. Lo que puedo contar es que los siguientes veinticinco años me llevaron a... ¿A dónde cree usted? ¡A inventar un método para hacer diseño editorial!

Resulta que el diseño editorial, llevado a los niveles más altos, puede ser algo muy complejo. Apile en una sola persona conocimientos de tipografía, ortografía, ortotipografía, gramática, comunicación, color, fotografía, ilustración, preprensa digital, impresión y acabados, añádale una buena orientación estética, un lúcido sentido del orden y tendrá un posible diseñador editorial. De modo que no estamos hablando de emociones más o menos puras y desatadas, como las que son tan fecundas en otras áreas del diseño, sino de un trabajo multidisciplinario, contenido e intelectual. Aquí, sí; aquí un método tiene mucha razón de ser.

Entre las cosas que mi método se propone evitar están las cascadas que se nos vienen encima cada vez que hacemos un pequeño cambio. Dado que los proyectos de diseño editorial suelen implicar el acomodo de miles de renglones, de decenas o centenares de miles de caracteres, el aumento de un milímetro en el renglón modelo puede convertirse en metros de remiendos. Diseñar al capricho nos conduce a horas y horas de ensayos, errores, correcciones y más ensayos.

El método que propongo consiste en aislar cada problema de diseño editorial y aislarlo tanto como sea posible. Por ejemplo, comenzamos escogiendo un tipo de letra sin pensar en el formato final del libro, sino tan solo en los atributos técnicos y estéticos del tipo y en qué tan pertinente resulta para la obra en cuestión. La segunda parte es la elección de la medida, que, como acabamos de ver, se relaciona con la habilidad lectora, y, de manera suplementaria, con el idioma del documento y la geometría de la letra. En tercer lugar elegimos el cuerpo, es decir, el tamaño de la letra impresa; en cuarto, la interlínea; en quinto, la profundidad de la mancha tipográfica, o sea, la cantidad de renglones por página, y en sexto, los márgenes. Por lo tanto, las decisiones se van sumando, de ahí que el método se llame *aditivo*.

Llevado de esta manera, el método aditivo permite avanzar paso a paso, sólidamente, sin tener que echar atrás una sola vez. Esto significa un gigantesco ahorro en tiempo y ansiedad; sin embargo, hay un pequeño inconveniente: el formato final es impredecible.

En un mundo tan estandarizado como el de las artes gráficas, no es buena idea llegar a la imprenta con un documento de formato extraño (a menos que los costes no sean un factor relevante). Lo bueno es que el método aditivo se construye sobre cientos de años de experimentos editoriales y, de alguna manera, suele conducirnos, como un embudo, a resultados correctos y a una vida sin sobresaltos.

Desde que lo descubrí, soy *adito* total a su método.

165 El cuerpo

En los tiempos de la tipografía metálica, no hace mucho, la letra era, además de un signo impreso, un pequeño paralelepípedo de plomo con un poquito de estaño y una pizca de antimonio. De modo que, para el tipógrafo profesional, la letra era un objeto tridimensional, palpable y provisto de masa, una idea que no tiene nada que ver con nuestra noción actual de la tipografía. Hoy pensamos en las letras como una serie de ecuaciones matemáticas que sirven para representar signos bidimensionales.

Quizás por esa pérdida de la noción táctil, a mis alumnos les cuesta trabajo acostumbrarse a llamar *cuerpo* a lo que, más en consonancia con su actualidad cibernética, llaman *puntaje*. Por cierto, el concepto de puntaje —es decir, la dimensión vertical, expresada en puntos, del rectángulo imaginario donde encaja la letra impresa— no se originó en los tiempos de la autoedición, pues ya se usaba, al menos en América, mucho antes de los años ochenta. Ahora ha reemplazado a «cuerpo» casi por completo, pues es muy difícil ver lo corpóreo a los tipos digitales de nuestros días.

Para el común de los diseñadores editoriales, el cuerpo es una de las dimensiones críticas a la hora de pensar en los lectores. En principio se cree que, mientras más grande sea la letra, más legible será el texto. Es obvio que esto es una falsedad. Para demostrarlo fácilmente, recurramos a la reducción al absurdo: si los caracteres crecieran sin parar, habría un punto en que ni siquiera podríamos identificar el signo que estuviera delante de nuestros ojos. Así que tenemos un intervalo entre las letras que se hacen difíciles de leer por diminutas y las que se hacen incómodas de descifrar por grandes. En los terrenos de los libros, estaríamos hablando de un cuerpo 6 a un cuerpo 18, más o menos, aunque eso depende mucho de lo que el diseñador tipográfico haya hecho con su letra.

Los tipos cambian tanto entre sí, que cualquier regla fija en torno al tamaño de las letras está condenada a la relatividad. Así, resulta absurdo decir que los libros deben hacerse con letras de 9 a 11 puntos, por ejemplo. Para empezar, las letras de una medida determinada en un tipo pueden parecer mucho más grandes o mucho más chicas en otro.

166 La medida debe ser la misma

Para seleccionar todos los parámetros editoriales con que un documento ha de ser impreso, lo único razonable es hacer pruebas en papel. Ya hemos tomado dos decisiones importantes: el tipo de letra y la medida. Lo que sigue, entonces, es modificar progresivamente el tamaño de la letra hasta encontrar el más adecuado.

Supongamos que hemos escogido un tipo Cambria y una medida de 60 caracteres por renglón. Si hemos hecho las pruebas con letras de cuerpo 12, la anchura de los renglones tendrá un poco más de 25 cíceros (25,3 cíceros equivalen a 11,4 cm o 27 picas). ¡Un momento!, no se me distraiga con los números. Lo importante aquí es notar que, en cuanto modificamos el cuerpo tipográfico, es decir, el tamaño de la letra, también alteramos el número de caracteres por renglón. Por ejemplo, si pasamos de un cuerpo 12 a un cuerpo 11, la capacidad de la columna aumenta alrededor del 10 %. Esto da cabida a unos 67 caracteres, pero es un error, porque ya habíamos decidido que serían 60.

En el método aditivo nos hemos propuesto aislar, en cuanto nos sea posible, cada una de las decisiones. Así, la única manera legítima de resolver cuál es el cuerpo más apropiado para un documento consiste en hacer versiones a escala de un mismo párrafo. Para ello debemos aumentar o reducir la anchura de la columna conforme aumentamos o reducimos el cuerpo. De modo que la anchura del renglón en centímetros, cíceros o picas es, por ahora, irrelevante. Lo único que debe preocuparnos es contar los caracteres.

No es necesario contarlos a ojo; el procesador de textos puede hacerlo por usted. Si usa Word, habrá visto que en la parte inferior izquierda hay información sobre el documento en que está trabajando: el número de la página que tiene a la vista, el número total de páginas, la cantidad de palabras, el estado del corrector y el idioma. Si hace clic en el número de palabras, aparecerá una ventana con información numérica más extensa. Ahí podrá ver, por ejemplo, el número total de caracteres. Ahora bien, si selecciona con el apuntador un número determinado de renglones llenos (por ejemplo, diez) y enseguida despliega la información numérica detallada, verá cuántos caracteres hay solamente en la selección. Si divide el número de caracteres (con espacios) entre el número de renglones que abarca la selección, el resultado será el promedio de caracteres por línea.

Para aumentar o reducir el número de caracteres, hay que desplazar el margen derecho. Los programas de procesamiento de textos facilitan mucho esta tarea. En Word, por ejemplo, basta con poner el apuntador sobre la regla, en el extremo derecho, hasta que la imagen del cursor cambia a una flecha doble (si no puede ver la regla, pulse Alt + N + G). Al hacer clic con el ratón, aparece una línea vertical punteada que marca el límite de la columna. Sin soltar el botón, mueva el apuntador a la izquierda o a la derecha para modificar la anchura de la columna.

Nuestro ejercicio para la selección del cuerpo implica, entonces, ajustar la anchura de la línea cada vez que modificamos el cuerpo. Reduzca (o aumente) un punto el cuerpo y enseguida reduzca (o aumente) la anchura de la columna hasta asegurarse de que en la nuevas líneas quepan exactamente las mismas letras que en la anterior (una buena práctica es anotar en un papel los finales de los primeros seis o siete renglones antes de cambiar de cuerpo, para así tener una referencia precisa e igualar fácilmente la medida). La nueva versión será una imagen a escala de la original.

Para terminar, acomodemos las impresiones sobre la mesa y escojamos la que tenga más *text appeal.*

En Word, aumenta el cuerpo de las letras seleccionadas con Ctrl + ⇧ + > . Redúcelo con Ctrl + <

167 Breve interludio

Antes de que usted me suprima psicológicamente y pase por alto todas mis intervenciones (por encontrarlas, quizás, poco conectadas con los temas que a usted le interesan), déjeme decirle que hay un atajo para diseñar buenos documentos sin tener que recurrir a cuentas, impresiones, cavilaciones y demás esfuerzos. Ese atajo consiste en tan solo observar atentamente los documentos, libros, revistas, periódicos y folletos que más le gusten. Analice los márgenes, la longitud de los renglones, los tipos y sus tamaños, el papel (color, textura, tamaño, transparencia y brillo) y fotografíelos o grábelos en su mente. Si lo desea, catalóguelos según el propósito para el que están hechos: información comercial, contratos, literatura ligera, ensayo, artículos breves o extensos o especializados o de divulgación..., lo que sea, ¡e inspírese en ellos!

Se dará cuenta de que hay documentos mucho más atractivos que otros, independientemente de lo que diga cada uno, puesto que —entre las personas como entre los textos— la belleza es una de las ventajas preparatorias más seguras. Lo que sean capaces de decir ya es otro cuento. Yo, para eso, traigo a mis amigos Alberto, Xosé y Antonio: para escribir bien, con las palabras correctas, en discursos bien documentados, perfectamente traducidos e impecablemente corregidos. Ahora bien, hecho el guisado, a alguien le debe tocar la dura y sacrificada labor de ablandar el bocado, elegir el plato, arreglar la fuente y servir los aderezos. Si no fuera por esos pequeños detalles, no habría banquete, créamelo.

168 La interlínea

En los tiempos de los tipos móviles, la interlínea era una regleta de metal que se metía entre los renglones para espaciarlos. Con la aparición de las fuentes tipográficas ópticas y digitales, sin embargo, la interlínea pasó a ser un simple espacio blanco entre renglón y renglón. Hoy, en el medio de la autoedición, tan contagiado de terminología inglesa, se suele confundir con la fuerza de cuerpo —llamada *interline* en inglés—, que es la suma del cuerpo más la interlínea. Así, un conjunto de renglones del cuerpo 11 separados entre sí por una interlínea de dos puntos tienen una fuerza de cuerpo o *interline* de 13 puntos.

Los espacios entre renglón y renglón cumplen un par de funciones estéticas muy importantes. Por un lado, modifican el color de la mancha tipográfica, así que, en la medida en que el espacio se agranda, la mancha se hace más y más clara. Por el otro lado, hacen que el texto pueda parecer un rectángulo compacto, si son delgadas, o una serie de líneas consecutivas, si son gruesas. Pero las interlíneas también tienen un valor casi diacrítico en tanto que pueden transmitir sensaciones de apretujamiento y angustia, de armonía, de desapego y de frialdad, entre otras. De hecho, si usted ha decidido confesar a su pareja algunos actos de concupiscencia, le recomiendo que lo haga en un párrafo con grandes interlíneas, y no en un desventajoso conjunto apretado de renglones.

A menudo, la interlínea se usa como recurso para ajustar la extensión de un texto. Por ejemplo, si en la composición de un libro han salido tres o cuatro páginas más que las proyectadas, el maquetador simplemente reduce la interlínea en un punto y ¡listo! Pues bien, hay pocas chambonadas tan desastrosas como esta. En mi perspectiva del diseño editorial, el aspecto visual de la página está muy por encima de la economía (de esa impresión puede depender una parte de las ventas). Además, el buen diseñador editorial tiene un montón de recursos para ajustar los textos y ganar o recorrer unas cuantas páginas. Siempre será mejor añadir o quitar unos cuantos renglones, o bien, reducir o aumentar el cuerpo tipográfico y ajustar la interlínea a la nueva medida.

Si las páginas han de imprimirse por los dos lados, recuerde que el papel casi siempre es un poco traslúcido y que, por lo tanto, los renglones del frente se transparentarán un poco por el reverso. El problema con esto es que, si las líneas de un lado se traslucen en medio de las del otro lado, el efecto de transparencia puede llegar a ser muy molesto para el lector. La solución es conseguir que todos los renglones sean exactamente del mismo tamaño y que los títulos y blancos intermedios midan uno, dos, tres, cuatro renglones o los que sean, pero siempre en un múltiplo exacto. Una vez logrado esto, vigile la impresión para garantizar la perfecta coincidencia de los renglones.

Ya lo saben, amigos:
el mensaje en el que le
confiesen sus infidelidades
a su pareja debe tener mucho
espacio entre los renglones.

Imprima hojas de prueba con el tipo, la medida y el cuerpo que ya eligió en los pasos previos. Comience con una composición sin interlinear y vaya aumentando el blanco en un punto o medio punto, consecutivamente. Las interlíneas más comunes van del 10 al 30 % por ciento. Otra vez, explaye las impresiones sobre una mesa y elija la que más le guste.

169 El rectángulo tipográfico

Ponga usted un montón de renglones bien alineados, uno debajo del otro, y tendrá lo que los diseñadores editoriales llamamos *un rectángulo tipográfico*. Obviamente, la cantidad de líneas determina el número de caracteres por página, así que esta decisión es significativa cuando se trata de administrar la sensación de avanzar. Por fortuna, estamos en una etapa del método aditivo que da lugar a muy pocas complejidades técnicas; aquí las decisiones son emocionales y estéticas.

En el 2008, Greenleaf y Raghubir publicaron un curioso estudio. Habían comparado los formatos de tarjetas de condolencia con los de tarjetas de cumpleaños. Se dieron cuenta de que las personas, para cosas de cierta gravedad, como esas condolencias, prefieren rectángulos dentro de un rango muy estrecho de variaciones, mientras que para los asuntos de juerga están dispuestos a aceptar desviaciones grandes y hasta extremas. Después de estudiar el tema más a fondo, se puede concluir que los formatos más excéntricos trivializan los contenidos.

Desde que los libros son más o menos como los conocemos ahora, es decir, desde hace un montón de siglos, los amanuenses e impresores han perseverado con formatos muy regulares, y en nuestros tiempos seguimos haciendo más o menos lo mismo. Quizás se trata de una programación natural, de una especie de reflejo, o, tal vez, de un entrenamiento psicológico constante que ya lleva más de mil quinientos años; de todos modos, cada vez que nos ponemos serios, nuestros rectángulos tipográficos caen dentro de cierto rango. Para quienes entienden de números, digamos que ese rango va, más o menos, de $1{:}\sqrt{2}$ a $1{:}\sqrt{3}$, es decir, de 1:1,414 a 1:1,732. En la medida en que un rectángulo se aleje de este intervalo, nos resultará más y más excéntrico. Es posible sacarle algo de jugo a este fenómeno: por ejemplo, podemos usar un rectángulo muy estirado para quitar un poco de circunspección a un mensaje severo.

De nuevo, la mejor manera de estudiar el rectángulo tipográfico es hacer pruebas impresas. Comience con un rectángulo de poca altura y vaya aumentando las líneas de dos en dos o de tres en tres. Extienda las impresiones sobre la mesa y elija.

170 La textura tipográfica

Desde el punto de vista neurológico, leer y ver son procesos diametralmente distintos. Estoy convencido de que durante la lectura usamos una «vista» que no es la cortical de todos los días —la que se interpreta en el lóbulo occipital—, sino otra, mucho más veloz, que corre por un circuito diferente y llega al colículo superior.

Por allá del año 2000 hice una investigación sobre tipometría en la que incluí una dimensión: el *color*. Se trataba de calcular el tono que producen las letras impresas. Tomé un tipo en dos variaciones (redonda y negrita) y medí la superficie de cada uno de los caracteres, tanto la del ojo (la parte que se imprime) como la del rectángulo en que se inscribe. Enseguida, dividí la superficie del rectángulo entre la del ojo, con lo que obtuve el radio entre negro y blanco, es decir, el valor del tono de gris.

Para mi sorpresa, el color era mucho más claro de lo que había esperado: quince por ciento; y no solo eso, sino que la diferencia entre las negritas y las redondas era muy pequeña: un 5 %, apenas. Si imprimimos —en ófset o con una buena impresora, conste— dos rectángulos grises, uno al 15 % y otro al 20 % por ciento, veremos dos superficies muy claritas que apenas se distinguen una de la otra. Sin embargo, cuando se trata de letras —de rectángulos tipográficos con una y otra variación—, las diferencias son absolutamente evidentes.

Y sería interesante estudiar los aspectos neurológicos derivados de leer en una pantalla, cuando el gris se forma con un blanco hecho de luz, y no de una materia inerte, como el papel.

He hecho estas pruebas muchas veces con mis alumnos. Les pido que reproduzcan en un rectángulo el gris que genera cierta mancha tipográfica. La mayoría de los ejercicios terminan con superficies grises que van del 40 al 80 % y hasta el 90 % (como dato curioso, es casi imposible producir un gris del 40% o más solo con tipografía). Finalmente, les sugiero que peguen ambas piezas en una pared y se alejen lo más que puedan, hasta el punto en que la mancha tipográfica se confunda con un rectángulo liso. La sorpresa es mayúscula.

La verdad es que la mancha tipográfica, que nos parece tan sólida, es un rectángulo bastante paliducho. Ya con los tipos interlineados, lo normal es que haya tinta en apenas un 12 o 13% de la superficie tipográfica.

171 El espacio normal

Si usted, apreciado lector, no es diseñador, seguramente nunca se ha puesto a analizar los espacios que separan las palabras. ¿Para qué?, si son justamente lo que no hay, la ausencia de información positiva. De hecho, debo reconocer que la mayoría de los diseñadores tampoco se fijan en esos detalles (y así diseñan, ¡claro!), ya que confían ciegamente en que sus programas informáticos de diseño, procesamiento de textos y autoedición resolverán de forma automática cualquier cosa que se relacione con el asunto. Pero los espacios, esos pequeños caracteres vacíos enapariencia, guardan muchísima ciencia editorial.

Entre un montón de posibles variaciones, clasificamos los espacios entre palabras en dos clases: sólidos y elásticos. De los segundos me ocuparé un poco más adelante.

Los espacios sólidos son los más interesantes, desde el punto de vista de la estética tipográfica. Un diseñador de letras, que suele ser un tipo extremadamente puntilloso, puede pasar muchas horas de placer refinando los detalles más nimios de sus dibujos; pero también invertirá un montón de horas, no tan amenas, depurando, filtrando, acrisolando con meticulosidad los espacios blancos alrededor de cada carácter. En los mejores tipos para texto, el espaciamiento estándar y el acoplamiento de las letras son tareas increíblemente delicadas que exigen una cantidad desmedida de tiempo. De lo que se trata, a fin de cuentas, es de lograr la proeza de formar una textura pareja con esos elementos tan disparejos que son las letras.

Uno de los caracteres más demandantes de atención es el espacio normal entre las palabras. No es frecuente que los lectores reparemos en él, aunque aparece con muchísima frecuencia. Seguramente se habrá fijado usted en que, al escribir un renglón en el procesador de textos, y antes de llegar al borde derecho, todos los espacios son iguales. Lo que sucede es que, cada vez que golpea la barra espaciadora, el programa de cómputo inserta un carácter U+0020. No se trata de un hueco determinado por el programa de procesamiento de textos, sino de un signo (sin ojo) que el diseñador del tipo colocó precisamente en la casilla U+0020 de la fuente tipográfica. Para determinar la anchura de ese signo, es probable que el diseñador tipográfico haya invertido muchas horas entre observaciones y ajustes.

172 Justificación

Justificar significa 'ajustar los renglones de manera que todos tengan la misma longitud'. Así, los párrafos justificados van alineados tanto por el lado derecho como por el izquierdo y forman manchas tipográficas perfectamente rectangulares. La contraparte son los párrafos *en bandera*, que solo se alinean por un lado: *en bandera derecha*, si el lado parejo es el izquierdo, y *en bandera izquierda*, si se alinean por la derecha.

La justificación ha sido el patrón de toda la vida, desde que los textos se componían a mano. De hecho, Gutenberg tuvo que encarar importantes dificultades técnicas para justificar las estrechas columnas que diseñó para su Biblia de 42 líneas. Lo consiguió fundiendo cada letra en diversos espesores. Poco tiempo después, otros impresores descubrieron que era mucho más fácil y rápido modificar los espacios entre las palabras.

Hasta ahora no he podido escribir sino esta hoja que ayer no preveía. ¡Cómo hay de ocupaciones en la isla solitaria! ¡Qué insuperable es la dureza de la madera! ¡Cuánto más grande es el espacio que el pájaro movedizo!

Párrafo justificado

Hasta ahora no he podido
escribir sino esta hoja que ayer
no preveía. ¡Cómo hay de
ocupaciones en la isla solitaria!
¡Qué insuperable es la dureza
de la madera! ¡Cuánto más
grande es el espacio que el
pájaro movedizo!

Bandera derecha

Hasta ahora no he podido
escribir sino esta hoja que ayer
no preveía. ¡Cómo hay de
ocupaciones en la isla solitaria!
¡Qué insuperable es la dureza
de la madera! ¡Cuánto más
grande es el espacio que
el pájaro movedizo!

Bandera izquierda

En la elasticidad de los espacios está, precisamente, el pecado de la justificación. Si la diferencia entre los más angostos y los más anchos es pequeña, no hay problemas, las columnas quedan bien: parejas por ambos lados y homogéneas en su textura. Sin embargo, si unos espacios salen mucho más amplios que otros, especialmente en renglones consecutivos, la textura se descompone. Se dice entonces que hay *renglones flojos* o *renglones sueltos*, y esa es otra de las grandes chambonadas que distinguen a los compositores inexpertos. A veces, la elasticidad de los espacios es un precio muy caro que pagar por la justificación. A fin de cuentas, que los renglones sean de distintas longitudes no es algo que trastorne gravemente el acto de leer; en cambio, los renglones sueltos sí que son incómodos, además de feos.

En una composición justificada, el programa, según se escribe, va metiendo espacios normales (U+0020) entre palabra y palabra. Cuando se ha rebasado el margen derecho, el último vocablo salta al siguiente renglón. El programa de cómputo calcula, entonces, la longitud del hueco que dejó el vocablo faltante y divide esta longitud entre el número de palabras que quedaron en el renglón menos una; o sea, la divide entre el número de espacios. Digamos que la línea contiene once palabras después de haberse quitado la última —la que ya no cupo completa— y que han quedado diez milímetros de hueco. Así, tendremos que añadir un milímetro de espacio entre palabra y palabra para conseguir la justificación exacta. Si los blancos resultantes quedaran demasiado largos, el programa trataría de devolver al renglón el último vocablo escrito, y entonces, para darle cabida, procuraría reducir un poquito los espacios entre las palabras. Si no lo consiguiera, el vocablo se dividiría silábicamente, según ciertas reglas, y el renglón de marras cerraría con un guion.

Presten mucha atención a esto, señoras y señores, pues no hay nada más feo ni menos elegante que una página con renglones llenos de blancos.

173 Renglones sueltos

Sigamos con el ejercicio anterior. Es posible que, después de las maniobras descritas, el vocablo flotante todavía no quepa en el renglón a justificar, ni siquiera dividido en sílabas. Imagine que al final le queda una palabra como *chancla*, que solo puede dividirse entre la n y la c. Si el programa tuviera que devolver la primera sílaba de esta palabra al renglón anterior, tendría que abrir un hueco para seis caracteres: un espacio, las cuatro letras de *chan* y un guion. ¡Son muchísimos!

Es imposible hacer otro tipo de división, porque se incurriría en una falta de ortografía, y la ortografía está por encima de la estética editorial. Por lo tanto, tendríamos que dejar un lamentable renglón suelto, derivado de distribuir un blanco excesivo entre las palabras.

Cuando comenzaron a popularizarse los programas de autoedición, allá por la segunda mitad de los ochenta, muchos de mis colegas usaban en sus Apple los programas Aldus PageMaker (hoy pertenece a Adobe) y QuarkXPress. Los dos tenían algoritmos para dividir las palabras que no cabían en el renglón, pero esos algoritmos solo servían para el idioma inglés. En consecuencia, las voces *militar* y *poder* podían aparecer divididas como *mil-/itar* y *pod-/er*, respectivamente. Quark puso a la venta una extensión para lenguas extranjeras llamada Passport, pero costaba muchísimo dinero. Quien no podía piratearla normalmente tenía que trabajar sin ella.

La insensata solución de los usuarios de Apple que no contaban con un algoritmo de división en español fue desactivar la división de palabras. Sin ese recurso—que es absolutamente indispensable cuando se trata de hacer una composición tipográfica decente—, muchísimas ediciones de los ochenta terminaron siendo unos verdaderos adefesios. Los renglones sueltos se combatían, a veces, componiendo renglones larguísimos; en ocasiones, formándolos en bandera; en otras, metiendo guiones en medio de las palabras, con el riesgo de que, en caso de que el autor o el corrector añadieran o quitaran un trozo del texto, la palabra, con todo y su guion, apareciera muy campante en medio de una línea.

El problema más grave de los renglones sueltos y otras irregularidades en el texto consiste en que producen focos de atención donde no debería haberlos. Los ojos se dirigen de manera natural a las regiones anómalas, ya sea una cadena de negrillas, una frase en mayúsculas o un accidente tipográfico notorio. Entre esos últimos, los renglones sueltos son los más comunes.

¡Qué penoso sería que un accidente tipográfico hiciera resaltar aquella oración que usted, con tanta diligencia, quiso camuflar entre ideas anodinas para que pasara inadvertida!

174 ¿Es lícito resaltar partes del texto?

No.

Estamos hablando del recurso típico de poner en medio de un párrafo algunas palabras en negrillas, en mayúsculas, subrayadas, de color distinto o de cualquier otra manera destacadas. Comprendo lo seductor que puede ser para usted conducir así la atención de sus lectores, darles un poco digerido el texto para que comprendan, en un golpe de vista, qué es lo más importante.

¿Qué pasa cuando resaltamos unas palabras? Dos cosas.

La primera es que cualquier palabra o frase que sobresalga con esos artificios se convertirá en el punto toral del mensaje. Esto tiene un feo efecto secundario o, como se diría en un parte de guerra yanqui, un «daño colateral»: el resto del documento se vuelve irrelevante.

Nuestra programación biológica nos fuerza, de manera inconsciente, a extraer cuanto antes la miga de todas las cosas. Si dejamos de poner atención en lo irrelevante, ahorramos energía para lo esencial. Ahora bien, lo más significativo de esto es que no solo estamos dispuestos a primar ciertos estímulos, sino a inhibir todo aquello que los rodea, como si estuviera ahí solo para hacernos consumir nuestras escasas reservas energéticas. Tome en cuenta, entonces, que cada vez que resalte algo en un documento, *desresaltará* todo lo demás.

La segunda cosa es un poco más sutil, pero no menos importante. Imagine que da vuelta a la página de un libro y se encuentra, en la parte inferior de la página derecha, unas palabras en negrillas. Si usted es un lector disciplinado y paciente, resistirá la tentación de leer esa parte destacada antes de tiempo, y, sin embargo, eso estará en su reojo, reclamando su atención. Sí, seguirá la lectura por el primer renglón de la página izquierda, pero con una creciente ansiedad por llegar a las negrillas. Por lo tanto, los destacados también tienen un peligroso efecto distractor.

Cuando resaltas sin control, tu texto será una verbena y olerá a fritanga. Estás avisado.

Lo bueno es que hay un remedio, una forma impecable de destacar lo esencial sin tener que recurrir a diacríticos ni nada por el estilo: escribir bien.

175 González

Este oficio, que ha pasado por siglos de padre a hijo y de maestro a aprendiz, preserva una fuerte semilla de conservadurismo. Hay muchísimas reglas arraigadas en las editoriales sin que nadie sepa cómo se originaron ni cuál es su propósito; simplemente se obedecen como si fueran preceptos religiosos. A menudo aparecen muy orondas en los libros de estilo.

Quizás en tal o cual editorial hubo, cincuenta años atrás, un prestigioso corrector apellidado González a quienes todos respetaban por su gran sabiduría. González había pasado cinco décadas pegado a las cajas de composición: primero, de niño, desbrozando y distribuyendo tipos; más adelante, componiendo a mano, y después, corrigiendo pruebas y supervisando el taller. Trabajando, había leído más libros que un maestro de filosofía. Si González decía que tal palabra debía escribirse con mayúscula, a nadie se le ocurría ponerlo en duda. Era un privilegio y una gran comodidad tenerlo cerca, mejor que un diccionario.

Con el tiempo, todos los cajistas podían repetir de memoria las reglas y admoniciones de González; se habían convertido en un libro de estilo no escrito. Si llegaba un linotipista nuevo, a los pocos días le caía encima, como plomo hervido, un gonzalismo.

Pues bien, todos los grandes y viejos talleres tipográficos han tenido un González, que, jubilado, muerto y hasta olvidado, sigue mandando. Prevalecen sus normas y se transmiten de un trabajador a otro investidas de autoridad.

Veamos un ejemplo: en México, muy pocos medios impresos publicarían una cifra como 52 600. Hace muchos años, algún González decidió que era conveniente «facilitar la lectura» metiendo la palabra *mil* entre los dos grupos de cifras, así: *52 mil 600*. ¿Cómo logró semejante necedad convertirse en regla? ¡No lo sé, pero ahí están cientos de publicaciones mexicanas que demuestran que esto es un canon irrebatible!

¿Cree usted que estas cosas solo suceden lejos de casa? ¡Ja! La misma *Ortografía de la lengua española* del 2010 tiene sus gonzalismos; por ejemplo, este que aparece bajo el título «Recomendaciones ortotipográficas» (4.1.1.1.3):

> b) Se recomienda no dividir palabras de solo cuatro letras: *ga- /to*, *es- /tá*.

He aquí a González en su mejor momento. Para descargo de la RAE y la ASALE, destaco que esta no es una regla, sino una sugerencia (por cierto, ya había aparecido en el *Diccionario panhispánico de dudas*, del 2005, así como en muchos libros especializados, incluyendo uno de los míos).

Por más que pienso en esta recomendación, solo se me ocurre que su objetivo es impedir que queden dos letras solas en un extremo de la línea. Si es así, entonces prohibamos también la división de palabras de cinco letras, porque forzosamente quedarán dos caracteres aislados en uno de los lados; y, por la misma vía, recomendemos no dividir ninguna palabra —sin importar su extensión—, si en virtud de esa división quedan dos letras solas en un extremo. O, dígame usted, ¿qué tiene de particular una palabra de cuatro letras como para sufrir semejante discriminación?

176 ¿Esto se justifica?

Todavía se cree, en el seno de muchas editoriales así como entre lectores, que las composiciones en bandera son poco serias. Es como si ese borde derecho irregular fuera producto de una vida de juergas o una personalidad indomable. Me imagino a la madre de todos los párrafos sermoneando al párrafo en bandera, mientras este la mira impasible tras sus anteojos de pasta: «¡Desgraciado!, aprende de tu hermano, tan derechito, tan formal, tan correcto...».

La diferencia esencial entre un párrafo justificado y uno en bandera consiste en que, en el primero, los espacios entre las palabras son elásticos, mientras que, en el segundo, son todos iguales. El precio que se paga por la regularidad en el margen es la irregularidad en los espacios, y viceversa. Hasta los años setenta, cuando comenzaron a venderse las primeras máquinas de escribir electrónicas que tenían la capacidad de justificar columnas, esa maniobra era casi imposible fuera de las imprentas. Por lo tanto, las manchas tipográficas rectangulares distinguían el trabajo profesional detallado, lento, costoso y complejo, con respecto del secretarial, informal, rápido y utilitarista.

Esto pensaba yo un poco antes del año 2000, cuando quedé prendado de un libro titulado *Counterpunch*, escrito y diseñado por el tipógrafo holandés Fred Smeijers. Un par de años después de haberlo leído, citado, comentado y vuelto a citar, y cuando el volumen ya empezaba a dar muestras de desgaste, me di cuenta de que estaba compuesto en bandera. Las páginas me habían dado la impresión de frescura y sencillez, pero nunca de negligencia, prisa o falta de rigor. Los párrafos estaban tan bien compuestos, que los lectores ni siquiera reparábamos en su forma. Tenía todo lo que debe tener un buen documento: un diseño que embelesa a primera vista y se desvanece en cuanto uno comienza a leer.

El fuero interno del párrafo en bandera me ha dejado loco.

El quid del párrafo en bandera es la perfección del tejido tipográfico. Cuando todos los espacios son del mismo tamaño —y, sobre todo, cuando se trata de espacios normales—, la letras integran una textura gris homogénea. Esto es casi imposible de lograr en párrafos justificados, a menos que se manipulen los espacios entre las letras o la geometría de las letras mismas (algo fácil y muy tentador, hoy en día, pero que normalmente conduce al desastre). La composición justificada nos puede regalar un rectángulo de atractiva regularidad geométrica, pero, si no se hace con pericia, nuestro bello rectángulo saldrá con las tripas descompuestas. Así que usted decide.

Por cierto, mientras la mamá lo regaña, el párrafo en bandera replica en su fuero interno: «Sí, tan derechito que parece el muy hipócrita de mi hermano, pero, si lo vieras por dentro...».

177 Los malqueridos guiones

Los programas más importantes de procesamiento de textos y autoedición nos permiten gobernar la frecuencia y forma con que pueden dividirse los vocablos que no caben completos al final de la línea. Nos preguntan, por ejemplo, si deseamos activar la división y si esta debe ser automática o manual; nos permiten elegir una «zona de división», que es difícil de explicar, pero que consiste en controlar, más o menos, el grado de irregularidad del margen derecho; también, entre otras cosas, nos preguntan si deseamos que las palabras en puras mayúsculas también estén sujetas a divisiones o permanezcan siempre completas. Entre esos controles, hay uno muy importante, cuya función es limitar la cantidad de renglones consecutivos que pueden terminar con un guion divisor.

Conozco a mucha gente que usa el procesador de palabras Word y que nunca se ha topado con esos controles (por cierto, están en *Diseño de página > Guiones > Opciones de guiones o Alt-c-u-o*). Conozco a más personas que sí los han visto, tanto en el procesador de palabras como en programas de autoedición, y los han cerrado inmediatamente, con angustia, como si se hubieran encontrado con algo indebido. Pero ese dispositivo limitador de los guiones consecutivos podría estar dejándonos ciertas huellas psicológicas. Mi impresión es que ha convertido al guion en el villano de la ortotipografía. ¿Por qué habría que controlarlo de esa manera si no fuera un sujeto ruin?

La *Ortografía* de la RAE-ASALE se hace eco de un *gonzalismo* al recomendar que no haya más de tres renglones consecutivos terminados en guion. Esto está muy bien, aunque, como cualquier regla de González, no se puede aplicar a rajatabla, no. Si la medida es muy corta, es mucho mejor permitir un cuarto guion, y hasta un quinto, que dejar un renglón suelto; y si es bastante larga —más de setenta golpes, por ejemplo—, vale la pena hacer ajustes para no pasar de dos. Pero, ante todo, note usted cómo la *Ortografía* también apercolla al guion, y esto no hace más que confirmar lo dañino que es el bicho.

La verdad es que los guiones no tienen absolutamente nada de malo. La idea de impedir que varios renglones consecutivos terminen con el mismo signo se podría aplicar a todas las letras. Por ejemplo, debemos procurar que no haya más de tres renglones terminados en *a*, en *l* o en coma o en lo que sea.

El problema es que, al demonizar al guion, se demoniza también la razón por la que está ahí, que no es otra cosa que la división. Hablemos un poco de ella.

178 La división

División y *guion* son lo mismo, de acuerdo con el *DRAE:* un signo de puntuación que sirve para indicar que la última palabra de un renglón está incompleta. Ahora bien, como tenemos *guion* para referirnos al signo ortográfico, usamos *división* casi exclusivamente para referirnos a la acción y efecto de poner esos guiones.

En español, dividir es un acto casi intuitivo, tanto como silabear una palabra. En otros idiomas, en cambio, la cosa no es tan fácil. No sé si se habrá dado cuenta, apreciado lector, de que en los diccionarios del inglés, los gordos, principalmente, las entradas tienen unos puntitos o guiones en algunos sitios. Veamos: *hon•our•a•ble*, *tran•quil•i•zer*, *re•ceiv•ing*, *fig•ure*. Ahí, donde están esas marcas, es por donde la palabra puede dividirse cuando no cabe completa en un renglón. Muchas veces los puntos coinciden con el silabeo que haríamos en español, pero las normas de división en inglés son morfológicas, no silábicas. Por lo tanto, para saber dividir, antes de los tiempos de la autoedición, había que tener conocimientos de etimología, aprenderse de memoria los puntos de división o consultar un diccionario.

Los cajistas y linotipistas de habla inglesa hacían un poco de cada cosa, pero, como solían pagarles por renglón, no se detenían a consultar el diccionario con mucha frecuencia. Había, pues, cierta reticencia a dividir. Por otra parte, muchas palabras inglesas están compuestas de sílabas largas —*hand•ker•chieves*, *chair*, *through*—, lo que hace muy difícil una buena justificación en ese idioma. La consecuencia es que los renglones flojos en inglés abundan aun en libros de muy alta calidad. Ante tantas dificultades, la composición en bandera sin divisiones parecía a los viejos tipógrafos un verdadero oasis, hasta el punto en que prácticamente la convirtieron en regla.

El mejor remedio para evitar los horrendos blancos que se cuelan en los renglones al justificar el texto son los guiones. Úsenlos, por favor.

Este rechazo a los guiones nos llega ungido del prestigio de la lengua y las publicaciones inglesas. Pensamos, entonces, que la división es un mal, que es un daño horrible para los lectores y que solo debemos recurrir a ella en caso de emergencia. ¡Falso! Si no estuviéramos hablando del tema, usted ni siquiera repararía en ella.

179 La composición en bandera

Componer en bandera parece fácil. De hecho, en los primeros tiempos de la autoedición, cuando los maquetadores no contaban con un algoritmo de división de palabras en español, recurrían a suspender esas funciones. Sin el poder de dividir algunas palabras al final del renglón, la única manera de generar una línea más o menos decente consiste en extender la medida mucho más allá de lo razonable. Claro, si en el renglón caben veinte palabras, tenemos un montón de espacios para distribuir un blanco grande sin que se note mucho. Pero eso significaría hacer renglones de más de cien caracteres, feos y penosos de leer.

Otra solución típica era no justificar los renglones, es decir, componer en bandera. Quizás por ahí, y por una importante influencia de la tipografía inglesa —de la que acabamos de hablar en el apartado anterior—, comenzó a aplicarse un modelo muy socorrido: «alineado por la izquierda y sin cortar palabras», o sea, en bandera derecha y sin divisiones. Tan popular se hizo este modelo, que hoy se ha convertido en un gonzalismo flagrante. Muchos editores y diseñadores editoriales te dicen con autoridad: si vas a componer en bandera, *debes* desactivar la división.

Mi madre cuenta que, cuando yo tenía unos siete años, me dio por ponerme a dibujar en una pared de la casa. Como la casa estaba recién pintada, mi pobre madre se puso como el Hulk. Trajo jabón, un pequeño cubo con agua y una esponja, y me plantó frente a la pared bajo la advertencia de que no me podía mover hasta que dejara la pared perfectamente limpia. Horas más tarde, me cuenta, yo seguía impertérrito, con la esponja en la mano y sin haber borrado un punto.

Sí, tengo problemas con la autoridad. Así que ese «debes» que puse de cursivas unos renglones atrás me chamusca las neuronas. ¿Qué se gana desactivando la división? Absolutamente nada.

Componer en bandera, hacerlo verdaderamente bien, no es nada fácil. La única pega, ya lo hemos dicho, es la irregularidad del margen derecho. Si está mal hecha, ese margen no solo se ve mal, sino que puede formar figuritas accidentales y distraer al lector. Hay que revisar meticulosamente cada uno de los renglones, cómo se combina con los anteriores y los siguientes, qué figuras se producen en el lado derecho, cómo se ve el párrafo terminado en comparación con los párrafos aledaños. La mejor bandera es la que produce un borde derecho casi recto, y eso es imposible sin el recurso de dividir palabras.

Mi mejor amigo es el guion. Siempre está ahí para ayudarme a componer buenos párrafos; sin él, mi labor, como yo la entiendo ahora, prácticamente no tendría sentido.

180 Los márgenes

Volvamos con el método aditivo. Nos quedamos, unos once apartados atrás, con una mancha tipográfica y es hora de colocarla en un rectángulo de papel. Para esto hay muchos, muchísimos caminos, que van desde probar con hojas de papel recortadas hasta sacar la calculadora electrónica y practicar un poco de álgebra y trigonometría. Pero, antes, hablemos un poco de los márgenes, y lo primero que deberíamos discutir es para qué sirven y, de manera especial, para qué sirven los márgenes amplios. Las razones son muchas. Veamos:

En primer lugar, un documento sin márgenes es absurdo desde el punto de vista técnico, pero no vale la pena detenernos a explicar esto. El lector juicioso llegará a la misma conclusión tras pensar unos segundos en lo contrario. Los márgenes son una necesidad técnica para la manipulación, impresión, doblado y encuadernado; incluso, también para la lectura. Esas condiciones determinan unas medidas mínimas. En el diseño de documentos, la más relevante es el margen de lomo. Más adelante veremos por qué.

Hay otra razón técnica, que es disimular las oblicuidades accidentales de la tirada. Cuando los documentos se imprimían principalmente en prensas tipográficas, los papeles y los moldes podían soltarse y quedar un poco ladeados. Algo semejante sucede con las impresoras de bajo costo, que sujetan el papel de manera imprecisa. Es obvio que el defecto resulta mucho más notable a simple vista cuando los márgenes son estrechos. Lo normal, hoy, es imprimir en ófset, una técnica que ha avanzado mucho en precisión; por lo tanto, esos accidentes son cada vez menos frecuentes.

En los tiempos de la protoimprenta, los libros se entregaban a los clientes en forma de pilas de hojas sueltas. El comprador llevaba las hojas al encuadernador, y este, después de plegar, alzar, apilar y coser, refinaba los bordes del libro con una navaja. Con las hojas perfectamente emparejadas, encolaba las tapas. Décadas después, ese libro, ya maltrecho, debía encuadernarse de nuevo, así que el hijo de aquel encuadernador lo desbarataba, volvía a alzar los cuadernillos, los apilaba y los cosía, pero, por más esmero que pusiera en esos trabajos, los bordes de las

¡Qué habría sido de las Glosas emilianenses si aquel novicio no hubiera tenido márgenes para glosar...!

hojas quedaban un poco disparejos y los refinaba una vez más. Así, tras un par de siglos de sobrevivir en la biblioteca de un monasterio y pasar por las manos torpes de muchos monjes —digamos—, el libro había pasado por las manos del nieto, el biznieto y el tataranieto del encuadernador. Y, en cada maniobra, ¡zas!, unas tiritas de los bordes se habían ido a la basura. Con el tiempo, pues, los libros perdían material, así que los impresores precavidos los dotaban de grandes márgenes. Hoy, los volúmenes más costosos, los que están hechos para durar y durar, también lucen grandes marginados.

Los márgenes también sirven para sujetar el documento sin que los dedos tapen las letras, claro, y para escribir notas. Es una buena costumbre dejar márgenes amplios en cartas, memorandos, presupuestos, y demás. A muchos destinatarios todavía nos gusta hacer anotaciones en los papeles, encuadernarlos y archivarlos.

181 Columnas

La composición a dos columnas o más es un recurso formidable para quien necesita componer renglones cortos sin aumentar desmedidamente el cuerpo tipográfico. Los programas avanzados de procesamiento de textos y autoedición facilitan este tipo de arreglos, sin embargo, para que todo salga bien, es importante tomar en cuenta algunos detalles.

En primer lugar, los renglones deben coincidir horizontalmente entre columna y columna. Esto implica que, si metemos un título en medio de una, este debe abarcar una cantidad precisa de líneas. Por ejemplo, debe ocupar uno o dos renglones y tener tres líneas de blanco arriba y una abajo. Exactitos. Si no se hace así, las líneas pueden desfasarse. Además de que las columnas desniveladas se ven de horror, el desfase hace imposible que los renglones del frente coincidan con los del reverso.

El flujo del texto siempre va de arriba abajo y de izquierda a derecha. Si una página compuesta a dos o más columnas lleva un grabado que la parte por el medio de margen a margen, el flujo sigue igual, como si la ilustración no estuviera ahí. Pero esto no ha sido así siempre. En algunas obras antiguas, sobre todo del siglo XIX y principios del XX, se pueden ver textos que corren primero por todas las columnas de arriba del grabado.

Por lo general, se procura que las columnas queden perfectamente alineadas por debajo. Si se trata de una revista o un libro ilustrado, eso se puede lograr aumentando o reduciendo el tamaño de alguna fotografía o un blanco. Pero también puede ser muy atractivo desigualar las manchas tipográficas deliberadamente, como, por ejemplo, en una composición a tres columnas, deje una llena y las otras dos un poco cortas y de distinta longitud. Ponga todo su buen gusto y le quedará un blanco asimétrico muy atractivo debajo del texto.

El espacio entre dos columnas se llama *corondel*. Aunque parezca que lo que sigue está al revés, el corondel debe ser un poco más ancho si la composición es en bandera que sí se justifica. Sí, los renglones quebrados tienen un poco más de blanco por la derecha que los justificados, pero el borde irregular hace un poco más difícil de distinguir el límite derecho de la columna. Un corondel ordinario mide entre el 10 y el 20 % de la anchura de la columna; eso es lo que se espera de un texto extenso. Sin embargo, en algunas composiciones breves, y solo como recurso estético, se puede dejar un blanco minúsculo o, en contraste, ampliar mucho el tamaño del corondel.

182 Galletita

Cada vez que Margot, mi perrita cocker spaniel, hacía una gracia, le dábamos una galletita de perro. Llegó a convertirse en toda una artista: giraba, se sentaba, buscaba cosas, iba, venía, se echaba, hacía el muertito, rodaba... Tenía un muñequito de hule al que llamábamos Benito. Me gustaba escondérselo en un cajón o en cualquier sitio recóndito cuando ella no estaba presente. Un buen rato después, y lejos del escondite, le decía «¡Busca a Benito!». Entonces, Margot, moviendo el rabo, recorría ágilmente toda la casa hasta dar con el juguete. Nunca fallaba.

¡Ajá! Ahora lo entiendo. Por eso Alberto me da una galletita cuando le llevo su martini.

Antes hablábamos de estimulación, allá por la página 228. Explicábamos lo importante que es dar al lector una cantidad adecuada de recompensas —que él recibirá con gusto cada vez que termine un capítulo, una página y hasta un párrafo. Es como si en cada hito del camino de la lectura lo premiáramos con una galletita: que terminó una parte, ¡galletita!; un capítulo, ¡galletita!; una página, ¡galletita!... Un lector adecuadamente adiestrado andará por el libro moviendo el rabo lleno de felicidad. No, retiro lo dicho, es un ejemplo malísimo. Usted perdone.

En fin, a lo que íbamos. Los antiguos amanuenses e impresores conocían muy bien esto de la estimulación. La manejaban con maestría. Eran cuidadosos al calcular la cantidad de letras por renglón, el número de renglones por página, el tamaño de la letra, los arreglos en columnas, los márgenes, los decorados y demás elementos editoriales. Lo aprendieron tras muchos siglos de ensayos, errores, reflexiones y correcciones.

Al llegar al Renacimiento, los libros ya eran productos muy depurados. Sobre la forma y la colocación de la mancha tipográfica se forjaron algunos principios, muy prácticos y un poco místicos, que se reflejan en lo que hoy llamamos *marginados clásicos*. Esos principios son cuatro:

a) Las diagonales de la página y la mancha tipográfica deben ser colineales; así, ambos rectángulos tendrán exactamente las mismas proporciones.
b) La anchura de la página será igual a la altura de la mancha tipográfica.
c) El margen de corte (el contrario al lomo del libro) medirá el doble que el margen de lomo.
d) El margen de pie (el de abajo) medirá el doble que el margen de cabeza (el de arriba).

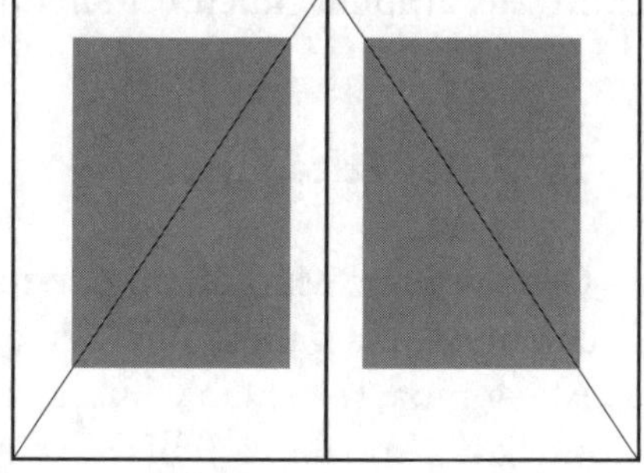

Marginado clásico.

Los principios *c* y *d* son mutuamente inclusivos cuando se cumple *a*. En otras palabras, si se cumplen *a* y *c*, sucede *d*, y si se cumplen *a* y *d*, sucede *c*. No todos los marginados clásicos observan los cuatro principios, pero, al final, todos se parecen. En cualquier caso, desde luego, el margen más grande es el inferior. ¿Por qué? Porque si la mancha tipográfica está levantada en la página, parece menos pesada, como si volara ingrávida en el papel. Galletita pura.

183 El margen de lomo

Los libros, revistas y otros documentos se imprimen en hojas grandes que albergan cuatro, ocho, dieciséis, treinta y dos y hasta sesenta y cuatro páginas. Por ejemplo, en una hoja A0 caben ocho hojas A4, así que, si la hoja extendida se imprime por los dos lados, el resultado son dieciséis páginas. Para hacer un libro de 320 páginas, necesitaríamos reproducir veinte hojas.

Después de la impresión, la hoja debe plegarse tres veces: del primer doblez salen cuatro caras; del segundo, ocho, y del tercero, las dieciséis que buscamos. A esta pieza ya doblada se le llama *cuadernillo* o *pliego*. Una vez hechos todos los cuadernillos, se apilan en el orden en que aparecerán en el libro, se emparejan y se cosen o se pegan.

La clase de acabado que se da a partir de este punto tiene consecuencias importantes en los costos de la edición. Lo más caro es terminar el libro con tapas, aunque esta técnica tiene dos grandísimas ventajas. Una es que el libro queda muy bien protegido; la otra, que se puede abrir por cualquier página sin que se cierre solo. Si usted abre un libro encuadernado de esta manera, podrá notar que la línea por donde se doblan las hojas queda prácticamente expuesta. Incluso es posible ver los hilos con que el libro fue cosido. Aun si el margen de lomo fuera de un milímetro, los renglones se verían completos.

Otra forma de guarnecer el libro consiste en tomar el paquete, cosido o no, y encolarle al lomo unas cubiertas de cartulina. Cuando el volumen está encuadernado así, se dice que está *en rústica*. Si bien este proceso es más rápido y económico que el anterior, da lugar a un producto mucho más frágil de lomo semirrígido. Los problemas más inmediatos de un lomo así son dos: por una parte, aparece el molesto efecto de que el libro tiende a cerrarse solo; por la otra, las hojas no se pueden abrir por completo sin que la encuadernación se rompa.

Los diseñadores editoriales debemos estar al tanto de la encuadernación que se proyecta para el libro o revista, porque de ello depende, sobre todo, el tamaño del margen de lomo. Por cuestiones fundamentales de armonización, del margen de lomo dependen los otros tres. Así que lo primero que le pregunto al editor o al impresor, después de que me ha informado de las dimensiones del libro, es cómo va a encuadernarlo. La primera respuesta que recibo suele ser «¡Qué raro que preguntes eso!».

184 *Horror vacui*

Lo llamo el *síndrome del baño público*, pero la gente educada y políticamente correcta lo llama *horror vacui*. Me refiero a esa necesidad que tenemos algunos de llenar profusamente todo el espacio disponible, o bien, a esa aprensión que se siente cuando te sientas en un escusado público y todo lo que tienes para ver son tres superficies blancas. Si te coge con un bolígrafo a la mano, ¡ay!...

Se dice que el horror al vacío afecta principalmente a las personas que han tenido poco desarrollo cultural, al grado de que la devoción por los vacíos amplios se asocia con individuos altamente culturizados (sea lo que fuere lo que esto quiera decir). El hecho incontestable es que es más fácil encontrar un baño pintarrajeado en la fonda de un pueblecito que en un lujoso restaurante urbano.

Los diseñadores relacionamos este culto al blanco con un estilo centroeuropeo creado en la primera mitad del siglo XX, pero explotado extensamente entre los setenta y ochenta, más o menos. Como profesor de la carrera de diseño gráfico en Latinoamérica, he visto que la mayoría de nuestros estudiantes no se sienten cómodos con ese estilo. Se debaten entre lo que se les dice que está bien y lo que el cuerpo les pide hacer, es decir: por un lado tienen la meta del diseño funcionalista con extensos vacíos y, por el otro, el modo de su corazón abigarrado, exuberante y, posiblemente, más vital.

¿Qué haces con un estudiante que te trae un boceto sin reposos? ¿Lo sientas en tu rodilla y le cuentas con voz dulzona que hubo una vez un señor llamado Aristóteles que dijo aquello de que la Naturaleza aborrece el vacío y que después vino un tal Pascal a desmentirlo con un barómetro? ¡No!, aceptas gozosamente la diversidad y, en la medida de tus posibilidades, ayudas al alumno a encontrar el punto virtuoso donde convergen la profusión y la síntesis.

A mí me lo contagió y ustedes también deberían contagiarse; me refiero al amor de Jorge por los márgenes generosos.

Otra cosa, pero muy otra, es que te traigan una carta comercial, una traducción o un informe sin márgenes generosos. Orejas de burro y ¡al rincón!

185 Cánones

Los marginados clásicos parten siempre de puntos geométricos que se determinan, en primer lugar, por la forma del material en que se escribía o se imprimía. En los tiempos del pergamino, no podía ser de otra manera: las vacas y los borregos siempre han sido más o menos como se los ve en los corrales, así de alzada y volúmenes. Nunca se ha podido sacar de una vaca un buen pergamino A0, y hasta la fecha parece imposible criar una manada de reses normalizadas y convenientemente reticuladas.

De modo que, en los escritorios de la Edad Media, los copistas estaban condicionados por las existencias. Si las terneras venían grandes y buenas de piel, podían esperar pergaminos un poco más extensos y con mayor superficie aprovechable. Así que no había ninguna seguridad de poder trabajar dos veces con el mismo formato. El tamaño y la disposición de la mancha tipográfica y, por ende, los márgenes, dependían inevitablemente de la forma del pergamino.

La costumbre, entonces, era trazar los márgenes y la pauta a partir de directrices que se originaban en el mismo rectángulo inicial. Se trazaba una diagonal de tal esquina a tal otra; luego, una nueva diagonal de aquí acá; enseguida, en la intersección de las dos rectas se trazaba una perpendicular hasta tal borde, y así... Algunos de estos procedimientos tuvieron mucho éxito y fueron transmitidos de taller en taller durante muchas generaciones. Son los marginados clásicos.

Si el rendimiento de un impreso se calcula dividiendo la superficie de la mancha tipográfica entre la del papel, todos los marginados clásicos lo tienen bajísimo. Los libros antiguos, por las razones que expliqué en la página 251, tenían márgenes tan anchos como una buena playa en bajamar. Por esa razón, los editores de hoy solo recurren a los cánones en obras seleccionadísimas.

En el documentismo, sin embargo, donde se imprimen pocas copias y el costo del papel no suele tener un efecto significativo, los márgenes clásicos pueden ser una estupenda fuente de inspiración. Claro, según qué cosas. Ahora bien, para marginar un documento no es necesario obedecer los cánones al milímetro; basta con inspirarse en los principios que les dan sustento. Confíe en el viejo cálculo apache.

Si las hojas van a ir impresas por una sola cara y piensa encuadernarlas por el margen izquierdo, también puede hacer esto: trace (o imagine) una retícula de nueve franjas verticales y nueve horizontales. Aparte dos novenos para el margen de lomo (el izquierdo) y uno para el contrario (el de corte), uno para el margen de cabeza y dos para el margen de pie. Así de rápido habrá aplicado el venerado canon de Van der Graaf, que equivale a la escala universal de Rosarivo de nueve partes; y, si su página tiene un formato de dos partes horizontales por tres verticales, habrá construido un canon ternario, el más reverenciado entre los reverenciados.

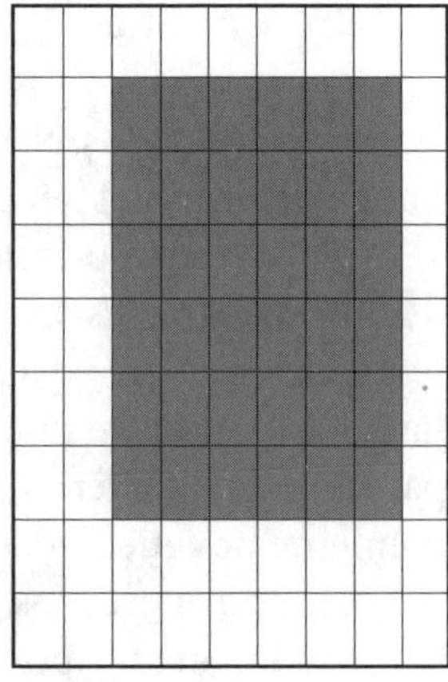

Canon de Van der Graaf.

186 Jerarquía

En cualquier documento debe notarse a simple vista la forma en que los conceptos están organizados. Si este libro nos ha quedado bien, usted verá que está divido en tres partes: principios, texto y finales, como otro cualquiera. El texto se divide en cuatro capítulos, uno por cada titiritero, y cada capítulo, a su vez, en recetas, apartados, artículos o como usted los quiera llamar. Para entender esta distribución, le habrán bastado unos cuantos segundos; si no, algo tendremos que hacer la próxima vez que lo editemos.

A veces, se redacta ordenando, y se nota la ausencia de un borrador previo. Y aparecen textos que parecen más meandros que triángulos.

Neurológicamente, estamos programados para encontrar el busilis de las cosas en el primer golpe de vista y en un tiempo pequeñísimo. Es muy probable que antes de identificar cualquiera de los elementos individuales de una escena, ya tengamos una buena idea de qué trata el conjunto. La lectura es multidimensional: por encima del desciframiento de los caracteres y la construcción del sentido inmediato, hay niveles organizativos que nos ayudan a comprender y a jerarquizar aún mejor lo que estamos leyendo.

Ponga usted el mismo concepto, idéntico, al principio de un párrafo, en medio, al final o en párrafo aparte y adentrado; en el arranque de un capítulo, como título de un apartado o como corolario; en la portada del documento, en la introducción, en una nota de pie o en un apéndice... La colocación de esa cadena de palabras determinará, de manera muy importante, cómo será valorada por los lectores. Disfrace a un general de capitán y será un capitán.

No todo el mundo tiene la presencia de ánimo como para sentarse unos minutos a organizar la información. Eso sería ideal, claro, pero hay quienes prefieren ahorrarse los preámbulos y poner manos a la obra de inmediato. Cualquiera que sea su estilo, en algún momento tendrá que poner orden, y, de preferencia, por escrito.

La manera más conocible de organizar la información es en triángulo, de lo general a lo particular, como se hace en un ejército o un cuadro taxonómico. Sí, parece una perogrullada, pero la ausencia de un claro flujo vertical es uno de los defectos más comunes en las tesis, informes y otros documentos que llegan por primera vez a las manos de un corrector. Antonio no me dejará mentir.

187 Diacrisis

Confieso que la palabra *diacrisis* me encanta. No está en el DRAE (lo que no quiere decir que no exista, ¿verdad, Alberto?), si bien es de uso frecuente en filología. En el diccionario sí que está el adjetivo *diacrítico*, con una acepción en la gramática y otra en la medicina. Y yo añadiría un sustantivo más: *diacrítica*, que me sirve mucho para nombrar el estudio de los recursos diacríticos.

La diacrisis es cualquier modificación en un texto con el fin de darle a este un significado adicional. Puede ir desde agregar un signo de acentuación —por ejemplo, la llamada *tilde diacrítica*, cuya función es distinguir entre dos palabras que tienen significados diferentes pero que se escriben con las mismas letras— hasta modificar la forma de los signos.

José Martínez de Sousa divide la diacrisis en dos tipos: *exógena*, cuando se añaden elementos a las palabras, y *endógena*, cuando las letras cambian de forma. Como ejemplos de la primera tenemos los subrayados, recuadros, viñetas, flechas, manillas, florones, asteriscos, llamadas de nota y espacios; entre las segundas estarían los cambios a cursivas, negrillas, mayúsculas, versalitas y otras variaciones tipográficas por el estilo; los aumentos y reducciones en el cuerpo tipográfico, los cambios de color y más. Desde luego, hay una diacrisis *mixta* cuando se combinan alteraciones de uno y otro grupo.

Estamos hablando de recursos importantísimos en la presentación de los textos. Estas marcas son equivalentes a los ademanes de los oradores o a los movimientos y gestos de los actores; ¡incluso el imperturbable Eugenio tenía su diacrisis! Uno podría pensar que las palabras escritas están muy limitadas en su diacrisis con respecto al lenguaje oral, pero no es cierto. Cuando tratamos de expresar algo en sentido figurado, ¿no hacemos así con los deditos mientras decimos «entre comillas»?

188 Galones

Con el texto convenientemente organizado, lo que sigue es señalar los niveles jerárquicos del manuscrito. Lo bueno es que en la gran mayoría de los documentos tenemos que lidiar con tres o cuatro grados, nada más. Imagine un ejército donde solo hubiera generales, capitanes y soldados rasos. ¡Qué fácil! Cualquier persona sabría, con solo ver los uniformes, quién manda y quién debe obedecer.

Los problemas surgen cuando hay muchos niveles: generales de división, generales de brigada, coroneles, tenientes coroneles, mayores, comandantes, capitanes primeros y segundos, tenientes, sargentos, en fin..., pero para eso se inventaron los galones. En la edición y el documentismo tenemos nuestros propios galones. Se trata de todo un lenguaje que se aplica, principalmente, en los títulos. Hay casos extremos, como los de ciertas obras científicas y técnicas, donde ese lenguaje tiene una gramática rígida y normalizada internacionalmente, pero, por lo general, se puede navegar con los remos del sentido común.

Esto me recuerda a mi servicio militar, y a una norma que teníamos muy claro que no debíamos saltarnos: el «conducto reglamentario».

Los galones son a la jerarquía militar lo que ciertas formas de diacrisis son al texto. Señalamos los grados más altos con títulos de letras grandes y gruesas, espaciados ampliamente por arriba y, un poco menos, por debajo. A veces les añadimos algún color, un recuadro, un número o algo por el estilo. En el camino descendente nos encontramos con títulos de cuerpo un poco menor precedidos y seguidos de espacios más estrechos. Así llegamos hasta el texto raso, que, por cierto, es siempre el punto de partida. Por debajo también hay algunos párrafos subalternos, como las llamadas de nota, los titulillos y los pies de grabado.

Lo trascendental en la jerarquía es que cada una de las partes exhiba sus galones con absoluta claridad, sin dar lugar a la menor confusión. De otra suerte, se corre el riesgo de que el lector se pierda en la espesura del texto. Algunos no salen de ahí nunca.

189 Numeritos

Hay formas muy sencillas y armoniosas de indicar las gradaciones en un documento, aunque los niveles sean numerosos. Sin tener que cambiar de tipo, podemos recurrir a las variaciones normales de la fuente tipográfica. Por ejemplo, en un texto que tuviera cinco niveles de títulos, el más bajo puede ir de redondas (es decir, en las letras del texto). Si no es extenso, se entenderá su papel de título por el solo hecho de estar en un renglón aparte. Hacia arriba, en un cuarto grado, usaremos *cursivas*. En el tercer escalón tendríamos las **negrillas** y, en el segundo, las VERSALITAS. De aquí podríamos dar pequeños saltos a las versalitas cursivas y a las versalitas negrillas; sin embargo, una composición así de compleja exige otros tratamientos, así que, por encima de todas, pondríamos las MAYÚSCULAS.

También podemos mostrar la gradación con puros espacios. El nivel más bajo de títulos puede llevar un renglón blanco por arriba y ninguno por debajo. En el cuarto grado daríamos dos renglones por arriba y uno por debajo; en el tercero, tres y uno o tres y dos, y así, sucesivamente, hasta el nivel principal, que podría ir siempre en página nueva y ocupando todo el primer tercio de la mancha tipográfica.

Mi selección personal es combinar solo esos dos recursos. La mayoría de los diseñadores, en cambio, prefieren usar un tipo de letra para el texto y otro para los títulos. Esto solo funciona bien si los tipos se acoplan entre sí. Para eso, los especialistas en esta clase de armonizaciones nos recomiendan que el «talante» de una letra contraste radicalmente con el de la otra. Por ejemplo, un texto compuesto en un tipo neoclásico, como el Didot o el Bodoni, va chic chic chic con unos títulos *megatrendy* muy robustos y modernos. En cambio, una Futura fina, con todo y su pasado charlestón —o sea, ¡qué vejestorio!— puede quedar muy *fashion* con una Minion negrilla. *¡Guau, superlook!*

Con todo, la mejor solución para un documento muy complejo, de esos que tienen un montón de niveles, es numerar los títulos. Hay un método tradicional, poco usado ya, que baja once escalones:

I. → I) → A. → A) → 1. → 1) → *a*) → *a'*) → *aa*) → α) → αα).

Hoy se prefiere la numeración decimal, que es más fácil de seguir por los lectores en cualquier circunstancia. No tiene límites, ya que uno puede ir añadiendo grados conforme se van necesitando. En la *Ortografía* académica vemos, por ejemplo, que el uso de la coma en casos de polisíndeton se sanciona en el punto 3.4.2.2.3.1.1h, a donde se puede llegar con relativa facilidad consultando los folios explicativos o titulillos. El único inconveniente de este método es el espacio tan grande que puede exigir un número de, digamos, ocho niveles, como este: 4.12.5.1.1.13.21.2.

190 Contraste

El cerebro no para. En nuestro centro de mando siempre hay impulsos eléctricos. Incluso por debajo de los pensamientos, hay una intensa actividad neuronal espontánea. Se cree que son transmisiones aleatorias, aunque hay algunas pruebas de que ese «ruido de fondo» puede predisponer decisiones. El ruido de fondo es un fenómeno ordinario en cualquier instrumento analógico, como la radio, los micrófonos, los altavoces, los fonógrafos, los escáneres y más.

Allá por los años treinta, el psicólogo alemán Wolfgang Metzger estudió el interesantísimo fenómeno del *Ganzfeld*. Se trataba de exponer a sus pacientes a campos perceptuales totalmente neutros; en otras palabras, se trataba de que no vieran nada, no oyeran nada y, en la medida de lo posible, no sintieran absolutamente nada. Cuando se dan estas condiciones, es decir, cuando falta una señal claramente diferenciada, el cerebro amplifica su propio ruido de fondo. Para el paciente, esto se convierte en genuinas alucinaciones. Según he leído por ahí, algunas personas que por un accidente han quedado atrapadas en cuevas totalmente oscuras y silenciosas, o bien en regiones polares casi perfectamente blancas, también han experimentado alucinaciones.

Ya ve usted que, a algunos, esto de alucinar les parece un entretenimiento fascinante, así que los experimentos del Ganzfeld, en privado, se hicieron populares en los tiempos de la psicodelia.

La lección más importante de todo esto es que todo el tiempo necesitamos una señal neuronal claramente diferenciada. Sin ella, la percepción no solo se desbarata, sino que empieza a ser fagocitada por cosas que no deberían estar ahí. De modo que el contraste es quizás, el atributo más importante a la hora de exhibir el orden visual.

Todos sabemos lo que significa *contraste:* una diferencia notable entre dos cosas que puede llegar a la oposición o a la antítesis. Esa diferencia se concentra en los contornos, de suerte que, mientras más tajante sea el cambio en el borde del objeto con respecto al fondo, más notorio será el objeto.

Imagine ahora que tiene que componer un texto de unos ocho o diez párrafos con un título. Si usted sabe lo importante que es el contraste, procurará que las letras del título sean considerablemente más grandes y quizás mucho más negras que las del texto. ¡Muy bien!, pero eso no es todo. Para que el efecto verdaderamente funcione, también debe integrar todo el texto en un solo elemento. El lector debe percibirlo como un rectángulo compacto de color homogéneo. Entonces, en un solo golpe de vista entenderá de qué se trata.

Entonces yo estudié en un colegio del método Ganzfeld: no me enteraba de nada pero alucinaba en colores.

191 El párrafo

Desde el punto de vista del diseño editorial, el párrafo es la unidad constructiva. De hecho, el método aditivo es un procedimiento que pone esta unidad en el centro del diseño. Recapitulando, los primeros cuatro pasos son escoger el tipo, la medida, el cuerpo y la interlínea. Estos parámetros, junto con la decisión de justificar o componer en bandera, prácticamente definen la forma de los párrafos. Lo demás es darles cierto estilo.

Como lo conocemos ahora, el párrafo es un invento del gótico tardío, es decir, de finales del siglo XIV o principios del XV. Antes se escribía a renglón seguido y, con suerte, se usaba algún recurso diacrítico para indicar los cambios de tema. En esos manuscritos del gótico tardío a que me refiero, la moda fue comenzar cada párrafo en una línea nueva y terminarlo rellenando con ornamentos el blanco que quedaba a la derecha del último renglón.

El nuevo estilo no fue acogido inmediatamente. De hecho, la Biblia de 42 líneas de Gutenberg, que data de mediados del siglo XV, no tiene los párrafos separados. Los cambios de capítulo o versículo se indican ahí con iniciales notables —ornadas, algunas de ellas—, de modo que las páginas presentan dos altas columnas paralelas, perfectamente rectangulares y sin fisuras.

Desde el Medievo, los párrafos más destacados se señalaban con una de esas grandes iniciales decoradas, letras que hoy conocemos con el nombre de *capitulares*. De hecho, la jerarquía se expresaba claramente con el tamaño de la inicial. Las más grandes y profusamente ornamentadas indicaban el comienzo de un nuevo capítulo, mientras que los grados más bajos, como las iniciales de párrafo, consistían simplemente en una mayúscula a la que a veces se daba una pincelada de color rojo. Esta es, tal cual, la diacrisis que se ve en la citada Biblia de 42 líneas.

Los primeros impresores cogieron el testigo y reprodujeron el estilo. Al comienzo de los párrafos más destacados, los primeros renglones se componían más cortos, cargados a la derecha, para que quedara un gran hueco blanco y rectangular de varios renglones de profundidad en la parte superior izquierda de la columna. La idea era que el propietario del libro pudiera hacer dibujar ahí una bella capitular ornada. Sin embargo, muchos ejemplares caían en manos de estudiantes y otros dueños pobretones o tacaños que no podían o no querían pagar los honorarios de un miniaturista, así que un montón de libros se quedaron con esos grandes huecos sin decorar.

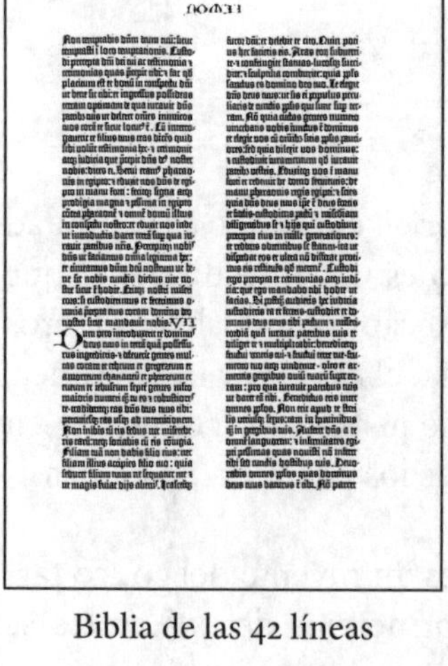

Biblia de las 42 líneas

Con el tiempo, los espacios de las iniciales fueron reduciéndose poco a poco, pero no desaparecieron del todo. Decorados o no, se habían transformado en signos diacríticos de la mayor importancia, porque dejaban claro dónde comenzaba un párrafo. Al reducirse a su mínima expresión, se convirtieron en nuestras modernas sangrías.

192 El párrafo ordinario

La evolución del párrafo se detuvo, hace siglos, en el modelo que hoy conocemos como *ordinario*. Consiste en comenzar la primera línea con una sangría de uno o dos cuadratines (enseguida explico qué es eso de los *cuadratines*) y justificar todos los renglones, excepto el último, que va cargado a la izquierda. Entre párrafos consecutivos no se deja ninguna separación.

El cuadratín era un espacio cuadrado en la composición en plomo. Por ejemplo, si se componía con un cuerpo 12, el cuadratín medía 12 pt × 12 pt, mientras que el del cuerpo 9 medía 9 pt × 9 pt.

Como acabo de decir, los expertos sugieren que la sangría mida entre uno y dos cuadratines, asunto que me recuerda otro gonzalismo de la RAE:

Dice la *Ortografía* del 2010, en el apartado «Recomendaciones tipográficas» (4.1.1.1.3, § e), que «la última línea de un párrafo no deberá tener menos de cinco caracteres, sin contar el signo de puntuación de cierre que corresponda». Si nos remitimos a las tablas de rendimiento de las fuentes tipográficas, podemos ver que en un cuadratín caben entre dos y dos y medio caracteres (esto es algo que depende del estilo, así que el intervalo es mucho mayor si se toman en cuenta todos los tipos), por lo tanto, cinco caracteres más el signo de puntuación ocupan alrededor de dos cuadratines. De modo que con el gonzalismo se procura que el último renglón se extienda un poco más allá —casi el doble— que la sangría con que comienza el siguiente párrafo.

Querido lector no muy ducho en tipografía: como puedes ver, si usas Word, deberás mejorar tu manejo de las tabulaciones.

Por cierto, esos renglones insuficientes, ya sea que se consideren así por tener menos de seis caracteres en medidas cortas o menos de siete en medidas largas o por no extenderse más allá de una sangría, se llaman *líneas ladronas*.

Donde hay una línea ladrona, el blanco que deja a la derecha se encadena con el de la sangría del siguiente párrafo. Esto puede producir una confusión, toda vez que el espacio blanco entre dos párrafos suele ser un signo diacrítico (un cambio de escena, por ejemplo). Así que la recomendación de la RAE, ya sin gonzalismos, debería decir: «La última línea de un párrafo deberá ser un poco más larga que una sangría».

A veces, en cartas formales, la composición puede ganar en elegancia si los párrafos se comienzan con grandes sangrías de un tercio de renglón. En estos casos, resulta muy complicado evitar las líneas ladronas, puesto que estaríamos hablando de últimos renglones de, quizás, veinte caracteres o más. Pero, como esas cartas no suelen extenderse más allá de unos cuatro o cinco párrafos, la composición no tiene que sujetarse a las reglas convencionales del párrafo ordinario.

193 Defensa de la sangría

Durante los años cincuenta y sesenta del siglo pasado, terminaron de cuajar mundialmente la austeridad y el funcionalismo, que la Bauhaus y otras escuelas por el estilo enarbolaron como banderas de guerra desde los años veinte. En la tipografía, se tendió hacia la supresión de cualquier cosa que no fuera absolutamente esencial. Así, los párrafos se componían con tipos de paloseco —desprovistos del menor retazo de personalidad—, justificados y sin sangría. Por cierto, no faltaron los intentos —fracasados, afortunadamente— de exterminar las mayúsculas.

Uno de los promotores de este tipo de composición tipográfica, si no es que el mismísimo inventor, fue el suizo Jan Tschichold. En 1928 publicó *Die neue Typographie* ('La nueva tipografía'), compuesto todo con párrafos sin sangrar, donde defendía esa forma como la única aceptable del presente y el porvenir. Tenía 26 años de edad. Muchos compraron esa idea y la fueron amasando hasta llevarla a su punto de mayor popularidad, allá por los cincuenta.

Curiosamente, dos decenios más tarde, Tschichold ya había cambiado de opinión. En *The Form of the Book*, una obra de 1950, escribió lo siguiente acerca de la sangría: «Hasta el momento no se ha inventado ningún artificio ni más económico ni tan bueno para señalar un nuevo grupo de oraciones. No han faltado intentonas, por cierto, de reemplazar el viejo hábito con uno nuevo. Pero destruir algo viejo y sustituirlo con algo nuevo, abrigando la esperanza de que se sostenga, solo tiene sentido si, primeramente, hay la necesidad de hacerlo, y, en segundo lugar, si el nuevo artificio es mejor que el anterior».

Sin sangrías, no hay diacríticos que señalen con claridad dónde comienzan los párrafos. Sí, la mayoría de las veces podemos contar con la línea corta precedente, pero, en ocasiones, esa línea toca el margen derecho. En un caso así, no hay nada que nos señale si el punto con que termina ese renglón es un punto y seguido o un punto y aparte. Esto es algo más frecuentes de lo que nos indica el sentido común, puesto que un compositor tipográfico cuidadoso no debe permitir que a la derecha de una línea última quede un espacio menor a un cuadratín. Un renglón así de largo se justifica siempre, aunque sea el último de un párrafo.

194 Párrafos separados

Porfiando en la supresión de las sangrías, algunos compositores comenzaron a añadir un poco de blanco debajo de la última línea para indicar el final de un párrafo y el comienzo de otro. Como recurso diacrítico, esto funciona bien casi siempre; sin embargo, en el diseño editorial y el documentismo, un *casi siempre* está muy lejos de ser suficiente. No se puede admitir, en absoluto, que el lector se quede dudando de si el último punto de un renglón es un punto y seguido o un punto y aparte.

Los párrafos separados son muy populares, a pesar de que cada vez gozan de menor prestigio, dada la cantidad de problemas que provocan. Entre estos inconvenientes está la frecuencia con que aparecen las líneas viudas y huérfanas, una de las cosas que más quebraderos de cabeza provocan a los compositores tipográficos. Si el último renglón de un párrafo es el primero de una columna, se dice que es una línea viuda. Si la primera línea de un párrafo es la última de una columna, se dice que es una huérfana. Hay quienes toleran las huérfanas, pero las viudas son inadmisibles.

Para solventar estos problemas, también consideremos la solución del párrafo Pimpinela: olvídame y pega la vuelta.

Suponga que está componiendo un texto donde los párrafos tienen una media de diez renglones. Si al final de una columna le quedara espacio para dos, tres, cuatro, cinco, seis, siete, ocho o diez renglones, no habría ningún problema. Pero si le quedara espacio solo para un renglón, se produciría una huérfana, y si solo cupieran nueve, quedaría una viuda al principio de la siguiente página. De modo que la probabilidad de que sucedan dificultades de ese tipo es de dos sobre diez. En conclusión, tendríamos que lidiar con una viuda o una huérfana por cada cinco columnas.

Los riesgos se incrementan cuando la composición se hace en párrafos separados, puesto que, además de las viudas y las huérfanas, pueden aparecer otros dos inconvenientes: uno es que la última línea de la columna quede vacía, con lo que se produciría un desequilibrio fastidioso, especialmente en composiciones a dos columnas o más. El otro es que el renglón vacío coincida con el principio de la columna siguiente. Esto último se combate suprimiendo el blanco y comenzando el nuevo párrafo en la primera línea, pero, ¿qué pasaría si, para mala fortuna del compositor, la última línea del párrafo anterior tocara el margen derecho? En un caso así, el lector no sabría si está ante un punto y seguido o un punto y aparte. De modo que, con párrafos de diez renglones de media, este tipo de composición nos daría mucha guerra cada dos o tres columnas.

Cuando componemos con párrafos separados, el tamaño del blanco debe ser igual a una línea. Esto es penoso, porque la separación más estética es la mitad de eso, más o menos. Sin embargo, si no se deja un renglón completo, no hay ninguna posibilidad de que las líneas de un lado de la hoja coincidan con las del otro, como tampoco

—Eso será —dijo Sancho— si no se tira con honda, como se tiraron en la pelea de los dos ejércitos, cuando le santiguaron a vuestra merced las muelas y le rompieron el alcuza donde venía aquel benditísimo brebaje que me hizo vomitar las asaduras.
—No me da mucha pena el haberle perdido; que ya sabes tú, Sancho —dijo don Quijote—, que yo tengo la receta en la memoria.

Párrafos sin separación

—Eso será —dijo Sancho— si no se tira con honda, como se tiraron en la pelea de los dos ejércitos, cuando le santiguaron a vuestra merced las muelas y le rompieron el alcuza donde venía aquel benditísimo brebaje que me hizo vomitar las asaduras.

—No me da mucha pena el haberle perdido; que ya sabes tú, Sancho —dijo don Quijote—, que yo tengo la receta en la memoria.

Párrafos separados

la hay de que los renglones de una columna coincidan exactamente con los de la columna contigua. El primer conflicto podría no serlo si el papel fuera completamente opaco o si las hojas se imprimieran solo por un lado. El segundo no es aceptable de ninguna manera.

Por si lo anterior fuera poco, me quedan otras dos objeciones contra los párrafos separados. Una es que con ellos se desintegra el conjunto del texto y eso complica un poco la percepción del conjunto. La otra es que... ¡son muy feos!

195 Otros párrafos muy tentadores

Ya hablamos de la composición en bandera derecha (pág. 249), pero no del párrafo en bandera derecha. Para hacerlo, hay tres tendencias. Una consiste en usar sangrías, aunque, para muchos, la sangría y el borde en bandera son incompatibles; otra, en dejar un espacio en blanco entre párrafo y párrafo; y la última, en no usar ni sangrías ni espacios. La diacrisis del fin de párrafo quedaría garantizada por la extensión de la última línea. Para ello, tenemos que darnos permiso de dejar un borde derecho muy irregular, para así mover palabras enteras de un renglón a otro hasta asegurarnos de que la última línea quede corta, lo suficiente como para despejar cualquier duda.

Yo no me doy ese permiso por ningún motivo. No me gustan los bordes muy irregulares, porque estropean la textura tipográfica, ni los espacios aumentados, por las razones que expliqué en el apartado anterior. La única solución razonable sigue siendo la vieja sangría. Sin embargo, hay por ahí un gonzalismo que afirma que la sangría es incompatible con la composición en bandera. ¡Qué necedad!

En la búsqueda de la originalidad, muchos diseñadores noveles —y algunos ya muy maduritos, todo hay que decirlo— recurren a diseños de párrafos menos probados que los que ya he descrito. Hay algunos muy interesantes, de gran valor estético, pero difíciles de reproducir en la autoedición; hay otros mucho menos interesantes y, paradójicamente, muy fáciles de hacer.

Entre los fáciles de hacer está, por ejemplo, el párrafo en bandera izquierda. Aquí se trata de que todos los renglones se alineen solo por el lado derecho. Con respecto a la diacrisis del cambio de párrafo, se puede aplicar lo mismo que acabo de decir acerca de la bandera derecha, pero con una excepción: es inútil usar sangrías, porque no

Hasta ahora no he podido escribir sino
esta hoja que ayer no preveía. ¡Cómo
hay de ocupaciones en la isla solitaria!
¡Qué insuperable es la dureza de la
madera! ¡Cuánto más grande es
el espacio que el pájaro movedizo! Un italiano,
que vendía
alfombras
en Cal-
cuta, me
dio la idea
de venirme; dijo (en su lengua):
—Para un perseguido, para usted,
sólo hay un lugar en el mundo,
pero en ese lugar no se vive.

Párrafo jarrón de Médicis

unánime para los perseguidos. Hasta ahora no he podido escribir sino
esta hoja que ayer no preveía. ¡Cómo
hay de ocupaciones en la isla solitaria!
¡Qué insuperable es la dureza de
la madera! ¡Cuánto más
grande es el espacio
que el pájaro
movedi-
zo!

Triángulo español

es posible distinguir si se trata de un comienzo de párrafo o de una irregularidad normal en la alineación. Por otro lado, este tipo de composición a menudo hace difícil al lector localizar el renglón donde continúa la lectura.

Los párrafos epigráficos y sus variantes, como los llamados *copa* y *jarrón de Médicis*, y también los mixtos, que consisten, por ejemplo, en poner en forma de triángulo los últimos renglones de un párrafo ordinario —conocido con el nombre de *triángulo español*—, también dificultan un poco la lectura. Los epigráficos o centrados consisten en alinear todos los renglones por el centro, sin sangrías ni nada, procurando que el último renglón sea notoriamente corto. Pueden hacerse composiciones maravillosas con estos párrafos de fantasía, si se usan con mucha mesura. Tome en cuenta que, igual que en el bandera izquierda, al lector le costará trabajo encontrar el renglón continuador.

Cada día se tiran a la basura millones de hojas de periódicos, libros, revistas y otros documentos. Una inmensa mayoría de esas hojas están compuestas con párrafos ordinarios; unas pequeña parte, con párrafos modernos (sin sangrar) o separados; muy pocos, con otro tipo de arreglos. Piénselo. Por algo será.

196. El párrafo francés

Si insiste en buscar singularidad, quizás le convenza el párrafo francés. No está mal, y es totalmente innocuo. Podríamos decir que es la antítesis del ordinario, porque consiste en sangrar todos los renglones, con excepción del primero. Dado que las letras iniciales de cada primer renglón sobresalen por la izquierda, el lector puede distinguirlas rápidamente. Por esa razón, se usa mucho en obras lexicográficas, es decir, en diccionarios y enciclopedias.

Entre el nombre del capítulo y el primer renglón del texto, durante mucho tiempo hubo la costumbre de poner sumarios para que el lector se enterara, en pocos segundos, de lo que trataba el capítulo en cuestión. Con el objetivo de que se distinguieran claramente y para provocar un interesante efecto estético de contrapeso, muchos editores componían esos sumarios en párrafo francés.

También en este modo de composición vale lo dicho acerca del tamaño de la sangría y de las líneas ladronas. La sangría puede ser grande, siempre y cuando el último renglón del párrafo precedente sea más grande aún.

> Hasta ahora no he podido escribir sino esta hoja que ayer no preveía. ¡Cómo hay de ocupaciones en la isla solitaria! ¡Qué insuperable es la dureza de la madera!

Párrafo francés

La única pega del párrafo francés es el rendimiento del papel. Si los párrafos tienen una media de diez renglones, la tasa de aprovechamiento del papel puede caer alrededor del 5% con respecto a la que se tendría con párrafos ordinarios. Esa tasa depende, claro, del tamaño de la sangría. Lo bueno es que el problema del rendimiento se puede compensar un poco si la sangría se mantiene muy pequeña y se roba un poco de espacio a los márgenes y a los corondeles (el corondel es el blanco entre dos columnas), pero este tipo de composición será siempre un poco desventajoso económicamente.

197 La portada

No escatime en portadas. No se las ponemos a las cartas de presentación, de salutación, de felicitación ni a otros documentos por el estilo, pero sí a aquellos que se extienden a lo largo de unas cuatro, cinco o más páginas. Trátese de un informe, un presupuesto complejo, un currículo, una ponencia, un artículo de mediana o larga extensión, una traducción..., todos deben llevar una portada. Y no es necesario que sorprenda a sus destinatarios con el diseño del siglo; puede limitarse a escribir, en el centro del papel, únicamente el nombre del autor, la razón social de la empresa, el título del trabajo y la fecha, o bien, los datos que usted considere relevantes para la rápida identificación del documento.

Si va usted a engargolar, encanutar, anillar, espiralar o, lo que es lo mismo, encuadernar su documento con una espiral de plástico o alambre, póngale una tapa traslúcida. Si eso no fuera posible, imprima los datos de identificación en la cubierta (aun así, no olvide incluir una portada).

Y ya que estamos (me encanta esta locución, aunque no la pondría nunca en un libro, porque no quiere decir nada), vale la pena decir que, en los libros, la portada no es la pieza de cartulina o cartón con que se reviste el volumen. No, esa es la cubierta. En esencia, la cubierta es transitoria y desechable, porque su función tradicional es proteger al libro, la cosa de papel que está dentro. Vea usted uno de estos instrumentos en peligro de extinción (si está leyendo esto sin un sombrero de pirata en la cabeza, es muy probable que tenga uno a la mano) y busque la primera página numerada. Enseguida, vaya contando hacia atrás hasta llegar a la uno. Ahí comienza el libro. Cualquier hoja que esté antes es otra cosa.

La portada suele estar por ahí de la página 3, 5 o 7. En las obras en español, aparece primero el nombre del autor; enseguida, el título de la obra, y hasta abajo, el llamado *pie editorial*, que incluye el nombre y el símbolo de la casa editora. Si quiere meter más datos, aproveche que tiene unas cuantas hojas por arriba y un montón de papel por debajo.

198 El lomo

Si no diseña un lomo para su documento, alguien más lo diseñará por usted. Puede ser el propio destinatario o uno de sus asistentes quien tome bolígrafo y estampe en el lomo de la carpeta algo así como «Infme ACME mkt 2015». A partir de ese momento, no importa cuánto esfuerzo haya puesto en crear un legajo decentemente legible y atractivo; en cuanto el destinatario lo haya leído y puesto en el librero, todo mundo lo reconocerá y calificará por esa etiqueta. Además, con el librero repleto de carpetas, el día en que alguien quiera localizar ese documento tan bien escrito y diseñado, nunca se

¡Por fin una receta con lomo!
¡Alberto, tráete el jamón y el aceite!

imaginará encontrarlo detrás de esa etiqueta chueca, mal pegada, de horrible caligrafía, hecha con un rotulador casi seco.

La verdad es que, con la urgencia de entregar el trabajo, nadie quiere ocuparse de semejante nimiedad. Si es su caso, querido lector, déjeme darle un buen consejo: comience el trabajo por ahí. Ya ve, por cuestiones de lógica pura, solemos dedicar más tiempo a los comienzos que a los finales, así que comience por el final: dibuje un lomo tan fantástico, que establezca un elevado estándar de calidad para el resto del trabajo.

Hágalo cuando quiera, al principio o al final, pero procure que el lomo sea homogéneo con respecto al resto del documento. Esa pequeña pieza debe evocar todo lo que hay en el interior: profesionalismo, sabiduría, buenas propuestas, buen diseño, preocupación por la calidad... Si el lomo es suficientemente ancho, escriba el título horizontalmente. Si no —o si prefiere que las letras sean verdaderamente grandes— escríbalo de abajo arriba.

No haga caso de los cantos de sirena que lo invitan a escribirlo al revés, como hacen los anglohablantes. Sé que la idea que subyace esa recomendación es sugerente: cuando el libro está descansando sobre el escritorio o una mesita con la cubierta hacia arriba, el título escrito a la inglesa se lee al derecho; en cambio, si se pone a la española, queda al revés. Este tremendo argumento convenció a ISO, pero a mí no: en el estante, los títulos de abajo arriba se leen mejor, mucho mejor; pero, si usted prefiere tener el documento acostado sobre el escritorio, lea la cubierta, porque leer el lomo sería una estupidez.

199 Folios numéricos y explicativos

Numere las páginas, aunque solo sean dos. Use cifras bien visibles y colóquelas del lado del corte (el contrario al lomo) para que el lector pueda verlas con solo pasar las hojas por el borde. Los documentos complejos también deben llevar folios explicativos con los datos esenciales para la identificación de la obra y su fácil navegación. Si el autor tiene la ocurrencia de remitir a una página o sección determinada, es una mala idea que el lector tenga que revisar minuciosamente el texto hasta encontrar el punto de referencia.

Los titulillos no solo sirven para navegar bien por el texto. También pueden ayudarnos a identificar el documento, en caso, por ejemplo,

¿Hace falta recordar lo que ocurre cuando un manojo de páginas sin numerar se nos caen al suelo? En la cocina. Como lo de la tostada y la mermelada.

de que solo tengamos unas fotocopias. Piense en esto cuando decida qué va a poner en esos folios explicativos. La tradición, que recomienda cosas fantásticas gracias a sus cientos de años de experiencia, nos dice que pongamos un dato en las páginas izquierdas (pares) y otro en las derechas (impares): por ejemplo, el nombre del autor en la par y el de la obra en la impar; el nombre de la obra en la par y el título del capítulo en la otra; el título del capítulo en la izquierda y el de la sección en la derecha.

Conozca bien el texto para decidir qué información debe poner en los folios explicativos. La clave está en las referencias. Si estas llevan directamente a un número de página, ponga en los titulillos el nombre del autor y el título de la obra; pero, si se dirigen a una sección por su título o su número, ponga entonces ese dato. En los libros organizados por cifras es recomendable que, además del número de la página, se pongan los números de las secciones que abarcan las dos páginas extendidas. En el lado izquierdo se escribe la primera que aparece en la página par, y en el derecho, la última de la impar. En las obras numeradas de estructura muy compleja, el número de la sección tiene prevalencia sobre el de la página, así que se pone más cerca del margen de corte. Lo mejor, sin embargo, es poner ambos en lugares de fácil acceso. Por ejemplo, el número de la sección arriba, pegado al corte, y el del folio, abajo, centrado o también pegado al corte.

Caja de herramientas básicas para lograr un español adecuado

Diccionarios generales

El principal problema de todos los diccionarios de español, excepción hecha de *El pequeño Larousse ilustrado*, del *Diccionario General de la lengua española Vox* y de *Clave. Diccionario de uso del español actual* de SM, es que están dedicados casi por completo al español de España, aunque en la mayoría de ellos se recojan miles de americanismos. El problema es serio, pues parecen escritos solo para un 10% de los hispanohablantes.

Debe tenerse en cuenta que en todos estos diccionarios es difícil trazar la línea entre lo que es norma y lo que es descripción del uso.

Bosque Muñoz, J. I.: *Diccionario combinatorio práctico del español contemporáneo*, Madrid: Ediciones SM, 2006.

———: *Redes. Diccionario combinatorio del español contemporáneo*, Madrid: Ediciones SM, 2004.

Clave. Diccionario de uso del español actual, Madrid: Ediciones SM, 2006.

Diccionario General de la Lengua Española, Barcelona: VOX, 2013 *(antes Diccionario de uso del español de América y España VOX)*.

El pequeño Larousse ilustrado, Barcelona: Larousse, 2014.

Moliner Ruiz, M. J.: *Diccionario de uso del español*, 2 vols., 2.ª ed., Madrid: Editorial Gredos, 2007.

Real Academia Española: *Diccionario de la lengua española*, 23.ª ed., Madrid: Espasa, 2014.

Seco Reymundo, M.; Andrés Puente, O. y Ramos González, G.: *Diccionario del español actual*, 2 vols., Madrid: Grupo Santillana de Ediciones, S. A., Aguilar Lexicografía, 1999.

Diccionarios de dudas

Ocurre lo mismo que con los anteriores: están escritos pensando casi únicamente en el español de España. Con la aparición del *Diccionario panhispánico de dudas* (DPD) de la Real Academia y de la Asociación de Academias de la Lengua Española, algunos se quedaron algo desfasados, pues en esa obra se ofrecen soluciones más avanzadas a algunos problemas morfológicos, como por ejemplo el plural de los latinismos.

Aroca Sanz, J.: *Diccionario de atentados contra el idioma español,* Madrid: Rescate Editorial, 2007.

Instituto Cervantes: *Las 500 dudas más frecuentes del español,* Madrid: Espasa Calpe, 2013.

Martínez de Sousa, J.: *Diccionario de usos y dudas del español actual,* Gijón: Trea, 2008.

Real Academia Española y Asociación de Academias de la Lengua Española: *Diccionario panhispánico de dudas,* Madrid: Santillana, 2005.

Seco Reymundo, M.: *Nuevo diccionario de dudas y dificultades de la lengua española,* Madrid: Espasa, 2011.

Diccionarios especializados

Solo se ha incluido una pequeña selección; pero hay multitud de diccionarios de jergas técnicas en español.

Buitrago, A. y Torijano, A.: *Diccionario del origen de las palabras,* Madrid: S.L.U. Espasa Libros, 2011.

Cabanellas de Torres, G.: *Diccionario jurídico elemental,* Buenos Aires, Argentina: Heliasta, 2006.

Castañón Rodríguez, J.: *Diccionario terminológico del deporte,* Gijón: Trea, 2005.

Seco Reymundo, M.; Andrés Puente, O. y Ramos González, G.: *Diccionario fraseológico documentado del español actual,* 2.ª ed., Madrid: Santillana, 2004.

Diccionarios de sinónimos y palabras afines

Son pocos los diccionarios buenos de sinónimos y antónimos, pero podemos incluir en el mismo grupo algunos excelentes diccionarios ideológicos o de ideas afines.

Albaigès, J. M.: *Diccionario de palabras afines con explicación de su significado específico,* Madrid: S.L.U. Espasa Libros, 2001.

Casares Sánchez, J.: *Diccionario ideológico de la lengua española.* 2.ª ed., Barcelona: Gredos, 2013.

Corripio Pérez, F.: *Diccionario de ideas afines,* Barcelona: Herder, 2009.

Diccionario práctico. Sinónimos y antónimos, Barcelona: Larousse, 1996.

Diccionario Manual de sinónimos y antónimos, Barcelona: VOX, 2007.

Ortografía, ortotipografía y edición

Además de la *Ortografía de la lengua española*, de la Real Academia Española y la Asociación de Academias de la Lengua Española, hay otras fuentes que nos sirven para solucionar bastantes dudas.

Bezos López, J.: *Tipografía y notaciones científicas*, Gijón: Trea, 2008.

De Buen Unna, J.: *Manual de diseño editorial* (4.ª ed. corregida y aumentada), Gijón: Trea, 2014.

———: *Introducción al estudio de la tipografía* (José Scaglione, colab.), Gijón: Trea, 2011 y Guadalajara: Editorial Universitaria, 2011.

———: *Diseño, comunicación y neurociencias*, Gijón: Trea, 2013.

Gómez Torrego, L.: *Ortografía práctica del español*, Madrid: Espasa, 2009.

Martín Montesinos, J. L. y Mas Hurtuna, M.: *Manual de tipografía. Del plomo a la era digital*, Valencia: Campgràphic, 2001.

Martínez de Sousa, J.: *Diccionario de uso de las mayúsculas y minúsculas*, Gijón: Trea, 2007.

———: *Manual de edición y autoedición*, Madrid: Pirámide, 2005.

———: *Ortografía y ortotipografía del español actual*. Gijón: Trea, 2004.

Millán, J. A.: *Perdón, imposible*, Barcelona: RBA Libros, 2006.

Ortografía de la lengua española, Barcelona: Larousse, 2000.

Pujol, J. M.ª, y Solà, J.: *Ortotipografía*, Barcelona: Educaula, 2011.

Gramáticas

También en esta materia hay una serie de libros que nos sirven para completar la información contenida en los de la Real Academia Española y la Asociación de Academias de la Lengua Española.

Gómez Torrego, L.: *Hablar y escribir correctamente*, Madrid: Arco Libros, 2011.

Real Academia Española: *Nueva gramática de la lengua española*, Madrid: S.L.U. Espasa Libros, 2009.

Slager, E.: *Diccionario de uso de las preposiciones españolas*, Madrid: S.L.U. Espasa Libros, 2004.

Zorrilla, A. M.: *Diccionario de las preposiciones españolas* (Norma y uso). E.D.B, 2002.

Anglicismos

Si a finales del siglo xix y principios del xx la preocupación fueron los galicismos, y aparecieron muchos y muy buenos diccionarios sobre el asunto, hoy lo que nos resulta más útil son los diccionarios de anglicismos.

Del Hoyo, A.: *Diccionario de palabras y frases extranjeras*, Madrid: Punto de lectura, 2002.

PRADO, M.: *Diccionario de falsos amigos*. Inglés-Español, Madrid: Gredos, 2003.

RODRÍGUEZ GONZÁLEZ, F. y LILLO BUADES A.: *Nuevo diccionario de anglicismos*, Madrid: Gredos, 2009.

Manuales de estilo

Pueden dividirse en cuatro grupos:

1. Los propios de los medios de comunicación (diarios, canales de televisión y emisoras de radio).
2. Los de organismos de la administración.
3. Los de empresas privadas.
4. Los generales, es decir, que no pertenecen a ninguno de los tres grupos anteriores.

En la actualidad los más conocidos son los de los medios de comunicación y muchos de ellos son tenidos por verdaderas guías del buen uso del español actual.

BUITRAGO, A. y TORIJANO, A.: *Guía para escribir y hablar correctamente en español*. Madrid: S.L.U. Espasa Libros, 2000.

CASADO VELARDO, M.: *El castellano actual: usos y normas*, Barañain: S.A Eunsa. Ediciones Universidad de Navarra, 2005.

CENTRO DE ESTUDIOS GARRIGUES: *Libro de estilo Garrigues*, Madrid: Editorial Aranzadi, 2006.

EL PAÍS: *Libro de estilo*, Madrid: Ediciones El País S.A, 1996.

EL PERIÓDICO DE CATALUNYA: *Libro de estilo*, Barcelona: S.A. Ediciones B., 2003.

FUNDACIÓN DEL ESPAÑOL URGENTE: *Manual de español urgente*, Madrid: Cátedra, 2008.

———: *Escribir en internet. Guía para los nuevos medios y las redes sociales*, Barcelona: Galaxia Gutenberg, 2012.

GALDEANO, J. M.: *Manual de estilo municipal*, Argentina: Educo, Universidad Nacional de Comahue, 2006.

GÓMEZ FONT, A., MUÑOZ GUERRERO, F., CASTRO ROIG, X. y BEZOS LÓPEZ, J.: *Libro de estilo*, Madrid: Red Eléctrica de España, S. A., 2007.

INSTITUTO CERVANTES: *Saber escribir*, Madrid: Aguilar, 2006.

MARTÍNEZ DE SOUSA, J.: *Manual de estilo de la lengua española*. Gijón: Trea, 2007.

MEDINA GUERRA, A. M., AYALA CASTRO, M. C. Y GUERRERO SALAZAR, S.: *Manual de Lenguaje Administrativo No Sexista*, Málaga: Autor-Editor, 2002.

NATIONAL ASSOCIATION OF HISPANIC JOURNALISTS: *Manual de estilo*: Washington, 2004.

RAMONEDA, A.: *Manual de estilo (guía práctica para escribir mejor)*. Madrid: Alianza Editorial, 2008.

UNIÓN EUROPEA: *Libro de estilo interinstitucional*. Editorial Oficina de Publicaciones de la Unión Europea, 2011.

Otros

Hay muchas otras publicaciones que pueden ayudarnos a mejorar el nivel de corrección de nuestros textos y nuestro grado de conocimiento de cómo funciona el español.

ACADEMIA NORTEAMERICANA DE LA LENGUA ESPAÑOLA: *Hablando bien se entiende la gente*, Nueva York: Santillana USA, 2010.

———: *Hablando bien se entiende la gente* 2, Nueva York: Aguilar, 2014.

ALCARAZ VARÓ, E. Y HUGHES, B.: *El español jurídico*, Barcelona: Ariel, 2009.

ALEMÁN, R.: *Lavadora de textos*, Tenerife: Contextos, 2011.

COHEN, S.: *Redacción sin dolor*, 5.ª ed., Barcelona: Planeta, 2005.

———: *Guía esencial para resolver dudas de uso y estilo*, México: Planeta, 2011.

CORDERO RODRÍGUEZ, O. *Nuestra eñe*, Madrid: Lancelot, 2013.

DE LA BANDA ALCÁZAR, M.: *Palabros de honor. Okupas y puntazos de la lengua española. Las nuevas palabras admitidas por la Academia*, Madrid: Temas de hoy, 2003.

DÍEZ RODRÍGUEZ DE ALBORNOZ, R.: *Oral y Escrito*, Madrid: AECI, 2007.

FONTANILLO MERINO, E. y RIESCO, M. I.: *Teleperversión de la lengua*, Barcelona: Anthropos, 1994.

GIMÉNEZ, E.: *Y por casa...¿cómo escribimos?* Buenos Aires: Gram Editora, 2011.

GÓMEZ FONT, A.: *Donde dice... Debiera decir...*, Gijón: Trea, 2006.

———: El español con estilo, Gijón: Trea, 2014.

GÓMEZ TORREGO, L.: *Las normas académicas: últimos cambios*, Madrid: SM, 2011.

GUERRERO SALAZAR, S.; MEDINA GUERRA, A. M.; AYALA CASTRO, M. C.: *Manual del lenguaje administrativo no sexista*, Málaga: Asociación de Estudios Históricos sobre la Mujer, 2002.

HERNÁNDEZ, H.: Una palabra ganada, Madrid: AECID, 2009.

INSTITUTO CERVANTES: *El libro del español correcto*, Barcelona: S.L.U Espasa Libros, 2012.

LÁZARO CARRETER, F.: *El nuevo dardo en la palabra*, Madrid: Alianza Editorial, 2005.

LORENZO, E.: *El observatorio de la lengua*, Madrid: AECI, 2009.

LUQUE CALDERÓN, J.: *Crónicas del Español Urgente*, Madrid: AECI, 2007.

LYON, W.: *La escritura trasparente*, Madrid: Libros del K.O., 2014.

MAGRINYÀ, L.: *Estilo rico, estilo pobre*, Barcelona: Debate, 2015.

Manual de estilo Chicago Deusto, Bilbao: Universidad de Deusto, 2013.

MOLERO, A.: *El español de España y el español de América. Vocabulario comparado*, Madrid: Ediciones SM, 2006.

MONTOLIU, E.: *Manual de escritura académica*, Barcelona: Ariel, 2014.

MORENO DE ALBA, J. G.: *Suma de minucias del lenguaje*, México: Fondo de Cultura Económica, 2003.

MUVDI, E.: A*puntes de lenguaje*, Madrid: AECI, 2009.

PAREDES GARCÍA, F.: *Guía práctica del español correcto*, Madrid: S.L.U Espasa Libros, 2009.

Real Academia Española: *El buen uso del español*, Madrid: S.L.U Espasa Libros, 2013.

Suances-Torres, J.: *Diccionario del verbo español, hispanoamericano y dialectal*, Barcelona: Herder, 2009.

Tirado Ruiz, J. A, Ruiz del Árbol, M. y Albar, M. I.: *Técnicas para leer y escribir en radio y televisión*, Barcelona: S.A Bosch, 2003.

Zavala Ruiz, R.: *El libro y sus orillas. Tipografía, originales, redacción, corrección de estilo y de pruebas*, Mexico: Fondo de Cultura Económica, 2012.

Zorrilla, A. M.: *El uso de la puntuación en español*, Buenos Aires: Fundación Litterae, 2006.

———: *Sobre las palabras y los números*, Buenos Aires: Fundación Litterae, 2007.

Algunas herramientas en internet

Algunos de los libros antes enumerados pueden consultarse en la web. Hay también muchas otras páginas que pueden sernos de gran utilidad para resolver dudas y para obtener información sobre cómo usar bien nuestra lengua.

Blogs

Bustos, A. 2007-2013. *Blog de Lengua:* blog.lengua-e.com

Fernández, A.: *Controla tu lengua:* controlalalengua.blogspot.com.es

Mangas Enrique, M.: *Con propósito de enmienda:* conpropositodeenmienda.blogspot.com.es

Ortega Morán, A.: *Ya me cayó el veinte. Cápsulas de la lengua. Historias y expresiones castellanas:* capsuladelengua.wordpress.com

Sastre. M. A.: *Usos y normas del español:* usoynormadelespanol.blogspot.com.es

Diccionarios

Así hablamos. El diccionario latinoamericano, para poder entendernos: asihablamos.com

Clave. Diccionario de uso del español actual. Editorial SM: clave.smdiccionarios.com

Good Rae: Lo mismo que la RAE, pero lematizado y más fácil: goodrae.es

Diccionario de americanismos de ASALE: lema.rae.es/damer

Diccionario de sinónimos y antónimos. Larousse Editorial, S.L.: diccionarios.com

Diccionarios.com de Larousse Editorial, S.L.: diccionarios.com

Diccionario de términos jurídicos: diccionariojuridico.mx

Dirae: Otro diccionario con más datos que cualquier otro: dirae.es

Fitch, R.: *Jergas de Habla Hispana:* jergasdehablahispana.org

Ideas afines. Palabras, términos e ideas relacionadas. Generador de ideas: ideasafines.com.ar

Instituto Cervantes: *Diccionarios, léxicos y glosarios:* cvc.cervantes.es/oteador/default.asp?l=2&id_rama=88

Morala, J. R.: *Diccionarios de variantes del español. Recopilaciones generales:* jrmorala.unileon.es/dicci/001.htm

Real Academia Española y Asociación de Academias de la Lengua Española: *Diccionario de americanismos:* asale.org/recursos/diccionarios/damer

———: *Diccionario panhispánico de dudas:* lema.rae.es/dpd

Real Academia Española Diccionario de la Lengua Española: rae.es/recursos/diccionarios/drae

Tododiccionarios: tododiccionarios.com

UNED. *Enciclopedia jurídica:* uned-derecho.com/diccionario

Medios de comunicación

DePeru.com Tema Lenguaje: deperu.com/abc/tema/lenguaje

Espinosa, R. *¿Cómo dijo?* Columna de opinión: oem.com.mx/oem/notas/s156.htm

Facultad de Ciencias de la Información - Universidad Complutense de Madrid (España): pendientedemigracion.ucm.es/info/especulo/cajetin/index.html

Navarro, F. A. y Zárate, J. R. *Laboratorio del lenguaje. Diario Médico.*

Orador.es: paper.li/manualoratoria/1322946363

Uso y norma del castellano. El castellano: elcastellano.elnortedecastilla.es/castellano

Vigara Tauste, A. M.: *El cajetín de la lengua. El lenguaje de los medios de comunicación. Espéculo.* Revista de estudios literarios.

Miscelánea

Acronymfinder (buscador de siglas y acrónimos): acronymfinder.com

Beverley, P.: *Computer Tools for Editors,* www.archivepub.co.uk/book.html (un libro gratuito por quien se ha ganado el sobrenombre de *El Señor de las macros*).

Carreras-Riudavets, F.; Hernández-Figueroa, Z. y Rodríguez-Rodríguez, G.: *La conjugación de verbos en español y su morfología.* Editorial Lulu, 2010. Disponible en: tip.dis.ulpgc.es/conjugar-verbo

Castañón Rodríguez, J.: *Idioma y deporte:* idiomaydeporte.com

Digitalgov. *Spanish Language Style Guide and Glossaries for U.S. Government Web Sites:* digitalgov.gov/resources/spanish-language-style-guide-and-glossaries

Domènech, L. y Romeo, A.: *Lengua castellana. Materiales de lengua y literatura:* materialesdelengua.org/LENGUA/index_lengua.htm

Elcastellano.org, la página del idioma español: elcastellano.org/consultas.php

Fundación del Español Urgente. *Buscador urgente de dudas:* www.fundeu.es

———: *Wikilengua del español:* www.wikilengua.org/index.php/Portada

Hart, G.: geoff-hart.com y su libro *Effective Onscreen Editing: new tools for an old profession*: geoff-hart.com/books/eoe/onscreen-book.htm

Instituto Cervantes: *Centro Virtual Cervantes:* cvc.cervantes.es

Instituto de Verbología Hispánica: *Banco de datos de verbos en español:* verbolog.com/entrada.htm

Lyon, J.: *The Macro Cookbook,* (disponible en Amazon y Barnes&Noble) [También en versión española, traducido por Antonio Martín.]

Millán, J. A.: *Perdón, imposible. Guía para una puntuación más rica y consciente:* jamillan.com/perdonimposible/indipro.htm

MINISTERIO DE INDUSTRIA, TURISMO Y COMERCIO: *Boletín Oficial del Estado* (BOE-A-2010-927, núm. 18, de 21 de enero de 2010, págs. 5607 a 5619, Real Decreto 2032/2009, 30-12-2009) «Sistema internacional de unidades»: boe.es/diario_boe/txt.php?id=BOE-A-2010-927

Para hablar mejor... Para escribir mejor. Taringa. Ciencia y educación: taringa.net/posts/ciencia-educacion/5537154/Para-hablar-mejor-Para-escribir-mejor.html

REAL ACADEMIA ESPAÑOLA: *Departamento de español al día. Preguntas frecuentes:* rae.es/consultas-linguisticas/preguntas-frecuentes

REAL ACADEMIA ESPAÑOLA Y ASOCIACIÓN DE ACADEMIAS DE LA LENGUA ESPAÑOLA. *Ortografía de la lengua española 2010:* aplica.rae.es/orweb/cgi-bin/buscar.cgi

———: *Lista de países y capitales con sus gentilicios.* Apéndice 5 del *Diccionario panhispánico de dudas:* lema.rae.es/dpd/apendices/apendice5.html

Silabeador y guionizador. Signum: lenguaje.com/herramientas/silabeador.php

UNIÓN EUROPEA: *Libro de estilo interinstitucional:* publications.europa.eu/code/es/es-000100.htm

———: *Lista de Estados, territorios y monedas:* publications.europa.eu/code/es/es-5000500.htm

———: *Puntoycoma. Boletín de traducción al español de la Unión Europea:* ec.europa.eu/translation/bulletins/puntoycoma/numeros.html

URREGO, G. *Guía para escribir correctamente. Buenas Tareas* (publicado el 12-01-2010): buenastareas.com/ensayos/Guia-Para-Escribir-Correctamente/90422.html

VARILEX (Variación léxica del español en el mundo). lecture.ecc.u-tokyo.ac.jp/~cueda/varilex

Grandes reservas

ALVAR EZQUERRA, M.: Nuevo diccionario de voces de uso actual, Madrid: Arco Libros, 2003.

Diccionario de uso del español de América y España, Madrid: VOX, 2002.

Diccionario: Enriquezca su vocabulario, México: Reader's Digest, 2002.

Diccionario esencial de la lengua española, Madrid: Espasa, 2006.

De dudas

CLAUDET YARZA, F.: *Diccionario de dudas e incorrecciones del lenguaje*, Arganda del Rey, Madrid: Edimat Libros, 1998.

CORRIPIO PÉREZ, F.: *Diccionario de dudas e incorrecciones del idioma,* México: Larousse, 1988.

Diccionario de dificultades de la lengua española. Barcelona: S.L.U. Espasa Libros, 2000.

FERNÁNDEZ, D.: *Diccionario de dudas e irregularidades de la lengua española*, Barcelona: Editorial Teide, 1991.

OLSEN DE SERRANO, M. L. y ZORILLA DE RODRÍGUEZ, A. M.: *Diccionario de los usos correctos del español.* Buenos Aires: Editorial Estrada, 1997.

Especializados

Martínez de Sousa, J.: *Diccionario internacional de siglas y acrónimos*, Madrid: Editorial Pirámide S.A., 1978.

Real Academia de Ciencias Exactas, Físicas y Naturales: *Vocabulario Científico y Técnico*, Madrid: S.L.U Espasa Libros, 2000.

Renaud, R.: *Diccionario de hispanoamericanismos no recogidos por la Real Academia Española*, Madrid: Ediciones Cátedra, 1997.

Gramáticas

García Yebra, V.: *Claudicación en el uso de preposiciones*, Madrid: Gredos, 1988.

———: *Gramática didáctica del español*, Madrid: Ediciones SM, 1997.

Real Academia Española: *Nueva gramática básica de la lengua española*, Madrid: S.L.U. Espasa Libros, 2011.

———: *Nueva gramática de la lengua española - Manual*, Madrid: Espasa Libros, 2010.

Anglicismos

Alfaro, R. J.: *Diccionario de anglicismos*, 2.ª ed., Madrid: Editoral Gredos, 1964.

Lorenzo Criado, E.: *Anglicismos hispánicos*, Madrid: Gredos, 1996.

Manuales de estilo

Albert Robatto, M.: *Redacción y estilo*. Marle, San Juan Puerto Rico, 1988.

Arroyo Jiménez, C. y Garrido Díaz, F. J.: *Libro de estilo universitario*, Madrid: Acento Ediciones, 1997.

Cascón Martín, E.: *Manual del buen uso del español*, 2.ª ed., Madrid: Castalia, 1999.

Clarín: *Manual de estilo*, Buenos Aires: Clarín / Aguilar U.T.E, 1997.

Ministerio para las Administraciones Públicas: *Manual de estilo del lenguaje administrativo*, Madrid: Instituto Nacional Administrativo, 1992.

Reyes, R.: *Cómo escribir bien en español*, Madrid: Arco Libros, 1988.

Sol, R.: *Manual práctico de estilo*, Barcelona: Ediciones Urano S.A, 1999.

Otros

Albaigès, J. M.: *Enciclopedia de los nombres propios*, Barcelona: Planeta, 1996.

Almela Pérez, R.: *Procedimientos de formación de las palabras en español*. Barcelona: Ariel, 1999.

De la Banda Alcázar, M.: *Escafurcios y palabros*, Madrid: Temas de hoy, 2000.

Fontanillo Merino, E. y Riesco, M. I.: *Teleperversión de la lengua*, Barcelona: Anthropos, 1994.

Forgus, R. H., y Melamed, L.: *Percepción: estudio del desarrollo cognoscitivo*, México: Trillas, 1999.

Fundación del Español Urgente: *Compendio ilustrado y azaroso de todo lo que siempre quiso saber sobre la lengua castellana*, Barcelona: Debate, 2000.

GIBSON, E. J., y LEVIN, H.: *The Psychology of Reading*, Massachussetts: The MIT Press, 1975.

GÓMEZ FONT, A., DUYOS, L., y MACHÍN, A.: *Informe sobre el lenguaje*, Madrid: ABRA Comunicación, 1992-1995.

GUERRERO SALAZAR, S.: *Voces comentadas del español actual*, Málaga: Editorial Sarria, 2001.

HILDEBRANDT, M.: *El habla culta: o lo que debiera serlo*, Lima, Perú: Peisa, 2000.

LÁZARO CARRETER, F.: *El dardo en la palabra*, Barcelona: Galaxia Gutenberg, 2000.

LÓPEZ MARTÍN, A.: *Cuidando del idioma común*, Costa Rica: Editorial de la Universidad de Costa Rica, 1989

MÁRQUEZ RODRÍGUEZ, A.: *Con la lengua*, vols. I, II, III y IV, Caracas, Venezuela: Vadell Hermanos. Editores, 1995.

MORENO DE ALBA, J. G.: *Algunas minucias del lenguaje*, Mexico: Fondo de Cultura Económica, 1996.

MOYA, V.: *La traducción de los nombres propios*, Madrid: Cátedra, 2000.

READER'S DIGEST.: *La fuerza de las palabras: cómo hablar y escribir para triunfar*, México: Association Reader's Digest, 1977.

RUDER, E.: *Manual de diseño tipográfico* (trad.: C. Philips), Barcelona: Gustavo Gili, 1983.

SABATÉ, E.: *Para escribir correctamente*, Barcelona: Juventud, 1989.

TSCHICHOLD, Jan: T*he Form of the Book* (trad. Hajo Hadeler), Vancouver: Hartley & Marks, 1991.

VILLAR, C.: *Guía de verbos españoles*, Madrid: Espasa Calpe, 2001.

ZORRILLA, A. M.: *Manual del Corrector de Textos. Guía Normativa de la Lengua Española*, tomos I-VI, Argentina: Fundación Instituto Superior de Estudios Lingüísticos y Literarios Litterae, 1991-1997.

Agradecimientos

Nos toca ahora el ejercicio más grato en la redacción de un libro: dar las gracias a todas las personas que lo han ayudado a nacer.

Este libro, escrito y prologado por cinco hombres, no habría sido posible sin la inspiración, la ayuda y las referencias de insignes mujeres y colegas, de quienes hemos aprendido y aprendemos a diario. Queremos expresar nuestro especial agradecimiento a la editora Sofía Acebo, por su profesionalidad, por su cariño y por fustigarnos con una inusitada paciencia; a la traductora y correctora Katherine Lara, por sus sugerencias y acertadas correcciones; muchas gracias también a la correctora Beatriz Benítez, que ha puesto a punto este libro y nuestra dignidad.

Muchas gracias también a todos los que han confiado en nuestro modo de enseñar deleitando: José Luis Espinosa y el equipo de Servei de Llengües - UAB Idiomes; Ximo Espinosa por su apoyo incondicional; Jesse Tomlimson por sus tuits reveladores y su humor; Laura García Arroyo por su interés en ayudarnos siempre, Bea Alcaine por prestarnos su bar para preparar nuestro primer cóctel Palabras Mayores, Francesca Samuel, Jennifer Nielsen, Susana Reyes, la Fundación Claribel Alegría, Pablo Benítez, el Centro Cultural de España en San Salvador, Alejandro Cervantes, Mac Swiney y Verónica Peniche (del ITESM, plantel Querétaro), Boris Cárdenas, Mercedes Guhl, Salvador Virgen, Isabel Espuelas y, cómo no, al organizador de aquel curso en la Universidad de Verano de San Roque —Francisco Muñoz— por juntar por primera vez a los cuatro miembros de este equipo.

Apaga, cierra y vámonos

A veces, las presentaciones de Palabras Mayores terminan
en un brindis. Alberto, que es un magnífico barman metido
a filólogo, prepara para todos el cóctel de la firma, que él
mismo creó: ron, jugo de naranja y *triple sec* mezclados
en una enorme ponchera, de donde cada invitado se sirve
según sus impulsos naturales. Hasta el momento, informo
con satisfacción, no ha habido daños que lamentar.
Sí, nuestros cierres han sido alegres y divertidos, y
esperamos seguir teniendo más durante un
largo tiempo; pero no nos gustan los
finales. Al terminar una
presentación se
disuelven
muchos
vínculos;
unos, de
sopetón,
y otros se
van deslavando poco a poco,
con todo y la respiración artificial del
correo electrónico y las redes sociales.

Esta obra se terminó de imprimir y encuadernar en marzo de 2018 en los talleres de Ediciones Corunda, S.A. de C.V., calle Tlaxcala núm. 19, Colonia San Francisco, Delegación Magdalena Contreras, C.P. 10810, Ciudad de México, México.